UMBERTO ECO
VERTIGINE DELLA LISTA

UMBERTO ECO

VERTIGINE DELLA LISTA

无限的清单

[意大利] **翁贝托·艾柯**———编著

彭淮栋———译

中央编译出版社

CCTP Central Compilation & Translation Press

图书在版编目（CIP）数据

无限的清单 / (意) 翁贝托 · 艾柯编著 ; 彭淮栋译 . -- 北京 :
中央编译出版社 , 2022.8（2022.10 重印）
ISBN 978-7-5117-4198-1
Ⅰ . ①无… Ⅱ . ①翁… ②彭… Ⅲ . ①美学—研究
Ⅳ . ① B83

中国版本图书馆 CIP 数据核字 (2022) 第 108682 号

无限的清单

责任编辑　翟　桐
责任印制　刘　慧
出版发行　中央编译出版社
地　　址　北京市海淀区北四环西路 69 号（100080）
电　　话　（010）55627391（总编室）　（010）55627302（编辑室）
（010）55627320（发行部）　（010）55627377（新技术部）
经　　销　全国新华书店
印　　刷　北京雅昌艺术印刷有限公司
开　　本　880 毫米 ×1230 毫米 1/32
字　　数　417 千字
印　　张　12.75
版　　次　2022 年 8 月第 1 版
印　　次　2022 年 10 月第 2 次印刷
定　　价　198.00 元

新浪微博：@ 中央编译出版社　　**微　　信：**中央编译出版社（ID：cctphome）
淘宝店铺：中央编译出版社直销店（http://shop108367160.taobao.com）（010）55627331

本社常年法律顾问：北京市吴栾赵阎律师事务所律师　闫军　梁勤
凡有印装质量问题，本社负责调换，电话：（010）55626985

目　录

本书中用**粗体字**印刷的文字表示可以参考书中引用的相关原典。

导论

卢浮宫邀请我挑选一个主题来筹办一系列会议、展览、公开朗读、音乐会、电影，我毫不犹豫，提出清单（也包括目录、枚举）这个主题。

这念头是怎么来的呢？

读过我小说的人都会发觉，那些作品里有很多清单。我的这个偏好有两个起源，这两个起源都可以追溯到我年轻时所做的研究：中世纪文本和詹姆斯·乔伊斯（James Joyce）。中世纪仪式和文本对乔伊斯的影响是不容否认的。不过，中世纪的连祷文和《尤利西斯》倒数第二章布卢姆（Leopold Bloom）厨房抽屉里那张清单之间，也相隔好多个世纪。从中世纪的种种清单，再往回推同样多个世纪，可以推到古今清单的开山原型：《荷马史诗·伊利亚特》里的船名表。荷马这份点船录就是我灵感的源头。

荷马史诗里，还有一个描述事物方式的原型，那就是“阿喀琉斯（Achilles）之盾”。阿喀琉斯的这面盾牌意喻着一种完满的和谐。换句话说，在荷马的作品里，我们已经可以看到，它依违于“无所不包”和“不及备载”之间。

凡此种种，我都早有所见，不过，我从来不曾着手做这件需要很详尽细密功夫的事，也就是将文学史上（从荷马到乔伊斯，再到今天）数不清的清单例子记录下来。一提起这事，我又马上想到佩雷克（Perec）、普莱维尔（Prévert）、惠特曼（Whitman）、博尔赫斯（Borges）。这场追踪，成果惊人，足以令你晕头转向，而且我现在就知道，会有许许多多人写信问我，这本书怎么没提这个或那个例子。老实说，我并非全知全能，一大堆作品里都有清单，而我不知道；再说，即使我有心将我在探索过程中碰到的所有清单收进来，结果也将是这本书至少会有一千页的篇幅，甚至不止千页。

其次，是具象清单的问题。谈清单的书很少，而且为了审慎起见，它们都限制自己只处理以文字开列的清单，原因是，你非常不容易解释一张图像如何既呈现事物，又暗示所谓的“不及备载”，好像这图像承认自己由于画框所限，无法处理那么多其他事物似的。此外，在卢浮宫，以及在这本书里，我的研究都必须像我像之前的《美的历史》和《丑的历史》那样附图呈现事物，然而研究的性质是视觉上的不及备载，和研究美、丑有其差异。关于这些新研究，我还要感谢安娜·马莉亚·洛鲁索（Anna Maria Lorusso）和马里欧·安德利欧塞（Mario Andreose）的大力帮忙。

最后我要说，寻找清单是一场极有意思的经验，不只是为了能够收入本书的清单，也为了我们不得不割爱的那些材料。换句话说，我的意思是，这本书不得不以“不及备载”收尾。

阿喀琉斯之盾，
5 世纪，
巴黎，
法国国家图书馆

第一章

阿喀琉斯之盾及其形式

阿喀琉斯生性易怒，他在帷幄里生闷气的时候，密友帕特洛克罗斯（Patroclus）取用他的盔甲武器挑战特洛伊主将赫克托耳（Hector），命丧赫克托耳之手，阿喀琉斯的装备于是归于这位胜利者。

阿喀琉斯为友复仇，决定重返战阵时，他母亲忒提斯（Thetis）请匠神（火神）赫淮斯托斯（Hephaestus）为她儿子打造新行头。赫淮斯托斯施展其匠艺，荷马用《伊利亚特》第十八章描写他铸造的盾。

赫淮斯托斯又名武尔坎（Vulcan）。他将这张巨盾分成五区，地、海、天、日、月、星、昴宿星团、猎户座、大熊座尽入盾中。他还在盾上布置两个人烟稠密的城市。在第一个城市里，他刻画一场婚宴，新娘和新郎在火炬照耀之下行进，一群青年吹笛子、奏二弦琴。还有一群人围观一场审判，原告、证人、辩护士都在现场。长老们坐成一圈，审判告一段落，他们抓起权杖，起身宣布判决。第二景是一座被围困的城堡，如同在特洛伊，老弱妇孺在城墙上观看战斗。敌军由密涅瓦（Minerva）率领前进，来到一条河边，在这里部署伏兵。两个不知情的牧羊人吹着笛子走过来，中伏丧命，羊群被劫。围城里杀出骑马的战士来追赶敌人，两军沿着河岸交战。战阵里有纷争、暴乱、命运诸神，都浑身是血，那些战士则死命抢救自己人，伸爪捞人，不论死人活人。

然后，赫淮斯托斯刻铸一块肥沃、耕作井然的阡陌良田，田夫操着犁和牛，来来回回。他们到了犁沟这一头，就喝一杯酒，饮毕，朝另一端犁回去。在另外一个角落，我们看见田里已经满是作物，有人忙着收成，有人在捆绑谷物。他们之间，坐着国王，仆役们在一棵橡

树底下准备供餐，当中有一只新宰来祭过神的公牛，妇女则在擀面团做面包。

我们看见一块葡萄园，累累是成熟的葡萄，也有金黄色的嫩枝，蔓藤搭在银柱子上，园子则用铸铁做的护篱围起来。少年男女带着水果，其中一人弹奏西塔拉琴。在这一幕里，赫淮斯托斯以金和锡加铸一群牲畜，它们沿着一条河流奔向草地，河水在芦苇之中潺潺而流。牲畜后面是四个放牧人，都用黄金铸造，四只白色的巨犬伴随他们。但是，突然两头狮子出现，扑向几只小母牛和一只公牛，咬伤公牛拖走，公牛哀声惨叫。比及牧人带着狗赶到，狮子已在撕吞开了膛剖了肚的公牛，狗对着它们狂吠，无济于事。

赫淮斯托斯的最后一区域刻画了好几群羊，在一处充满田园气息的山谷风景里，茅舍和羊圈错落分布，童男童女跳着舞。女孩子身穿差不多透明的袍子，戴花圈，男孩子是紧身上衣，腰佩金色短剑，他们像陶匠拉坯的轮子般转圈圈。许多人观舞，舞蹈之后，三个翻筋斗的人边唱歌，边表演杂耍。

巨大的河流“世界海”（Oceanus）环绕每一景，将此盾和宇宙的其余部分隔开。

这张盾里的场面太多了，除非我们要追究那无限细致的金匠技艺，否则很难想象这个物件的所有丰富细节；此外，全盾的刻画不只关系到空间，也涉及时间，也就是说，各色各样的事件接续而至，仿佛此盾是一幅电影银幕，或者是一列长长的连环漫画。的确，过去的艺术没有能力刻画接续发生的连串事件，这种刻画必须使用类似连环漫画的技巧，把同样几个角色在不同的时间和地点重现好几次，例如皮耶罗·德拉·弗兰切斯卡（Piero della Francesca）在阿雷佐（Arezzo）做的连环壁画《真十字架》（*True Cross*）。基于此故，这张盾在境界上容得下的场景比它实际上包含的更多。其实，许多艺术家也曾想办法在视觉层次上复制赫淮斯托斯的这件作品，但全都仅得其形，未得其神。

忒提斯和赫淮斯托斯，
庞贝壁画，
1 世纪，
那不勒斯，
国家考古博物馆

阿喀琉斯之盾有实体上可复制的结构，不过，这结构完完全全是一种循环结构，也就是说，它的界限外面，再无他物：此盾的形式是有限形式。赫淮斯托斯心中想说的一切，尽在盾上。除了此盾，没有外界；这是一个封闭的世界。

阿喀琉斯之盾可以说是形式打造上的神来之笔，艺术在这里建构了一系列和谐的再现，在它所刻画的主题之间建立一种秩序、一套阶层井然的结构，确定了物象对背景的关系。

请注意，我们在这里谈的，不是“美学”观点。美学告诉我们，对一个形式，人所能做的诠释是无限多的，你次次都能找到新的层面和新的关系来阐释。西斯廷教堂如此，克莱因（Klein）或罗斯科（Rothko）的单色画也如此。不过，具象艺术作品（以及一首诗、一部小说）具备指涉功能：用文字、意象来叙事，叙述一个真实或想象的世界。这就是阿喀琉斯之盾的叙事功能。

这种带有指涉功能的格式并不鼓励我们到它呈现的场景外面去找东西。阿喀琉斯之盾只向我们呈现一个场景，没有向我们呈现别的场景。

它完全没有告诉我们，出了“世界海”这个圈子，外面有些什么。这并不是说，我们不能将它呈现的场面诠释为普世的城市、乡村模型，不能将这些意象视为良好政府、战争与和平、自然状态的寓言。但是，它呈现的宇宙受限于它的形式。

凡百艺术，皆同此理。蒙娜丽莎背后是一片风景，那风景想来应该是延伸到框外，但看画的人不会纳闷画外是什么世界：因为形式有如封印，艺术家把这封印盖到画上，使画作聚焦，就像阿喀琉斯之盾是圆的，里面的物象是它的中心。文学上，在司汤达（Stendhal）的《红与黑》里，我们读到主角于连（Julien Sorel）在维利耶教堂（Verrière）对德·瑞那夫人（Madame de Rênal）开枪，第一枪没射中，我们尽可想象（有人的确这么追想）这第一枪射去了哪里，但这问题其实是无关宏旨的：从司汤达的叙事策略来看，这个细节不值一提。为那第一枪纳闷，根本是浪费时间，没有好好了解和享受这部小说。

科特米瑞·狄·昆西，
阿喀琉斯之盾，
取自《奥林巴斯山的朱庇特，或古代雕刻艺术》，
德布赫兄弟出版，
1815，
巴黎，
法国国家图书馆

第二章

清单和目录

荷马能够建构（或想象）一个封闭的形式，因为他对他那个时代的农业和战士文化有清楚的了解。他知道他的世界，他知晓那个世界的法则、其因和果。此所以他能够赋予它一个形式。

不过，艺术上的再现还有一个模式，也就是说，有个情况是，我们不知道我们所要刻画之物的界限在何处，我们不晓得我们要谈的东西有多少，于是只好推断说，它们的数目如果不是无限，至少也大得像天文数字。我们无法做一个界定，于是，为了能够谈这东西，为了使它能为人所理解，或者，使人至少能感觉它多么大，我们根据它的属性，列出一张清单。在下文里，我们会看到，从希腊人到现代社会，一件事物的偶有属性都是无限的。这并不是说形式无法暗示无限（整个美学史都一再重申这种暗示）。

不过，美学上的无限，是我们对某种比我们大的事物的主观感觉。这是一种情绪状态，亦即是一种潜在的无限。反之，我们现在谈的无限是实际上的无限，在这里，事物或许有数目，但我们数不出来——我们担心，要是计数它们（一一枚举）的话，可能永远停不下来。康德仰视繁星灿烂的夜空，油生崇高之感，也就是说，他（主观上）觉得他眼中所见景象有超越他感性范围的境界，于是，他设定一个无限作为前提，这个无限，非但我们的感官无法掌握，连我们的想象力也无法拥抱；这是一种不安的快感，使我们感到我们的主体性是伟大的，能够心向往之，向往我们无法拥有的东西。康德体验到的这种无限之感，带有浓厚的情感成分（而且可用审美方式来刻画，例如画一颗星星，或写一首诗来描写一颗星星）。相形之下，星星不可胜数，这不

艾提安尼·雷欧波德·特鲁维洛，
冬天所见银河的一部分，
1874—1875，
巴黎，
巴黎天文台

ALEXANDER M. DARIVM VLT: SVPERAT
CÆSIS IN ACIE PERSAR: PEDIT: C M. EQVIT
VERO X M. INTERFECTIS. MATRE QVOQVE
CONIVGE, LIBERIS DARII REG. CVM M. HAVD
AMPLIVS EQVITIB: FVGA DILAPSI, CAPTIS.

可胜数就是无限，我们应该称之为客观上的无限（就算我们不存在，也会有无数星星在那里）。如果一位艺术家尝试为宇宙中的所有星星开列一张局部清单，那么，我们可以说，他希望使我们想到这客观上的无限。

美学上的无限是一种悸动，这悸动的来源是，我们所仰慕之物具备一种有限但尽善的完全性。另外有一种再现方式，几乎是具体地暗示无限，因为它事实上无止境，而且不完结于形式。

我们要把后面这种再现模式称为清单，或目录。

让我们回头看看《伊利亚特》。有一个节骨眼，**荷马**想要我们感觉到希腊联军何其浩大（在全诗第二章），以及特洛伊人在恐惧之中所见沿着海岸展开的人潮何其可观。首先，荷马作了一个比较：兵甲耀日的那片人潮，有如一场烧遍森林的大火，又像一群如雷霆横空般飞过苍穹的雁或鹤。但是，什么比喻都不济事，他于是求助于缪斯："指点我吧，哦，住在奥林巴斯山上的缪斯，无所不知的，达南人的领袖；我不要将大军一一点名，即使我有十条舌头十张嘴。"因此，他准备只举出船长和船只的名字。

他采取的做法看来像走捷径，但这条捷径也花掉他三百五十节诗。

清单显然有限度（他不要提其余的船长和船只），但是，由于他说不出每个领袖麾下有多少人，他暗示的数目仍然是无限的。

乍看之下，我们可能以为形式是成熟文化的特征，成熟的文化知晓他们周围的世界，并且认识、界定了那个世界的秩序。相形之下，清单似乎是原始文化的典型产物，原始文化所知的宇宙形象仍欠精确，因此采取开列清单的办法，列举他们叫得出名称的宇宙属性，能列多少，就列多少，借以省掉为那些属性寻找层次或系统关系的工夫。例如，我们可以这么诠释**赫西奥德**（Hesiod）的《神谱》（*Theogony*）：这是一份没有完尽的诸神清单，这清单指涉一个系谱，一个有语言学耐心的读者可以自己动手重建那份系谱，但读者（甚至原初的读者）断断不会这么阅读或聆听这个文本。《神谱》呈现多得有点令人受不了的奇事异物，一个住满无形个体的宇宙，这宇宙和我们的经验并行，其根源则深深埋在时间的迷雾之中。

阿尔布雷希特·阿尔特多费尔，
伊苏斯之役（亚历山大之役），
1529，
慕尼黑，
旧美术馆

然而，清单在中世纪再度出现，伟大的《神学大全》（*Summae*）

和那些百科全书立志为物质和精神宇宙提供一个明确的形式；清单在文艺复兴时代、巴洛克时代出现（这时候，世界的形式由新兴的天文学来提供）；特别是，清单也在现代和后现代世界出现。这表示，由于许多各色各样的原因，我们摆脱不了没完没了的清单。

页 22—23：
亨德利克·德·克勒克，
帕琉斯和忒提斯的婚礼
（众神祭），
约 1606—1609，
巴黎，
卢浮宫

页 24—25：
马提亚斯·格隆，
帕里斯的裁判和特洛伊战争，
1540，
巴黎，
卢浮宫

赫西奥德
（公元前 8—前 7 世纪）

《神谱》，V V . 126—452

大地首先生出天空，和她自己对等，将她面面覆盖，并且作为有福的众神永远安稳的居住之处。而且她产生绵长的群山，那是女神——山林女神悠然盘桓的地方，她们住在群山的谷地里。而且，她还在没有恩爱结合的情况下，生出没有果实、浪涛汹涌的深海：蓬托斯。不过，她后来和天空共寝，生出俄刻阿诺斯、科俄斯、克里俄斯、许佩里翁、爱波特斯、忒伊亚和瑞亚、忒弥斯、谟涅摩叙涅、头戴金冠的福柏，以及可爱的忒提斯。在他们之后出生的是狡猾的克洛诺斯，也就是她的子女里最年轻、最可怕的一个，而且他仇视他那个到处留情的父亲。

她还生了其他孩子，是专横傲慢的库克罗普斯、布隆提斯，以及斯特洛佩斯和生性顽固的阿尔格斯，宙斯的雷霆就是他给的，而且他做了闪电给宙斯：在其他所有方面，他们都和众神一样，但是，他们额头之间只有一只眼睛。而且，他们之所以被称为库克罗普斯（意思是"圆眼睛"），就是因为他们前额有一只圆圆的眼睛。他们身体强壮、力气奇大，而且手艺高明。

接下来，大地和天空又生出另外三个儿子，都是又巨大又勇猛，难以用言词形容。他们是科托斯、布里阿瑞俄斯，以及古埃斯，都是放肆大胆的孩子。从他们的肩膀里长出一百只手臂，都令人不敢接近；他们的肩膀上有五十个头，由他们魁梧的四肢撑着，他们身材巨大，力气顽强，挡者披靡。在大地和天空所生的所有孩子里，这些是最最可怕的，而且他们的父亲打从一开始就讨厌他们。

他们每一个一生出来，他们的父亲就把他们藏在大地的一个隐秘处所里，不让他们看见天日；而且，天空做了这件邪恶的事情，还扬扬得意。但是，广袤的大地呢，她内心呻吟叫苦，备极困顿，于是她做了灰色的燧石，打造了一把巨大的镰刀，并且将她的计划告诉她心爱的那几个孩子。她心中十分烦忧，但她和她的孩子们说话，鼓励他们：

"我的孩子们，你们有一个充满罪孽的父亲，如果你们听我的吩咐，那么，我们应该惩罚你们父亲的邪恶行径，因为最先起意做那些可耻事情的就是他。"

她这么说了，但孩子们全都满怀恐惧，没有一个说得出话来。不过，伟大又狡黠多智的克洛诺斯鼓起勇气，这么回答他亲爱的母亲：

"母亲，这件事就由我来做好了，因为我并不敬爱我们这个名字邪恶的父亲，因为是他最先想到要做可耻的事情。"

克洛诺斯这么说：巨大的大地非常欢喜，精神昂扬，于是着手安排，将他埋伏起来，并且将一把满是锯齿的镰刀放到他手里，向他指点整个行动的计划。

天空来了，带着夜晚来，满怀恩爱款洽的渴望而来，他在大地身边躺下来，把自己覆盖在她身上。

这时候，那个儿子从他埋伏之处伸出他的左手，并且右手拿着那把既大又长，满是锯齿的镰刀，迅猛地砍下他亲生父亲的四肢，将那四肢抛起来，掉在他自己背后。那四肢从他手中掉落，也没有白白掉落；因为，从那里喷溅而出的所有血滴，都落在大地上，当四季轮转的时候，她生出强大的厄里倪厄斯，和身穿明亮甲胄、手拿长长矛枪的伟大巨人们，以及叫做墨利埃的山林女神们，走遍无垠无涯的地面。克洛诺斯砍下他父亲的四肢，将它们从陆地上丢到波涛汹涌的海里的时候，它们漂到大海上，为时甚久：从不朽的大海，生出一片白沫围绕它们，从那里，又长出一个少女来。起初，少女来到靠近神圣的塞瑟岛之处，然后，从那里，她来到海洋环绕的塞浦路斯，这时，她变成一个可畏又可爱的女神，在她形状美好的脚下，绿草生长起来。众神和人类叫她阿佛洛狄忒，又叫做从泡沫里出生、头发美妙的库忒瑞亚，因为她在泡沫之间出生，而所以叫做库忒瑞亚，因为她来到塞瑟岛，她又叫塞浦洛格尼亚，因为她在波浪汹涌的塞浦路斯出生，她又叫菲洛美狄丝（Philommedes，意为"爱阴茎的"），因为她是从四肢里起源的。同她一块来的，是厄洛斯，相貌迷人的欲望也在她刚出生时跟着她，在她前往众神的聚会时也跟着她。她打从开始就享有这个殊荣，这也是她在男人之间和不死的众神之间注定的命运：处女的轻声细语和微笑，以及和甜美的喜悦、爱情、优美风姿连在一块的欺骗谎言。

但是，伟大的天空亲生的这些儿子，天空习惯管他们叫泰坦（倒行逆施者），这是骂他们的称呼，因为他说他们倒行逆施，胆大妄为，做了一件可怕的行事，以后将会遭到复仇报应。

夜晚则生出可恨的厄运，以及黑暗的命运和死亡，她并且生出睡眠，以及梦这个族类。接下来，浑黯的夜这个女神虽然没有和谁同床共枕，仍然生出责怪和痛苦的悲伤，以及赫斯珀里得斯，也就是在那座花园里看守丰美、金色的苹果，以及会开花结果的那些树木的女神，那座花园位于光彩的大洋河极西之处。她还生出命运，以及做事不留情面、职司报复的宿命三姊妹，也就是克洛托、拉刻西斯、阿特洛波斯，这三姊妹在人出生时就为他们注定命运的好坏，而且她们追踪人和众神的种种过错：这些女神发起她们可怕的怒气来，绝不停止，一定要作孽者遭到非常凄惨的惩罚才罢手。另外，致命的夜生出涅墨西斯（愤怒），令凡人吃苦头，在这之后，她生出欺骗、友谊、可恨的年纪，以及硬心肠的纷争。

但是，可怕的纷争又生出令人痛苦的劳动、健忘、饥馑，以及常带泪眼的忧伤，以及争斗、战斗、谋杀、杀人、吵架、满口欺诳的言语、争论、无法无天，以及毁灭，全都是同样一种本性，还有誓言，只要有谁一厢情愿发一个虚假的誓，誓言之神就令大地上的人难过。

海洋生出涅柔斯，这是他所有孩子里年纪最大的一个，此子行事信实，从不撒谎：人类叫他"老人"，因为他信实可靠，性情又温和，从来不会忘记正直的金科玉律，脑子里只有公正和与人为善的念头。接下来，海洋和大地互为配偶，他生出伟大的奇迹之神陶玛斯、高傲的福耳库斯、面貌漂亮的刻托和铁石心肠的欧律比亚。

涅柔斯，和大洋河那个满头美发的女儿多里斯，生出孩子来，在众女神之间可爱来去。这些孩子是普洛托、欧克拉忒、萨俄、安菲特里忒、奥多拉、忒提斯、伽勒涅、格劳刻、库姆托厄、斯佩俄、托厄、可爱的哈利厄，以及帕西忒伊亚，以及厄拉托、胳臂红色的欧里刻，和优雅的墨利忒，和欧利墨涅，以及阿高厄、多托、普罗托、斐鲁萨，以及狄拉墨涅，和尼萨亚，和阿克泰亚，以及普洛托墨狄亚、淹瑞斯、潘诺佩亚，貌美的伽拉泰亚，可爱的希波托厄，胳臂玫瑰色的希波诺厄，以及和库玛托勒革和安菲特里忒一起在雾气迷蒙的海上轻易平息巨浪和阵阵怒号狂风的库摩多刻，还有库摩、厄俄涅，满头秀发的阿利墨德，以及喜欢大笑的格劳科诺墨，和蓬托波瑞亚、勒阿革瑞、欧阿革瑞、拉俄墨狄亚、波吕诺厄、奥托诺厄、吕西阿娜，以及身材可爱、全无瑕疵的欧阿涅，姿态迷人的普萨玛忒，绝美的墨尼珀、涅索、欧波摩珀、忒弥斯托、普罗诺厄，以及和她那位不死的父亲有相同本性的涅墨耳提斯。这五十个女儿出自无瑕可摘、手艺优异的涅柔斯。

陶玛斯和水流深沉的海洋女儿厄勒克特拉结婚，她为他生下行动迅速的伊里斯和头发长长的哈耳庇厄、埃洛（迅速如暴风雨），和俄库珀忒（飞行迅速的），她们快捷的翅膀能够和飙风与飞鸟并驾争先，因为她们疾驰迅如时间。

接下来，刻托为福耳库斯生下双颊美丽的格赖埃姐妹，这三姊妹生下来头发就是灰白的：不死的众神，以及在地上行走的人类，都叫她们格赖埃、衣着体面的彭菲瑞多、身穿番红花色袍子的厄倪俄，以及戈耳工，戈耳工三姊妹住在光彩的海洋那边，靠近夜晚的那个边远地带，声音清亮的赫斯珀里得斯姊妹就在那儿；这戈耳工三姊妹是斯忒诺、欧律阿勒，以及命运可悲的美杜莎，因为她是会死的凡躯，但另外两姊妹是不死的，也不会老。在轻柔的草地之上、春天的花朵之间，黑发的海神波塞冬和她共寝。珀尔修斯砍下她的头的时候，她生出巨大的克律萨俄耳和名叫珀伽索斯的飞马，因为他出生于海洋的源泉（培加［pegae］）附近，克律萨俄耳之名，则来自他出生时双手握着一把金刀（欧尔［aor］）。现在，珀伽索斯远走高飞，离开万族之母大地，来到不死的众神之间：他住在宙斯的屋子里，而且为睿智的宙斯带来雷霆和闪电。但克律萨俄耳爱上光彩的海洋的女儿卡利洛厄，生出有三个头的革律翁。他在大海环绕的艾里提亚岛被力大无穷的赫拉克勒斯杀死在他那群步履蹒跚的牛旁边，赫拉克勒斯赶着这群步履蹒跚的牛前往圣地提任斯。早先，他渡过大洋河，并且在大洋河阴暗的那边杀死有两个头的狗俄耳托斯和看牛的巨人欧律提翁。

在一个大洞窟里，她还生出另一个怪物，所向无敌，完全既不像凡人，也不像不死的众神，那就是凶猛的女神厄喀德那，身体一半是目射邪光和脸蛋美丽的女子，一半是蛇，巨大可怕，皮肤斑斑驳驳，在神圣大地底下的隐秘所在吃生肉。在那里，她有一个洞府，在一块巨石底下的深处，远离不死的众神和终有一死的人类。就这样，众神指定那里当她的住处：因此，她就住在阿里马，在地下，冷酷可怕的厄喀德那，一个既不会死亡，也永远不老的女神。

传说可怖、行事放肆、无法无天的提丰爱上这位目射邪光的处女，和她结合，她有了身孕，生下狰狞的后代；首先，她生下革律翁的看牛犬俄耳托斯，然后，她生下第二个孩子，是一个怪物，就是猛不可当，难以形容，吃生肉的刻耳柏洛斯（Cerberus），也就是冥府哈得斯那只声音粗暴刺耳的狗，有五十个头，残忍无情，强壮无比。接下来，她生了第三个怪物，就是勒尔纳湖那个心地邪恶的许德拉，胳臂银白的女神赫拉养育许德拉，因为她对力大无穷的赫拉克勒斯愤怒无以复加。赫拉克勒斯，也就是宙斯在安菲特律翁家中留种生下来的儿子，伙同武勇善战的伊俄拉俄斯，透过雅典娜的计划，用那把毫不留情的剑，取了许德拉的性命。厄喀德那又是喀迈拉的母亲，喀迈拉喷着熊熊的火，非常可怕、巨大，手脚既快速又有力，她有三个头，一个是眼睛凶暴的狮头，后面一条龙，中间是山羊，喷出阵阵炙热慑人的火。

珀伽索斯和珀勒洛丰把她杀死；但厄喀德那爱上俄耳托斯，生下摧毁卡德末斯族的斯芬克斯，以及涅墨亚的狮子。赫拉，也就是宙斯的好妻子，将这头狮子养大，放到涅墨亚的山上，对人类肆虐。在那里，他掠食她自己的族人，而且统治着涅墨亚的特里托斯山和阿佩萨斯山：不过，孔武有力的赫拉克勒斯收拾了他。

刻托和福耳库斯相爱，生下来的最小孩子是那条可怕的蛇，此蛇在大地长远边界上的秘密地点看守那些金苹果。这是刻托和福耳库斯的后代。

忒提斯为大洋河生出好些涨涨落落的河流，是尼罗斯、阿尔甫斯，以及深水汹涌的厄里达诺斯、斯特律门、马伊安得浴斯，以及漂亮的伊斯忒耳、发西斯、瑞索斯，以及银波粼粼的阿刻罗俄斯、涅索斯，诺狄攸斯、哈利阿科门，以及赫普塔波卢斯、格赖尼枯斯、埃塞浦斯，和神圣的西摩伊斯，和珀涅乌斯、赫耳穆斯，以及美丽的卡伊枯斯，和巨大的珊伽里乌斯、拉冬、帕耳忒尼俄斯、欧厄诺斯、阿耳得斯枯斯，以及神圣的斯卡曼得洛。

她还生下一群女儿，和阿波罗以及那些河流（宙斯指派这项任务给他们）守护青年：珀伊托、阿德墨忒、伊安忒，以及厄勒克特拉、多里斯、普律摩诺，以及身材美妙的乌剌尼亚、希波、克吕墨涅、洛狄亚、卡利洛厄、宙克索和克吕提厄，以及伊庇伊阿，和派西托厄、普勒克索拉，以及伽拉克索拉，和可爱的狄俄涅、墨罗玻西斯和托厄，貌美的吕多拉，姿态美好的刻耳刻伊斯，以及眼神轻柔的普路托、珀耳塞伊斯、伊阿涅伊拉、阿卡斯忒、克珊忒、美丽的珀特赖亚、墨涅斯托，以及欧罗巴、墨提斯，和欧律诺墨，以及身穿番红花色衣服的忒勒斯托、克律塞伊斯，以及亚细亚和迷人的卡吕普索、欧多拉和提刻、安菲洛，以及俄库耳罗厄，和斯梯克斯，她是众女之中最主要的。以上是大洋河和忒提斯生下来的一些大女儿；但这些之外，还有很多，因为大洋河有三千个女儿，分布在远远近近，在每一个地方服侍大地和深深的河海，她们是光彩的女神。此外，还有同样多的河，喃喃潺湲而流，他们是大洋河的儿子，是充满女王威仪的忒提斯生的，不过，他们的名字，一个凡人很难一一交代，不过，人们依照他们所住之地，知道他们。

忒伊亚爱上许佩里翁，生下伟大的赫利俄斯（太阳）和清澈的塞勒涅（月亮），以及厄俄斯（黎明），她照耀大地上的万物，也照耀住在广大的天上的众神。

明亮的女神欧律比亚则和克里俄斯结合，生下巨神阿斯特赖俄斯、帕拉斯，以及珀耳塞斯，珀耳塞斯的智慧在所有人类里是格外突出的。厄俄斯为阿斯特赖俄斯生下心性坚强的风：使万物明亮的西风泽费罗斯，和冲动的北风玻瑞阿斯，以及南风诺托斯——一个恋爱中的女神和男神结合。这些之后，厄里戈涅生下厄俄斯福洛斯（带来黎明的星星），以及那些点缀天空的闪烁发光的星星。

大洋河的女儿斯梯克斯和帕拉斯结合，在家中生下泽洛斯（争锋）和脚程极快的尼刻（胜利）。她还生下克拉托斯（力量）和比亚（强力），都是了不得的孩子。他们除了宙斯，就没有家，也没有居处，他们除了宙斯带领他们，也没有自己的路。他们永远和雷霆震天的宙斯住在一起，这是大洋河不死的女儿斯梯克斯的计划，因为，有一天，奥林巴斯山那位使用闪电者将所有不死的神召集到奥林巴斯山，说，众神之中不管是谁，只要愿意和他一同攻打泰坦族，他就不会驱逐他，他会让他照旧享有他在众神之间的位置。于是，由于她亲爱的父亲的机灵，不死的斯梯克斯带着她的孩子首先来到奥林巴斯山。宙斯也说到做到，荣耀她，赏给她非常大的礼物，并且指定她为众神对着发重誓的河流，而且让她的孩子们永远跟随他。他言出必行，对他们全都照护有加。

但他自己以其神力统治一切。

然后，福柏投入科俄斯爱的怀抱。

这位女神和这位男神相爱，有了身孕，生下勒托，身穿深色长袍，温和，对人类和不死的神都和气，打开始就温和，是整个奥林巴斯最和蔼的一个。她还生下名字快乐的阿斯忒里亚，珀耳塞斯曾将她带回他家中，和她做恩爱夫妻。她怀孕生下赫卡忒。克洛诺斯的儿子宙斯重视赫卡忒超过一切。他给她辉煌的礼物，分给她一块大地和一片海。她在繁星满布的天空也受到颂扬，受到不死的众神极度尊重。因为，一直到今天，地上任何人只要献上丰富的牺牲，依照习俗祷告祈求赐福，都是向赫卡忒祈求。这位女神要是听了谁的祷告，心生欢喜，这个人就受用不尽，她会赏赐他财富，因为她的确有这个力量。大地和海洋生下再多子女，赫卡忒在他们之间都有她该得的分量。克洛诺斯的儿子不曾亏待她，也没有拿走她在先前的泰坦神之间拥有的东西：她在地上、天上以及海洋都拥有特权，因为这是当初就做好的分配。此外，由于她是独生女，这位女神获得的荣耀没有减少，反而是多出更多，因为宙斯尊荣她。她想帮助谁，就大大帮助，让他一切顺利：她坐在满怀崇拜的国王旁边，主持审判。在集会之中，她属意的人就会出人头地。人类拿起武器交战，自相残杀的时候，这位女神也会在场，她要给谁胜利，要把光荣给谁，就给谁胜利，给谁光荣。人类在运动会比赛的时候，她也举足轻重，因为这位女神也会和他们同在，给他们好处：以能耐和力气获胜的人，欢欢喜喜轻易赢得丰富的奖品，为家门父母增光。骑士，她喜欢谁，就站谁那边：那些在灰色险恶的海上讨生活，并且向赫卡忒和声音震碎一切的撼地者祈求的人，这位光荣的女神也大开方便之门，使之渔获丰富，但她如果起意的话，也能瞬间拿走渔获。她也和赫尔墨斯一样，能使牛栏里的牲口繁盛。成群的母牛、大群的山羊，以及多毛的羊，如果她有心，她能使它们由少变多，或者由多变少。所以说，她虽然是她母亲的独生女，她在不死的众神之间却地位崇高。克洛诺斯的儿子还使她成为婴儿的保姆，婴儿出生，就用他们的眼睛看见那无所不见的黎明的光。所以，打从一开始，她就是婴儿的守护神。

CONSPICIS HAC PICTA VEL ZEVSIDIS ARTE TABELLA
(LECTOR) DARDANIDVM MOENIA QVASSA VIRVM,
FRAVDE VIRIS DANAIS QVA PRECIPITATA, VEL IGNE,
FERRO, VEL VALIDI MILITIS INSIDIIS.
IN CINERES CVR VERSA LEVEIS VRBS TANTA, LACENA
TYNDARIS ILLICITVS PARIDE FECIT AMOR.
EX HOC EVENTVS HOMINVM RESCIRE CADVCOS
IAM POTIS ES, MVNDI FALLIBILEMQVE STATVM.
M I D XXXX W
OW M ON

PARIS

荷马（公元前 9 世纪）

《伊利亚特》第二章，VV．595—1015

……就像在某座山上，透过高耸的
树林，
劈啪作响的浓焰上升，熊熊而燃，
火光耀目，
火势蔓延，挟风而起，
火光冲天四射，将半边天空
点燃：
那些擦得雪亮的武器，和青铜做的
盾牌，
迸现一片闪烁的光辉，照遍战场。
他们的数目不比那些
鹤少，也不比
阿修斯多水平原上奶白色的天鹅少。
在开斯特蜿蜒的泉流上，它们
伸着它们长长的脖子，拍着它们
窸窣作响的翅膀，
时而高高挺起，在空中回翔，
时而嘈杂着陆；原野回响着
嘈杂的声音。
就这样，数量庞大，处处纠集，
延伸广远，
军队挤满史卡曼得多花的山坡；
熙来攘往的军队
布满平原，
雷响般的脚步声震撼
潺潺回响的水岸。
他们沿河流平坦的草地站立，
浓密如春来时花朵装点大地，
茂叶长满树木，或昆虫密结
如夏日到处游移的民族；
受如流的奶液吸引，在
向晚时分
一群群围绕着乡下的树荫
集合；
镀金的族类忙碌地嗝嗝作声，
在太阳下闪闪发光。
就是如此密密麻麻，希腊大军
站在那里
兵甲焕耀，要渴饮特洛伊血。
每位领队现在将他散置的人马
结成密集阵列，层层加深的行伍。
牧羊儿集合他平原上的几千只羊
也没有如此轻松和巧妙。
众王之王，英挺威严，
君临他的军队，光彩令他们
全都黯然失色；
像一只骄傲的公牛带领
它的牛群行遍草场，
牧场的君王，
这位首领巨大如众神，
众军仰望，
他力气有如涅普顿，
仪表有如玛尔斯；
朱庇特为他双目敷上天神之光，
他的头散发着即将来临的征服。
处女们，坐在神圣王座周围的，
无所不知的女神！九个不死的神！
由于大地的广土，天上
难以测度的高度，
以及地狱的深渊
都瞒不过你们的法眼，
（我们，可怜的凡人！迷失疑惑，
只会靠谣传忖度，却
自夸知道。）
请说，哪些英雄因为热衷名声，
或为冤屈所促，而奔赴
特洛伊的毁灭。
想尽数他们，需要
千只舌头，
铜喉，强健的肺。

朱庇特的女儿们，帮帮我，拜你们
所赐灵感，我无畏从事这件大任；
我歌唱他们带来怎样的大军，
从什么地方带来，
他们的名字，他们的数目，以及
他们的首领。

波伊俄提亚生养的强悍战士，
皮尼流斯、雷特斯、普洛托诺率领，
加上阿塞西劳斯和克洛纽斯，
武器相等，权力相等，
他们领导多岩石的奥利斯
产生的军队，以及
艾提昂的山丘，和海里多水的原野，
还有榭伊诺斯、秀洛斯、格雷亚，
以及迈卡里亚西广大多松的平原；
那些住在培提昂或伊列西恩，或
住在阿波罗的祭师沦亡的哈尔马的；
泉流满溢的赫雷昂和希里；
高高的梅迪昂，低低的欧卡里亚；
或在哈里亚特斯的草地上，
在塞斯皮亚，日神的圣地；
安克斯特斯，涅普顿的圣林；
科培，以及银鸽出名的提斯比；
有羊群的科培伊，有葡萄酒的格利沙；
苍翠的普拉提亚，神圣的尼萨；
还有，住在底比斯坚固城墙
的人，
米狄、尤特里西斯、克洛尼兴起之处；
以及丰富，有紫色收成的阿尔尼；
及安提顿，也就是波伊俄提亚最外围。
他们派出满满五十船，各船
运送六十名战士
渡过白浪滔滔的大海而来。

接下来是阿斯普雷顿的部伍，
他们耕作广袤的
欧克美尼亚平原。
两个英勇的兄弟统领这群
不屈的人，
伊亚蒙和强壮的阿斯卡拉福斯：
美若天仙的阿斯堤俄刻之子，
她纯洁的魅力
连战神也为之悦服：
（在阿克特宫廷里，她要安寝时，
玛尔斯以其力量压倒
这位满面羞红的处女）
他们的军队坐三十艘黑船，
划过浪声远近回响的

深海而来。

其次，弗西斯人坐四十艘帆船，
厄皮斯特洛夫斯和史克丢斯率领，
来自塞菲瑟斯
引着他银色的河流
通过多花的草地之处；
来自帕诺皮亚、神圣的克里萨，
阿尼莫里亚的城池在那里闪耀，
皮同、道里斯、库帕里索斯站在那里，
美丽的莉拉亚在那里看大水上涨。
这些军队在起起落落的潮水上排列，
紧靠勇敢的波伊俄提亚人左侧。

凶猛的埃阿斯率领洛克里斯大军，
小埃阿斯，俄伊琉斯英勇的儿子；
标枪了得，百发百中；
追敌疾捷，战斗勇往直前。
精兵听候他号令，他们来自
贝沙、斯洛努斯和富有的塞诺斯；
奥波斯、卡里亚鲁、史卡菲的人马；
还有住在可爱的
欧吉亚，
以及波亚格鲁斯流经低地之处，
或美丽的塔尔菲森林坐落之处的人：
他们坐四十艘船破浪而至。

优卑亚为她善战的孩子们准备，
派出勇敢的阿班忒斯人参战：
他们志切复仇，
举兵从
卡尔西城墙和强大的埃雷特里亚出发；
以茂盛的葡萄出名的
伊斯提亚田野，
美丽的卡里斯托斯，和史提利亚；
狄奥丝从她的高塔上
俯瞰平原之处，
高高的塞林特斯
观看邻近大海之处。
长长的头发
垂下他们宽阔的肩膀；
他们长长的标枪不是射向空中，
而是在战场上
穿透坚硬的胸甲和
青铜盾牌。
二十加二十艘船
运来这批善战的队伍，
统御他们的
是骁勇的艾尔菲诺。

满满五十艘船从雅典渡海而至，
由墨涅斯透斯率领。
（美丽的雅典，厄瑞克透斯统治，
他由那个蓝眼处女抚养，
却从丰饶的大地出生，
是大地有力的后代。
帕拉斯将他置于她富有的庙中，
庙以牺牲和宰杀的牛为饰，
她的祭坛年年香火通明；
所有部落回响着对她的赞颂。）
无与伦比的墨涅斯透斯！希腊
产生不出另一个你这样的首领
在沙场上统领大军，
展示绵长的战翼，
或将大军维系成坚实的阵列。
只有涅斯托尔，假以时日之后，
以其武功获得同等的赞誉。

一同出现的是萨拉密斯部队，
由身材巨大的忒拉蒙率领；
他们坐在十二艘黑船里
漂洋而来，
和伟大的雅典人会合。

其次参战的是慷慨的阿尔戈斯行列，
从高高的特洛桑平原和马塞塔平原，
以及大海围绕的美丽的艾吉纳：
强大的提伦特城墙环护他们，
埃皮达鲁斯的葡萄收成为他们加冕：
美丽的阿西宁和赫莫因
峭壁高耸，下面是广大的海湾。
领导这些的是勇敢的欧律阿罗斯，
伟大的斯忒涅洛斯和更伟大的狄俄墨得斯；
但地位最高的是泰狄德斯；
坐在四十艘船里，他们
破浪而来。

高傲的麦西尼武装其力量，
城塔威武的克雷欧、科林斯，
美丽的阿雷担里，奥尼亚多果实的平原，
和伊吉安，和阿德剌斯托斯古老的统治，
以及培里尼生产羊毛，
赫利斯和希柏拉西亚所在，
以及戈诺沙的尖塔摩天之地。
伟大的阿伽门农统领这大群部众，
一百艘船长长依序排列，
挤得水泄不通的部族
听候他慑人的号令。
高高的甲板上，人王现身，
身穿光辉的胜利甲胄；
他自豪领军，天无二日，
他不语而威，虎步海边。

他的兄弟随行，激励
骁勇惯战的斯巴达人复仇：
法雷斯和布里西亚的英勇部队，
和住在拉斯达蒙高山上的人；
以银色鸽子出名的麦塞，
阿米克、拉斯、奥吉亚的快乐土地，
以及艾提洛斯的城墙围护的人，
以及大海边缘的赫洛斯：
这些人响应墨涅拉俄号召，
为海伦兴师，越洋而来：
他急切又大声，飞快往来他们之间，
复仇和愤怒在他眼中喷火；
虽然徒劳，但他在想象之中经常
听到那位美人的忧伤，看见她落泪。
以九十艘船，从皮洛斯多的沙岸，
深谋远虑的涅斯托尔率领精兵前来：
从安菲吉尼亚果实永远丰富的土地，
艾皮高耸，小普泰雷昂屹之之地；
美丽的阿雷尼展示

亚历山大斗一群独角兽，
取自《亚历山大征服与战迹录》，
fol. 260r，
15 世纪，
巴黎，
小皇宫博物馆

她的结构，
特里昂的城墙绕着阿菲斯的河流：
以及以塔米里斯之辱出名的多里安，
歌唱比赛常胜的塔米里斯，
直到他被凡人的赞美冲昏头，
和朱庇特的种子一较高下！
太大胆的诗人！那么骄傲
和不朽的缪斯比她们的艺术。
报复的缪斯使他的眼睛
不见天日，并且夺走
他的声音；
世人再也听不到
他只应天上有的歌声，
他的手也不再能唤醒银弦。

高高的塞里尼，
森林为冠，
下方是老艾皮特斯的荫凉坟墓；
从里丕、史特拉希，泰吉的邻城，
菲尼欧的田野，欧克米诺斯丘陵，
肥壮的羊群在丰美的
草地上漫游；
树林围绕的史提菲勒斯；
峭壁积雪的帕拉西亚，

冬风撼地的艾尼斯皮，
和永远赏心悦目的曼提尼亚；
阿卡迪亚军集结成六十艘船。
勇敢的阿伽珀诺耳，
（安开俄斯之子）率领这支大军。
他们的船只，由阿伽门农支援，
载着战士
穿过波浪怒号的海洋；
首先在平原上交战，
对海洋的艰险却是新识。

其次，士兵来自美丽的艾利斯
和布普拉西恩会合之处，
希尔敏和麦西努斯，以及
欧雷尼岩石升起，阿里西恩流动之处；
由四位首领（一支人数众多的军队）
带来：
伊丕安这个名字的力量和光荣。
他们将他们的人马
分成四队，
每队乘十艘船
越海而来。
一个是安菲马可斯，一个是塔尔庇俄斯；
（这是欧律托斯之子，那是提特斯之子；）

狄奥里斯是阿马林瑟斯的后裔；
以及有神力的波吕克塞诺斯。

那些从艾奇纳德群岛隔海
看见美丽的艾利斯的人，则由
米格斯率领，坐四十艘船来，
他是朱庇特所爱的费琉斯所生：
他离开他父亲投靠杜里奇恩，
就从那里率领劲旅前来特洛伊。

尤利西斯走水路而至，
一位智慧与神等同的首领。
同行的是塞法里尼亚岛上的人，
在对面海岸耕作的人，
或伊萨卡俯视大海之处，
高高的奈里托斯摇动其树林之处，
或多岩的艾吉里帕，
崎岖的克洛希利亚和翠绿的札辛特斯。
这些人坐十二艘前端漆朱色的船，
在他领导下来到弗里几亚海岸。

其次是托阿斯，安德赖蒙的勇子，
部众来自普勒隆，和卡里顿，
派里尼，峻峭的欧雷尼安，
以及浪涛汹涌的查尔西斯。

他率领来自埃托利亚的战士，
因为俄纽斯的儿子们已经不在！
这个强族的光荣已失去！
俄纽斯自己，和墨勒阿革耳，已死！
部众现在由托阿斯率领，
他的四十艘船过海而来。

安德利亚·维钦提诺（安德利亚·米奇耶里），
雷潘托之役，
1595—1605
威尼斯，
总督府

维尼托的无名画家，
法兰契斯科·莫罗西尼追逐败退的土耳其舰队，1659 年 4 月，
约 1659—1730，
威尼斯，
科勒博物馆

页 34—35：
波托纳奇欧石棺，
180—190，
罗马，
罗马国家博物馆，马西莫宫

112327

第三章

视觉清单

荷马对我们谈一个形式的时候，他选用一件视觉艺术品为例子，虽然他还是运用文字，以通称“逼真生动描写”的修辞技巧来呈现此作；而且他诉诸清单的时候，还是运用文字，而不是用口语来解说一份视觉清单。

这是个不小的难题，尤其是当我们想到，我们——就像这本书——是在谈以语文呈现的清单，而用图像来为这些清单加注。事实是，一件以雕塑呈现之像，是被界定于空间之中的（你很难想象一座雕像传达“不及备载”，也就是暗示它可能往它的实体极限以外延伸）。就绘画来说，则此像被界限于画框之中。

页 36：
希罗尼穆斯・博斯，
尘世乐园，
右板局部，
约 1500，
马德里，
普拉多博物馆

页 37：
希罗尼穆斯・博斯，
尘世乐园，
中板局部，
约 1500，
马德里，
普拉多博物馆

达·芬奇，
蒙娜丽莎，
1503—1506，
巴黎，
卢浮宫

上文说过，蒙娜丽莎画像，背景是一片风景，那片风景明显可能延伸到画框之外，但谁也不会纳闷她背后那片森林延伸多远，也没有谁认为达·芬奇有意暗示那片森林无限延伸。不过，另外有些具象作品使我们认为，我们所见于框内的事物并非全部，只是一个全体性的示例，那全体性的数目很难计算，至少像荷马所说的战士那样难以计数。

举例来说，帕尼尼（Pannini）的《画廊》：此作用意并非仅仅再现我们在画面上的所见，而是也要呈现（无限大的）画集的其余部分，我们在画面所见只是这个无限大集的一个示例。看看博斯（Bosch）的《尘世乐园》：画下之意说，它所暗示的乐事应该延伸到图框的局限以外。卡巴乔（Carpaccio）的《耶稣受难以及阿拉若山的一万名殉道者》（*The Crucifixion and the Glorification of the Ten Thousand Martyrs on Mount Ararat*），以及蓬托尔莫（Pontormo）的《一万一千名殉道

乔瓦尼·保罗·帕尼尼，
有古罗马景物的画廊，
1759，
巴黎，
卢浮宫

者》，也是如此。很明显，画中呈现的十字架受难者不是一万，对他们行此酷刑者人数也远多于画面所呈现，这些作品的用意明显是要描绘一连串延伸到画外的尸体，这些画作仿佛有意坦承自己没有能力将那些尸体全部点名（换句话说，一一呈现）。

许多再现交战场面，或依照荷马模式展开大军阵容的图画，以及引述无法计量的人群的作品，都是这个道理。

许多荷兰静物画呈现水果、肉、鱼，其中明显有其形式，不只因为它们被一个框子限制，也因为所画之物通常堆聚于中央位置。但是，作品明明白白有意达到丰盈的效果，明明白白有意暗示说画中内容包罗无限，因此我们可以将这类作品归类为视觉清单。取名《虚荣》（*Vanitas*）的那些荷兰静物画，虽然结构井然，却也有清单的暗示，画中的物件看起来彼此没有任何关系，但那些物件代表所有会殒灭的东西，要我们想到世间财物不久长。

维托雷·卡巴乔，
耶稣受难以及阿拉若山的一万名殉道者，
1515，
威尼斯，
艺术学院美术馆

页 41：
阿尔布雷特·丢勒，
一万一千名殉道者，
1508，
维也纳，
艺术史博物馆，画廊

帕尔玛·乔凡尼（贾古柏·内格雷提），
攻占君士坦丁堡，
约 1587，
威尼斯，
总督府

文森佐·卡姆匹，
有水果的静物，
约 1590，
米兰，
布雷拉宫美术馆

弗兰斯·斯奈德斯（画派），
鱼市场，
1616—1621，
巴黎，
卢浮宫

彼特·艾尔特森，
虚荣（静物），
1552，
维也纳，
艺术史博物馆画廊

文森·罗伦斯·凡·德·文恩，
虚荣，皇冠，以及1649年被砍头的英王查理一世画像，
1649年以后作，
巴黎，
卢浮宫

大群人物角色往画布或壁画外面挤出去的例子，还有西斯廷教堂那幅《最后的审判》，以及库辛（Cousin）的《最后的审判》。

原则上，其他艺术形式里也可以看到清单：拉威尔（Ravel）名曲《波莱罗》（*Bolero*），以反复不断的节奏暗示这首作品可以无限继续。

艺术家瑞比克金斯基（Rybczynski）由此作获得灵感，他拍了一部电影，片子里，几个角色往上走一摞潜在没有尽头的楼梯（这些角色选自俄国大革命的领袖人物，不过，从形式观点而论，即使他们是从七重天降临的天使，一切也不会改变）。

DENCKT
OP T'ENT
ckan verkeeren

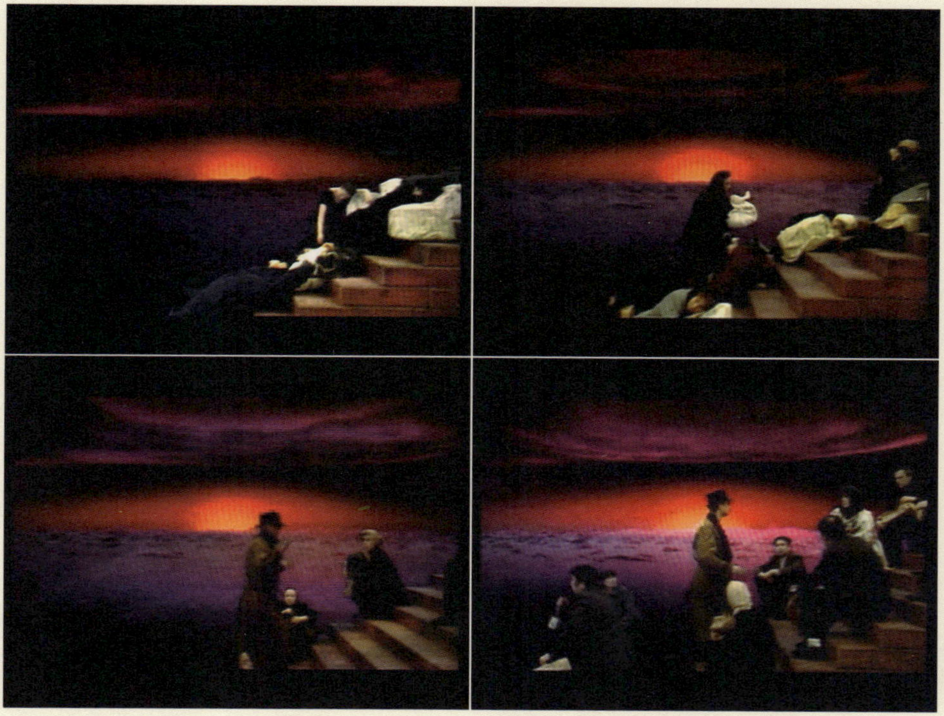

页 46：
小让・库辛，
最后的审判，
约 1585，
巴黎，
卢浮宫

页 47：
萨比格尼・瑞比克金斯基，
管弦乐团，
1990

难以言喻 [1]

荷马的点船录，不但为我们提供一个精彩的“清单”例子（而且由于和盾牌的形式彼此反衬，效果格外强烈），他还建立了所谓“难以言喻的申论模式”。面对一个非常浩大的事物，或者，一个未知事物，我们对此事物所知还不够，或者，也许永远不会知道，作者因此开一张清单作为样品、示例或指示，供读者去想象其余。

荷马作品里出现好几次难以言喻的申论模式，例如《奥德赛》第四章第二七三行以下：“坚毅的尤利西斯，我当然没有办法一一缕述他的所有事迹……”《奥德赛》第十一章，尤利西斯在地府碰到的所有死者清单，就更不用说了。在《埃涅阿斯纪》（*The Aeneid*）第六章第二六四行以下，**维吉尔**（Virgil）写埃涅阿斯（Aeneas）的阴间之旅，也使用相同的模式。

我们几乎可以无限举例（这会是一张洋洋大观的清单），从文学史里援引难以言喻的表述法例子，从赫西奥德到品达（Pindar）或提尔泰奥斯（Thyrteus），再到拉丁文学和维吉尔。在其《农事诗》（*Georgics*）里（II, 157），维吉尔谈到，为所有葡萄和葡萄酒开列一份清单，是不可能的事，然后他说：“但是你看！种类有多少，它们的名称是什么／真是一言难尽，而且也不必多言；／谁要是想知道这件事，等于想知道／西风在利比亚的平原上／刮起多少粒尘沙／或者爱奥尼亚海有多少波浪／滚向海岸。”一路列举下来，我们会读到圣约翰在《启示录》里的这段话：“在这之后，我看见数目众多的人，是从各国、各部落、各民族、各语言来的，没有谁数得出来。”（《启示录》7, 9）

科雷吉欧（安东尼奥·阿雷格里），
圣母升天图（局部），
1526—1530，
帕尔玛，
大教堂圆顶

奥维德（Ovid）在《爱经》（*Ars Amandi*）里（I, 435）警告，女人多的是各种玷污神圣的技巧："即使我有十张嘴十条舌头，我也说不完那些玷污神圣和金玉其外的伎俩。"在第二章一四九至一五二行，他说，列举女人的衣装，有如计数橡树上的橡实，点数阿尔卑斯山上的野兽。在《变形记》（*Metamorphosis*）里（XV, 419—421），他诉苦，说没有办法提到所有的变形——不过，他写了十五章，一万两千行诗，开出一份二百四十六种变形的清单，也真够瞧的。

荷马无从将希腊联军的所有战士一个一个点名，同理，**但丁**（Dante）没有办法将天国的所有天使一个一个点名，所以如此，并非因为他不晓得他们的名字，而是因为他不知道他们的数目。因此，在《天国篇》（*Paradise*）第二十九篇，我们又碰到难以言喻的申论法，因为天使的数目超过人类心智所能掌握[2]。

菲利皮诺·里皮，
圣母加冕（局部），
1441—1447，
佛罗伦萨，
乌菲齐美术馆

不过，但丁面对难以言说的困境，在尝试表达他的狂喜之际，倒没有诉诸清单。描述天使不可胜数，为几何式的前进而陶醉晕眩之际，他提到一个传奇。那个传奇说，发明西洋棋的人为此发明向波斯国王祈求赏赐，棋盘上的第一格赏一粒麦，第二格赏两粒，第三格赏四粒，一直到第六十四格，麦粒达到天文数字（《天国篇》，28, 91—93）。

但是，一边是诉苦说舌头和嘴不够多，因此说不出一件东西（然后干脆不说，而在难以言喻的建构上寻求变通，例如但丁别具匠心的做法），一边是尝试开列清单，虽然是不完整的清单，而且是出以示例，像荷马和维吉尔，或奥索尼乌斯（Ausonius）在《莫塞尔河》（*La Mosella*）里开列鱼单。上述两种做法是有差别的。

有论者观察说，舌头和嘴巴不够的建构法，是口传诗歌（oral poetry）的典型现象，因此，荷马式的吟游诗人，一口气要非常长，才有办法以稳定的节奏吟唱船只的清单（他们并且必须具备很好的记性，才叫得出赫西奥德所有神话角色的名字）。不过，这种建构法也见于文本以书写形式流通的时代（例如切科·安杰奥列里［Cecco Angiolieri］第一〇三首十四行诗《如果我嘴里有一千条舌头》［*If I had a thousand tongues in my mouth*］）。到了相当阶段，有人认为这个说法太老掉牙，于是加以充满反讽的运用，最先是波阿多（Boiardo），然后是阿里奥斯托（Ariosto），他在《疯狂的罗兰》（*Orlando furioso*）里写道，恋人“嘴巴里经常有不止一条舌头”，并且以多舌为乐。

页 52—53：
扬·布鲁盖尔，
埃涅阿斯和女预言家在阴间，
1600，
维也纳，
艺术史博物馆，画廊

[1] 关于这个题目，请参考Giuseppe Ledda和他尚未出版的论文*Elenchi impossibili: cataloghi e topos dell'indicibilita*。这位作者在他处已经处理过这个论点，包括其著作*La Guerra della lingua. Ineffabilita, retorica e narrativa nella Commedia di Dante*（Ravenna, Longo, 2005），特别是页42—45、195—200、297，以及他的论文*Dante e la tradizione delle visioni medievali*，刊于*Letture Classensi*, 37（2007），页119—145。

[2] 名单所列天使有善有恶，取自《圣经》、伪托的《福音书》、神秘传统、穆斯林译本、《旧约》、哈兰的萨比亚人，以及Trithemius（1621）所著*Steganographia*。魔鬼名单取自*Legemeton Clavicula Salomonis*（1641）、Johann Weyer（1515—1588）所著*Pseudomonarchia daemonum*，此作出现于他*De Praestitiis daemonum*（1563）各种版本的附录之中。另一来源是Collin de Plancy的*Dictionnaire infernal*（1812），以及别的魔鬼学文献。

维吉尔（公元前70—前19）

《埃涅阿斯纪》第六章，264—301

……众位统治死者灵魂的神！
无声的影子和无言的夜暗之地！
哦富雷格顿！哦混沌！让我的歌
以适当的词句宣白
我听闻的事；并借助于你们的神助
披展隐藏在那个沉黯冥界里的
事情。
他们在无人的夜里摸索，
走过普路托的虚渺领土，和
空茫的地带，
就像朱庇特将他整个天空
披上阴影，
而夜将世界之美封闭时，
你的路径在雾蒙蒙的月光下
蜿蜒通过
阴沉的林地。
在地狱的头几庭和入口
哀伤和恨恨的烦忧歪在榻上：
老年住在这里，苍白的疾病，
恐惧，和诱人犯罪的尤物：饥饿，
以及卑劣又邪恶的匮乏，更可以
看见两个可怕的形影，
就是束缚和死亡：然后是睡眠，
死亡的近亲；
以及带着罪咎的享乐之梦。
致命的战争永远在门口，
近旁是复仇女神的铁床，
眼神狂乱的纷争
用血淋淋的肉片绑她的蛇发。
中庭有一株影憧憧的榆树，
古老的枝干四面伸展，叶间
时时有惑人的异象出没。
然后是近乎兽类的怪物：
半人半马怪，以及
女妖希拉一般的身影，
或雷纳湖产生的龙，
发出可怖的尖叫；布里阿瑞俄斯握着
他的一百只手，喀迈拉腰缠火焰，
一群戈耳工，翅膀污秽的哈耳庇厄，
以及三头巨怪革律翁的影子。
埃涅阿斯乍生恐惧，浑身发抖，
拔剑，以明晃晃的剑身
面对他们；
要不是他睿智的引导者
教他知道
这些只是擦肩而过的
影子，
他已一剑砍入虚空。
由此前去，就是地狱河
阿刻戎，河水汹涌且阴恶
将全部的沙倾入呜咽河。
一个模样可怕的艄公看守
这些河水：卡戎，装束污秽，
长着蓬乱、浓密的
灰胡须，
圆瞪着一双喷火的眼睛……

但丁（1265—1321）

《神曲·天国篇》第二十九节，126—145

不过，我们离得太远了，
现在赶快将你的眼睛转向
右边那条正路，
我们好缩短时间。
天使的数目众多，
多到人类的语言和想象力
无法形容，无法到达。
你如果留意但以理的启示，
你就会知道天使成千上万，
但确定的数字仍然难知。
那原光照耀他们全部，
他们之间有多少差别，
受到的光耀也同样多少不同。
神依照他们对神的认识
给他们感情，因此得到的爱
有热烈和微温之异。
现在看看那永恒之力的
高大和宏博，它将自己裂开
变成无数镜子，
但它自己完好不变。

奥索尼乌斯（310—395）

《莫塞尔河》，75—151

各色各样滑溜溜的鱼群彼此嬉戏，络绎流动如同迷宫，注目细看，眼睛为之不胜疲惫。不过，在那里熙熙攘攘游来游去的鱼有多少种类，有哪些鱼群往上游去，它们什么名称，以及这个巨大族群的子孙的数目又有多少，是由不得我来说的：负有照顾第二阉之责以及监守海中三叉戟之责的他不允许我说。

哦，那伊阿得斯，河岸水滨的居住者，请你对我描述这大群大群的各类鳞族，对我述说在这碧蓝河流的水床里游动的各种鱼群。

多鳞的牛头鱼在长满绿草的河沙里闪闪发亮；它的肉非常柔细，而且和鱼骨紧密相附；它上桌六小时以上就不能保持新鲜。接下来是鳟鱼，它的背部像繁星似的布满紫色的斑点；泥鳅，它没有尖尖的骨刺来伤人，还有茴香鱼，来去倏忽，令人眼花缭乱。还有你们，哦，触须白鱼，你们被冲入蜿蜿蜒蜒的萨拉伏司河（萨尔河）的狭窄河口，那条河的六个支流拍击着一座桥以岩石做成的墩柱，然后，你们随波溜入那条更有名的河流，从此有了更大的自由，并且享受更广更远的漫游。你们到了最糟的岁月时，滋味更上一层；在所有会呼吸的生物之中，只有你们的命运是老来愈受赞美。哦，鲑鱼，我千千万万不能将你们略过，你们的肉深红闪闪：你们宽宽的尾巴突然地一拍一扫，激起的阵阵涟漪从溪底升上溪面，你们深藏不露的划动，则在平静的水里泄漏踪迹。你们的前胸披护着层层鳞甲；你们的头平滑光亮；而且，在菜色难以选择的宴席上，你们是十分合宜的一道菜；你们耐得起长时间的等待，不会走味；你们头上的斑点使你们突出容易辨认；你们极为出色的肚腹，由于你们身体两侧丰肥厚重，而颤颤抖抖。还有，哦，那住在伊里利亚地区，住在那条有两

个名字的河流希斯特河（多瑙河），只因为游过之处会制造浮沤，泄漏行踪而被捞捕的江鳕，你们造访我们这条河流，好使宽阔的莫塞尔不至于辜负远道慕名而来的探求。大自然为你们漆上何等的颜色！你们背部的上半边布满黑色的斑点，每个斑点都围着一个黄色的半圆；你们滑滑溜溜的身体则是一种深蓝色：到身体的中间，你们肥肥的；从那儿到你尾巴的尖端，皮肤干而粗。关于你们，啊，鲈鱼，我也不会没有话说，你们是席上的佳肴，是和海鱼相比也毫不逊色的淡水鱼，因为只有你们能够和红鲣比美；你们尝起来绝非平淡乏味；你们身体坚实，虽然由骨骼区分成一节一节，但全体统一无间。

有一种鱼，拉丁名字听来真好笑，叫Lucius（梭鱼），住在池塘里，是那些叫声哀怨的青蛙的凶暴大敌，喜欢出没于长了太多菅茅而阴阴暗暗的池子。这种鱼从来难登餐桌，那些被烟熏得黑黑的食堂把它们放在水里煮，弥漫着带有它们恶臭的蒸汽。再来是无人不知的绿鲤，为庸俗之辈，为乏味之徒带来安慰，是儿童敲针做钓钩的最乐，还有西鲱，烤起来在火上嘶嘶作响，是一般人最爱的一种鱼。再来，是两种鱼里什么都不算的，既不是鲑鱼，也不是鳟鱼，而是介于两者之间的，哦，鲑—鳟。河中族类里还有个非提不可，啊，是白杨鱼，他们不比两只拇指长，但是非常肥，而且浑圆，肚子里装满卵的时候，身材更大。啊，白杨鱼，你们伪装了须鱼飘飘然的胡须。

再下来，要歌颂的是巨鲶，这个海里的动物：你们的身体好像抹了一层阁楼油；我将你们想成一种淡水海豚：你们极为壮观地在水中滑来溜去，而在水浅的地方，或者在河中有杂草之处，你们修长的身体曲线出入困难，充满疲态。但是，当你们在溪水里静静地前进，绿色的河岸、碧蓝的鱼群，和那清澈的河水都对你们啧啧称奇：河水从河床涨起来，波浪拍打河流的边缘。就是如此，在深深的大西洋，鲸鱼有时候由风推送，有时候由它们自己的力量，游向海岸；海水被分开，巨大的波浪升起，近旁的山丘和它们相形之下好像变小了一点。但是，我们莫塞尔河这个温和的鲸鱼对一切完全无害，反而为这条河流增添光荣。

不过，说到这里，我们看这些水流和溜来溜去的鱼群，已经够久，一群群计数它们，也数得够久了。

海洋动物，
庞贝镶嵌画，
约公元 40—62，
那不勒斯，
国家考古博物馆

罗兰·沙维里，
乐园，1626，
柏林，
柏林国家博物馆，画廊

天使

阿布狄祖耶、阿布里耶、阿丹、阿德纳奇耶、阿多纳耶、阿德里耶、阿海亚、艾海尔、阿卡伊亚、阿奇比尔、阿拉狄亚、阿雷西、阿赫尼尔、阿里尔、阿马狄尔、阿米西尔、阿莫尔、阿舒尔、阿索尔、安布里尔、阿米札拉克、阿米塞尔、阿木提尔、安纳尼、阿纳伊尔、阿尼尔、安索尔、阿雷尔、阿拉弗斯、阿拉伊尔、阿拉塞亚尔、阿德菲尔、阿雷帕、阿里狄尔、阿瑞尔、阿里洛、阿里西尔、阿曼尼、阿马洛斯、阿梅斯、阿尼比尔、阿塞亚雷尔、阿丁克、阿塞尔、阿沙里亚、阿斯比比尔、阿斯莫代尔、阿索里尔、阿斯弗尔、阿斯拉德尔、阿舒里尔、欧美尔、阿札里尔、阿札塞尔、阿塞鲁尔、阿奇尔、阿奇美尔、阿芝拉尔、巴沙斯、巴拉狄尔、巴拉卡尔、巴拉奎尔、巴比尔、巴奇尔、巴弗斯、巴里尼尔、巴西尔、巴特拉、贝打里斯、贝弗拉奇耶、贝塞伊、贝诺罕、贝斯奈、比奈、比代伊、布达林、布菲尔、布里斯、布法、布里西、布西耶、卡巴林、卡布隆、卡赫太、卡里耶、卡麦尔、卡莫尔、卡莫里、卡普里、卡拉西巴、卡巴、卡曼、卡尼耶、卡诺、卡西耶、卡太、卡斯布里、卡塞耶、卡祖、塞瑟、查伦、查卡杜拉、查里耶、查鲁、查索、查瓦奇亚、科米尔、科里尔、朱博、朱里巴、克利山、库吉、库玛、库米里耶、库法、库普里、库里、库里法斯、达布里诺、达马比亚、达奈、丹尼尔、达勃里、代卡尼、狄拉奇尔、狄尔、杜拉伊、多里耶、杜洛米尔、杜鲁比尔、杜鲁查斯、杜鲁西尔、杜比尔、杜比伦、杜斯、艾菲尔、艾吉比尔、艾拉米兹、艾雷米亚、艾利泰、艾穆尔、艾尼狄尔、厄吉狄尔、厄维赫、艾提米、艾耶尔、艾塞奇尔、法大赫、法努尔、法里尔、菲莫、富比尔、富提尔、加布里尔、加加利尔、甘西尔、加里尔、加鲁比尔、杰里尔、加尼尔、格里米尔、格里尔、格提尔、戈狄尔、格拉法塔斯、古狄尔、哈米亚、哈布西亚、哈哈西亚、哈赫亚、哈伊耶、哈马比耶、哈美、哈马里兹、哈奈、哈里尔、哈拉奇、哈狄尔、哈列尔、哈鲁、哈尤亚、哈奇尔、赫哈海、赫卡米亚、赫拉奇、赫塞狄尔、霍布拉辛、雅左洛芝、雅赫、雅尼尔、雅欧斯、雅斯特里昂、雅特洛奇、雅克斯、耶亚哲、耶札勒、伊马米亚、英格泰、伊马诺兹、伊斯巴尔、伊斯拉菲、亚巴米亚、亚折里尔、耶互狄尔、耶里尔、吉布里尔、佑菲尔、卡麦尔、卡里尔、克库塔、克杰里、科巴贝尔、科克比尔、拉狄尔、拉德洛兹、拉米尔、拉马斯、拉莫西、拉弗尔、拉弗斯、拉莫尔、劳维亚、雷拉赫尔、拉札巴、雷卡贝尔、雷哈奇亚、雷拉赫、洛莫尔、鲁奇尔、马多尔、马法伊尔、马哈西亚、马奇大尔、马利克、马纳凯尔、马尼狄尔、马尼尔、马雷、马拉斯、马里亚努、马里欧克、马鲁斯、马塔里尔、美巴赫尔、美巴西亚、莫奇尔、美达尔、美拉赫、美拉哈斯、美里欧斯、莫纳代、美纳多尔、美拉克、美米欧斯、美洛西、美塔特隆、米凯尔、米芝雷、莫拉伊、莫奈、莫尼尔、莫雷伊、莫里亚斯、木加伊、木米亚、孟卡尔、木拉赫、木里尔、木西里尔、米雷辛、纳奇耶、纳奇尔、纳里尔、纳尼尔、纳札尔、纳斯特洛斯、纳桑尼尔、纳乌塔、奈奇尔、奈德里尔、奈弗诺斯、奈弗里亚斯、奈凯尔、奈马米亚、尼泰尔、尼塔伊亚、欧尼尔、欧塔、欧法尼尔、欧菲西尔、欧麦尔、欧诺马塔特、欧洛伊尔、欧林、欧西狄尔、欧提尔、帕菲尔、班狄尔、班多尔、帕尼尔、帕拉斯、帕流斯、帕斯尔、培尼尔、法洛尔、弗奈比尔、波耶尔、基布达、拉米尔、拉奇尔、拉奎尔、拉赫尔、莱欧斯、拉木尔、拉普西尔、拉里德里斯、拉素尔、拉提尔、雷哈尔、雷耶尔、雷米尔、雷米赫尔、雷奎尔、雷尤尔、里奈尔、里德汪、里佐尔、罗奇尔、罗耶尔、鲁菲耶尔、鲁提尔、沙贝尔、沙奇尔、沙狄尔、沙哈伊亚、沙吉尔、沙米尔、沙姆斯、沙姆沙维尔、沙姆奇尔、桑大丰、沙拉克、沙拉奎尔、沙狄尔、沙里尔、沙太尔、沙鲁伊尔、沙大尼尔、沙提菲尔、史卡提尔、塞巴克、塞哈里亚、塞赫里尔、塞美尔、塞米亚札、西太尔、索比尔、索里尔、索伊尔、素拉库亚、素里耶、西里尔、塔格里尔、塔奇尔、塔米尔、塔洛斯、泰美尔、塔波斯、塔里尔、泰马兹、杜尔卡、杜雷尔、特札普奇尔、乌马贝尔、乌拉奇巴拉美尔、尤里尔、尤西尔、瓦德里尔、瓦德洛斯、瓦沙里亚、瓦乌里亚、维辉尔、维忽伊亚、维奇尔、维雷维尔、维里亚、克沙诺耶兹、克桑提尔、耶卡贝尔、耶忽伊亚、耶亚贝尔、耶亚耶尔、耶拉伊亚、耶拉太尔、约米耶尔、札菲尔、札米尔、札德奇尔、札美尔、札菲奇尔、札吉比、札维尔、塞雷尔、塞鲁尔、塞塔奇尔、奇奇耶尔、佐尼尔、祖里尔、祖提尔、奇美洛兹。

古斯塔夫·多雷，
水星里的天使：比阿特丽斯和但丁前往水星，
1860—1868，
私人收藏

页 62：
魔鬼般的身形，
取自**《地狱词典》**，
J. 科兰·戴·布兰西，1863，
巴黎，Plon

页 63：
古斯塔夫·多雷，
造反天使的堕落，
取自约翰·弥尔顿**《失乐园》**，
约 1868，
私人收藏

灵魔

阿蒙、阿比戈尔、阿布拉卡斯、阿德拉美雷克、阿加雷斯、阿奎尔、阿维昂、阿拉斯托尔、阿洛塞斯、安杜西亚斯、阿门、阿米、阿拉塞尔、安德拉斯、阿里欧克、安德雷弗斯、安德洛马流斯、阿斯莫代、阿斯塔洛斯、欧布拉斯、阿札塞尔、巴塞丰、贝尔、贝尔巴兰、巴拉姆、巴巴托、贝雷特、贝雷斯、贝法戈尔、贝里亚、贝尔塞布、布雷特、贝里斯、比莫特、比弗隆斯、比特鲁、波提斯、布尔、布恩、拜雷斯、卡克里诺拉斯、卡西莫拉尔、卡里、卡拉比亚、开伊姆、塞柏洛斯、查克斯、西美里斯、丹塔里昂、狄卡拉比亚、艾雷弗尔、富劳洛斯、弗卡洛尔、弗拉伊、弗卡斯、弗纽斯、富尔富、富里诺米乌斯、加普、加米吉恩、吉莫里、格拉斯亚、古索恩、哈格恩提、哈波林姆、哈法斯、伊普斯、伊波斯、拉波拉斯、雷纳尔多、雷拉耶、鲁西弗、马拉法、马雷哈斯、马尔法、马法斯、马巴斯、马周奇亚斯、马科奇亚、梅周姆、米卡雷斯、莫洛克、莫拉克斯、木木尔、纳贝流斯、尼巴、尼克里尔、欧里亚斯、欧洛巴斯、欧塞、欧提斯、派蒙、菲尼克斯、皮可鲁斯、普洛塞尔、普鲁菲亚、普森、拉胡亚特、拉姆、洛诺夫、洛维、沙布纳、沙洛伊斯、沙塔纳斯、史科克斯、席尔、塞帕尔、夏克斯、西特里、史托拉、史夫卡克斯、塔普、乌科巴哈、瓦拉克、瓦普拉、瓦沙戈、维帕尔、维尼、沃拉克、沃亚尔、华尔、克沙方、札冈、札里欧斯、塞波斯、塞帕尔。

丁托列托（雅各布·罗布斯蒂），
《圣母升天图》（《天国》），
约 1580，
巴黎，
卢浮宫

第五章

事物的清单

我们担心事情说不完，不但在碰到名字无限多的时候有这种担心，碰到事物无限多的时候亦然。文学史上，处处是念兹在兹而努力收集事物的例子。有时候，这些行事是狂想式的，像（**阿里奥斯托**告诉我们的）阿斯托尔福（Astolfo）到月亮上找罗兰的脑筋时发现的种种东西。有时候，这些物事令人不安，像**莎士比亚**戏剧《麦克白》（*Macbeth*）里女巫炼药作法使用的那些邪门材料。有时候，则是香水般的狂喜，像**马里诺**（Marino）在《阿多尼斯》（*Adonis*）里的描写。有时候是寒微的必需品，像鲁宾逊在岛上收集来活命度日的漂流物。有时候，是**马克·吐温**叫汤姆（Tom Sawyer）收集的那些小宝藏。有时候，是极其平常的东西，像乔伊斯《尤利西斯》里，布卢姆厨房柜子抽屉里数量惊人的杂碎（为了各种原因，下文“混乱的枚举”那一章还会谈到此事）。有时候事关音乐，而且带有葬礼般僵死的意味，像**托马斯·曼**（Thomas Mann）的小说《浮士德博士》里的乐器收藏。

有时候，清单里的东西只是味道，或臭味，像**徐四金**（Süskind）描写的那个城市。

图利欧·培里科里，
鲁宾逊和工具（局部），
1984

页 68—69：
马克斯·恩斯特，
寂静之眼，
1943—1944，
圣路易，
坎柏艺术博物馆，
华盛顿大学

艾尔伯托・沙维尼欧，
应许之城，
1928，
巴黎，
丹尼尔・马兰格画廊

阿里奥斯托

《疯狂的罗兰》(1532)第三十四章，72—86

在底下将要遥见的以外，
这里还看见其他
河流、湖泊和丰沃的平原；
这里，其他的谷、山和平原
产生它们本身的乡镇和城市；
里面有前所未见，后亦未睹的
宏大宅邸。
这里有宽广的城堡和孤寂的森林，
山林女神永远在追逐她们的猎物。
飞天来到这里的他
没有停下来端详这一切美景：
而是由主的使徒引领，
朝一个宽广的山谷而去；
谷中贮存着
我们下界失去的一切。
收藏在这儿的，是年久而失去、
偶然失去
或我们自己愚蠢而失去的一切。
我说的也不只是那随永不休止的
轮子旋转的土地和财富；
我说的还有那并非命运
所赋予或夺走的东西。
这个星球上，多少名声
都不敌时间的蚕食。
无数誓言，数不清的祈祷
罪孽深重的人类向上主撒谎：
情人的眼泪和哀叹；我们在
享乐和嬉游中
荒度的时光；
无尽的闲暇和虚幻的设计
都欲达而不成。
空洞的欲望漫无节制，
越过山谷较好的部分。
在那里，你会找到
你在地球上失落的一切东西。
他经过两侧那些堆堆，
时时寻思其中的意思；
一座山站在那儿，
是许多肿胀的膀胱形成的。
他心里想
他听见阵阵哭叫和骚乱。

这位勇士得知，这些是昔日亚述
和吕底亚、希腊和波斯的
帝王，都是古代知名；
而今，几乎连名字也没有。
接着看见金制和银制的钩子，
聚成一个大堆，是朝臣们带给
贪婪王侯和恩主的礼物，希望借此
买到前程；这位战士留意到
花篮里藏着很多陷阱，
这些是谄媚逢迎的表示；
那些蝉，叫破了肺，则是
待价而沽的诗人做的虚伪歌颂。
结局不幸的爱情
以金色或银色的带子来表现；
又有老鹰的利爪，那是
王侯赐予其代表的权威：
每个角落充满哀号，
是君王宠臣得到酬赏的代价：
那些伽倪墨得，他得意一时，
待青春之花凋谢，一切落空。
城镇和城堡覆亡，连同所有财富
尽成废墟："这些（那位向导说）是
条约和阴谋的象征，
当事人似乎都欲盖弥彰。"
他遥见长着女人脸孔的蛇，那是
犯下制造伪币和抢劫大罪的人；
其次是各种各样的破瓶子，
是朝廷里的各类各型奴隶模样。
他注意到撒了一地的麦片粥，
就问那是什么象征，
见告那是慈善事业，生病的人
立遗嘱，说要在他们死后分发。
他经过一堆花，它们曾经发出
香气，现在散放恶臭；
那是（如果可以这么说的话）
君士坦丁送给席尔维斯特的礼物。
其次，他探索大批细枝和菜姆
——女人啊，你们的妖术！
他目睹的事物，想以韵文来重述
会过于烦冗，不计其数。
要总括其余的话，我没有时间。
一切衰病尽在这里，
除了疯狂，这里看不见，
住在下界，没有离开地球。
他要他转头，回顾
他遗忘了的一些岁月和行事；
不过，要不是这位向导解读，
他也不认识它们，它们的模样
太不一样了。
其次他见人极不需要的一样东西
——看来没有人祈求上天多给他一点
这东西；我说的是判断力，遗置此处
比我在这里提的一切东西都更大堆。
就像一种柔而薄的酒，
如果没有塞妥，将会从瓶中流光；
在那里，以各种瓶子贮存，
大小不一的专用瓶子，
最大的是这位勇士的，
也就是安格兰提斯的领主；
这个瓶子一眼可辨于其余瓶子，
因为上面写着"罗兰的神志"。
那些神志装在瓶子里的其他人
他把他们的名字都看见了。
他遥见许多其他人的判断力，
他相信他们不曾用过
一丝一毫。
但他们也明显满足于此，
他在这里看见那么多
他们的判断力。
有人浪掷于爱情，有人追求荣名而
丧失神志，有人搜寻四海求为商贾，
有人寄望于富有的王侯，
有人为愚蠢的法术所惑；
有人为图像所欺，有人为珠宝所弄；
有人被自己最珍视的东西所诳。
这里有占星家和诡辩家的神志，
阿斯托尔福还看见许多诗人的神志。
由于写艰涩启示录的这位使徒
表示他同意，他于是
取了他自己的，凑到鼻子面前；
此后，杜尔宾爵士证实，
奥托的这个儿子贤能又长寿；
直到另一件失误（如他所说）
夺去这位温和子爵的脑子。

莎士比亚

《麦克白》(1606)四幕一景

三个女巫进场。
第一女巫：斑猫已喵了三次。
第二女巫：喵三次，刺猬啼了一次。
第三女巫：人面枭叫，是时候了。

第一女巫：绕着大锅转圈圈。
毒肝毒肠往里扔。
你，在冷石头底下睡三十一日夜
而闷出毒汗来的蟾蜍，
先去施了法的锅里滚一滚。

同唱：加倍，加倍费力和费心；
火烧着，锅滚着。

第二女巫：沼泽蛇的切片，
在锅里滚滚又烘烘；
蝾螈的眼睛和青蛙的脚趾，
蝙蝠的毛和狗的舌头，
毒蛇的叉舌和无足蛇蜥的刺，
蜥蜴的腿和小夜枭的翅，
调制成力量加倍的魔药，
像地狱汤滚动和冒泡。
合唱：加倍，加倍费心和费力；
火烧着，锅滚着。

第三女巫：龙的鳞片，狼的牙齿，
女巫的木乃伊，饱食的咸海鲨鱼的嘴和胃，
黑夜挖的毒红萝卜的根，
渎神的犹太人的肝，
山羊的胆汁，月食时砍下的紫杉薄片，
土耳其人的鼻子和鞑靼人的嘴唇，
妓女在阴沟生下就掐死的婴儿的手指，
调得这锅粥稠稠又浓浓：
再往锅里加进
老虎的肝和肠。

同唱：加倍，加倍费力又费心；
火烧着，锅滚着。

马里诺

《阿多尼斯》(1623)
第六章：乐园，
121—129、131—135、145—150

繁花夹道的悠长小径
望出去是树荫遮蔽的人行道
人行道两侧是红宝石矿般
盛绽的玫瑰。
整个图像点缀着
笔触优美而巧妙的花，
形态不一，颜色缤纷，
并以千百种香味撩乱感官。
编结的枝条、斜纹格工法和百叶窗
在山边交织，
区分草坪和小径；
它们井然而精致的线条
是依照此地女神
对细心的看守者
卓绝且巧妙的指示
而做成，
她的脚步踩在土壤上，
踩出闪亮石头的拼花。
爱，以其最不寻常的奇迹
将他所爱留在这里，
好使她将绝对的完美
注入这些可爱的植物：
更厚的叶子，更香的花瓣；
玫瑰揭露其美丽的构造，
白色、紫色，或白紫相间，
只有花诞生，没有刺。
成熟萨安人的
轻柔精华，
印度人的丰实，阿拉伯人的
幸福，
来自希比利亚山，
艾巴里亚海滩和非洲山麓的富藏，
潘奇亚花园、
希米托斯山草原和
科里克斯田野里
所有在吉利星辰下
促成成长的东西，
席普利娜都集到这些花园里。
在里面，阿比西尼亚猫工作，
静静将她的香味留在微风上，
因此遍处是西班牙糊和各种莓
混合的气味。
番泻树、甜马可兰、小豆蔻、莳萝、
闭鞘姜、
香茅和百里香，能解千愁；
野百里香、蜡菊、
金雀花丛、水田芥，以及
矢车菊。
开阔的山坡上有红莓
要使你的肢体狂乱；
还有金合欢和甘松，
长得高高的，枝干交缠；
伊索匹亚巴甘纳的植物快速生长，
叙利亚可乐果树也欣欣向荣；
肉桂树生长起来，
榛树的坚果
如雨一般掉落。
万灵树
无比珍贵，
它的健康叶子可以调制饮用，
松节油则和白藓十分相合，
从中可以产生一种药用蒸馏液；
纳巴泰人使用的利比亚灯心草，
印度的菖蒲，这里都有。
一路写来，谁能
尽数我们和我们的国度
所不知道的许多异国植物？
这里，神圣、袅袅如烟的香味
在一个朝圣客愉快的呼吸中迸放；
将她慵懒的香脂化为香水之流
和珍贵、高贵的香汗；
没药，俊男阿多尼斯的母亲，
在他接近时眼泪加倍而流。
……
花，花心是爱之所在，
他们喜欢优美的女贞和苋菜，
水仙和风信子，番红花和埃阿斯，
美丽的君子兰和宽阔的叶蓟。
玫瑰泛着朱红的光，着火似的，
它的香气是一种叹息，它的露珠
是它哭的眼泪。
金凤花笑着，而虚弱、苍白、
倦懒的紫罗兰染上爱的鲜活色泽。
连你，英俊的阿多尼斯，也
没有消逝，
尚未化成一种新的花。
啊，当时有谁会说，
那之后不久，
草坪就会被漆成一片红，
染透你自己的血？
也曾有个预兆，尽管是混淆而且
没有应验的预兆；
说你命中注定有殊荣，
你所有的同伴都颂扬你，依顺你，
在你脚边拜服。
这里有优雅的郁金香，其情其景
仿佛自然要和艺术争胜似的；
它用镀金的卷曲为叶子镶边，
那是波斯织锦的精华；
她将它的蓓蕾染成深紫色，
浓得繁星密布的阿拉伯天空
也黯然失色；
不管用针织装饰或用梭子编织，
都没有任何布能和这个比美。
然而百合是心志最高的，
像崇高的国王庄严起身，
而且令白色和朱红都自叹不如，
高举他的花梗，超越群芳。
……
阿多尼斯降临，一切绽放微笑，
美丽的花园穿上
新颜色；
谦卑又恭敬，四面八方
树顶的枝干都下垂鞠躬，
群花起立；
微风示好，大风逢迎，
两者都以奉承的轻声细语
为他喝彩；
满园争先恐后招呼他，
鸟展喉歌唱，泉水
喃喃作声。

每个不知礼数的新芽都
由衷敞开心胸，斯文有加，
深情款款向他献上他们
所有最可贵、最可人的面貌；
他目光所向，他足迹所至，
四月都在向他示爱；
柑橘和雪松和桃金娘和茉莉
全都散放高贵和各有所长的
香气。

在这里，孔雀的华丽模样
穿行于厚密的黄杨木之间，
他高傲、漂亮、圆展的尾巴里
各种花绽开如
排列有致的眼睛。
乳香树丛成为一条真实、活生生、
令人生畏的龙的化身，
微风绕着桃金娘回旋，
发出轻啸为他鼓气。

分枝众多的常春藤，巧妙
假扮成浑然天成的杯子，
露滴掉落其中
如同琼浆玉液；
它以绿色的枝叶和帆翼，
以及绿色的裁缝，
制造了船桨和舱房，
在船尾，美丽的鸟歌唱，
演出探险家的节目，

约翰·哈柏尔，
单身汉的抽屉，
1890—1894，
纽约，
大都会艺术博物馆

页 73：
扬·凡·海以森，
壁龛里的瓶花，
约 1720—1740，
巴黎，
卢浮宫

甜美的喜悦和丰富的欢喜——
前者抚慰，后者欢迎。
勤快，使群花在草坪上
突出生色，
努力，将最优美的花揽在膝上；
药草分泌清香，
所有叶子散发和气；
偶像崇拜捧着香炉，
高傲从中吐出虚荣的烟。

接着是慵倦、引人遐思的温柔，
纤细、修整的礼数，
高贵，洁身远离一切污秽，
虚荣，浑身香气，
和气、欢喜的斯文，
和悦、喜气的美，
野心，浮涨如吃饱了风的帆，
柔软的奢侈，和野蛮的装饰，
所有五光十色的幻象都来了，

它们双手盛满盈溢，如雨一般
为阿多尼斯优美的面容
洒满香液，并且
为他的血脉
注入有力的生命之血和星芒。
然后，以有力但柔情的链子，
千百千百朵花形成的链子，
这个年轻人和女神
绑在一起，
在爱平静地在安详的膝上
入眠之处。

扬·布鲁盖尔和彼得·保罗·鲁本斯，
听的寓言（局部），
1617，
马德里，
普拉多博物馆

马克·吐温

《汤姆·索亚历险记》（1876）第二章

（班说）“喔，别这样，我会很小心的。让我试试看。不然——我把苹果核给你。”

（汤姆说）“嗯，我想——班，不行的。我怕——”

“我把整个苹果都给你！”

汤姆将举在眼前的刷子，面露犹豫地交给他，但其实心里快活不已。刚才的那艘“大密苏里号”蒸汽船现在正汗水淋漓地在太阳下工作，而这位退休艺术家却坐在附近阴影中一个木桶上，跷着二郎腿啃着苹果，一面盘算等会儿要怎么诓骗更多傻瓜。这种人可不少。每过一会儿就有几个男孩路过，一开始他们都会嘲笑汤姆，但最后都会留下来刷篱笆。当班累得筋疲力尽时，汤姆早已和比利·费许达成交易。比利用一个补好的风筝换来下一顺位。等到比利也结束，强尼·米勒再用一只细绳拴着的死老鼠买下这权利——以此类推，几个小时过去，等到下午将近一半，早上还是个穷小子的汤姆，这时已名副其实地荷包满满。除了刚才提到的那些玩意儿，现在他还有十二颗弹珠、一支残缺的口簧琴、一块可以透视的蓝色玻璃、一个线轴拉炮、一把什么也开不了的钥匙、一截粉笔、一个玻璃制瓶塞、一个玩具锡兵、一对蝌蚪、六个鞭炮、一只独眼小猫、一个黄铜门把、一个狗项圈——但没有狗——一个刀柄、四片橘子皮、还有个破窗框。

这一整段时间，他既悠闲又自在，不但有许多同伴，而且还把整道篱笆上了三道漆。要不是因为涂料用完，他一定会让全村每个小孩都破产的。

托马斯·曼

《浮士德博士》(1947)第七章

楼中楼的乐器库房经常回响着这样的预演，那些声部以变化无穷的音色穿过几个八度。整个场所呈现一种，如果我可以这么说的话，提升文化和充满吸引力的景象，将你的听觉想象力激扬到兴高采烈的境地。一切放开：所有的声音和歌唱，所有的拨弦和敲击，哼哼之声，低沉的辘辘隆隆之声，吼叫的声音，甚至那些键盘乐器，发出钟声的那种，也就是可爱的钟琴，全都登场。镜子后面挂着那些小提琴，或者说，那些小提琴躺在做成和它们同样形状的盒子里，就像装木乃伊的箱子做成木乃伊形状，这些小提琴的漆色有的偏黄一点，有的偏褐一点，它们苗条的琴弓，带着银色的弦索，也安顿在琴盒的盖子里；这些小提琴有意大利的，其纯净、美丽的形状告诉行家，它们来自克雷莫纳；还有产自提洛雷斯、荷兰、撒克逊、米登瓦德的小提琴，有些则是雷维库恩自己的作坊制造的。旋律赏心，由安东尼奥·史特拉底瓦里创造了完美形式的大提琴，在这里成排陈列；大提琴的前身，也就是使用六根弦，以双膝夹着演奏的中提琴，来自更古老的作坊，和它们并列；中提琴，以及提琴家族另一员，古中提琴，连同我自己一辈子在它七根弦上拉起来都乐趣无穷的柔音中提琴，在这里全有一席之地。我这一把来自帕洛奇亚街，是我父母给我的坚信礼礼物。

另外有好几把维尔隆尼，也就是巨型小提琴，和不易掌握的低音大提琴，低音大提琴能做庄严的宣叙调，拨弦比定音鼓的一击更铿锵洪亮，和声则如魔似幻，有一种几乎难以置信的特质。木管乐器中与此相对的低音巴松管也好几个，也是十六呎——换句话说，声音要比音符指示的低一个八度——而大幅强化低音，它身材足足比它那个较小的兄弟，幽默的巴松管，大了一倍。我说巴松管幽默，因为它名为低音乐器，却没有真正的低音力道，声量小得可怪，微弱，有点滑稽。

不过，它看起来还真漂亮，弯曲的吹口管，按键和控制杆装饰得煞是鲜明亮眼！这一大群萧姆，何其迷人，技术上发展到如此完美的地步，形形色色，对炫技家构成何等挑战：像田园风的双簧管，像英国管，那么擅长悲剧气息；有很多按键的单簧管，深沉的低音域那样阴气十足，高一点却又明灿银亮盛绽和声，巴塞特单簧管和低音单簧管就是如此。一切安置在天鹅绒衬垫上，都在雷维库恩叔叔的货单里；还有横笛，各有系统，制作各异，有山毛榉做的，有乌木做的，以象牙为头饰，也有的整个是银制；旁边是它们声音尖利的亲戚，短笛，以其高音穿透管弦乐团的齐奏，在鬼火和火的魔术里跳舞。接下来是闪亮的铜管，有造型匀称的小喇叭，象征响亮的号召、活泼的歌唱、悠长动人的旋律，然后是浑身涡旋的活塞法国号、细长而雄赳赳的伸缩喇叭、活塞小号，以及威重的低音土巴。珍罕的博物馆级品项，像左右双向的公牛号角那类青铜做的诱人东西，雷维库恩的库房里也有。不过，我如今回顾之下，在一个小男孩的眼睛里，最快乐最壮盛的还是那全套打击乐器，只因为我们在圣诞树下找到的东西，那些玩具和童年的梦，如今历历在目。小鼓，跟我们六岁时候敲打的那些东西多么不同！

那可不是挂在你脖子上的那种玩意。下方的鼓膜用肠线撑起来；为了配合乐团，它旋得死紧，方便地倾斜，安在三脚架上，木棒十分诱人地敲在边圈上。还有那钟琴，我们时常在上面练习一只鸟飞来。在一个雅致的盒子里，对对横杠上是金属板，经过仔细调音，带着细细的钢锤，放在有衬里的盒子里。木琴，这个好像要唤起骷髅舞的乐器，带着许多木杠，排成半音阶序列。又有巨大的大鼓，棒头包了毡子来敲它；还有铜定音鼓，柏辽兹的管弦乐仍然用了十六套。他不晓得，这样的踏板鼓，鼓手能够很容易用手调整调子。

徐四金

《香水》(1985)第一章

我们谈到的这个时期，那些城市弥漫着我们现代男女难以想象的一股恶臭。街道散发粪肥的臭味，方庭则阵阵尿味，楼梯间是木头发霉和老鼠屎的臭味，厨房是烂蔬菜和羊油的臭味；欠通风的客厅是灰尘久积的臭味，卧室是被单油腻、羽毛床垫潮湿的臭味，以及夜壶的刺鼻甜味。烟囱升起硫味，鞣皮厂传出腐蚀性的灰水味，屠宰房发出血凝固的臭味。人发出汗臭和衣服没洗的臭味；他们嘴巴发出蛀牙的臭味，肚子发出洋葱臭，他们的身体呢，如果他们不再非常年轻，就发出乳酪腐坏、牛奶变酸和肿瘤病的臭味。河水发臭，市场发臭，教堂发臭，桥下发臭，宫廷发臭。农夫一身臭，教士一身臭，学徒和师母都一身臭，整个贵族发臭，连国王自己也发臭，像全身臭味的狮子，王后则发臭如老山羊，冬夏皆然。

18世纪没有什么挡得住忙着使东西分解败坏的细菌，因此没有任何人类活动，不管是建设还是破坏，也没有任何生命现象，不管是产生还是腐坏，能够不带着臭味。

雷纳托·古图索，
乌奇利亚市场草稿，
约1970—1974，
米兰，
私人收藏

第六章

地名清单

人和事物难以言说，地名也是，但作家也运用不及备载式的清单表述法。**以西结**（Ezekiel）列举各种特质来衬托推罗（Tyre）之大，**阿波利奈尔**（Sidonius Apollinare）列举建筑和广场来凸显纳尔邦（Narbonne）之美，**狄更斯**费心点名伦敦各个被笼罩全城的煤灰变得形同隐形的地点，**爱伦·坡**用他灵视般的目光注视一系列不同的个体，视之为“一群人”，普鲁斯特（Proust）唤起他童年的城市，**卡尔维诺**（Calvino）唤起大汗（忽必烈）梦想的城市，**桑德拉尔**（Cendrars）透过对沿途不同地方的回忆，刻画火车横渡西伯利亚的喘气，**惠特曼**（这位最擅长开列不可收拾、令人头昏眼花的清单的诗人）[1]，从他出生的岛屿开始，把地名一个一个堆积起来。

关于堆积地名，**雨果**的《九三年》里有一张奇特的清单，是朗德纳克（Lantenac）侯爵列举的凡迪省（Vendee）地点，都用口头传达给水手哈马洛（Halmalo），以便他带着起事的命令走遍那些地方。可怜的哈马洛明显没办法记住那么一长串清单，我们也不宜认为雨果指望我们记得：这张巨大的空间清单，用意只是要暗示那场民间造反规模之大。

乔治·德·基里科，
梅菲斯托和宇宙，
阿里果·波伊托歌剧《梅菲斯托》舞台设计，
史卡拉剧院，
1952，
米兰，
史卡拉剧院博物馆

另外一份令人眼花缭乱的地名清单是**乔伊斯**写的，在小说《芬尼根的守灵夜》（*Finnegans Wake*）里称为“安娜·利维亚·普鲁拉贝尔”（Anna Livia Plurabelle）那一章，为了让读者感受爱尔兰利菲河（Liffey）的流动，乔伊斯插入全世界所有国家的河流名字，成百上千个，有的化成双关语，有的使用合成字。许多河流差不多是谁也不晓得的，诸如切布（Chebb）、发特（Futt）、班恩（Bann）、达

扬·凡·凯塞尔，
亚洲，
取自《四洲》系列，
1664—1666，
慕尼黑，
旧美术馆

克（Duck）、沙布伦（Sabrainn）、提尔（Till）、瓦格（Waag）、波姆（Bomu）、波雅纳（Boyana）、徐（Chu）、巴撒（Batha）、斯寇里斯（Skollis）、萨里（Shari）、苏（Sui）、汤姆（Tom）、谢夫（Chef）、西尔·达亚（Syr Darya）、梯烧（Ladder Burn）等等，读者若想辨认，颇非易事。此书的外文翻译通常自由发挥，译文里指涉的河流经常和原著不能对号入座。连乔伊斯亲自合作的意大利文初次翻译也发生这样的情况[2]，译文里提到意大利河流，像Serio、Po、Serchio、Piave、Conca、Aniene、Ombrone、Lambro、Taro、Toce、Belbo、Sillaro、Tagliamento、Lamone、Brembo、Trebbio、Mincio、Tidone，以及Panaro，皆为英文原本所无。不少名家共襄盛举的首次历史性法文翻译也是如此[3]。

我们这本书简要摘录了此章一段，在塞纳河两岸，以及瑞典和丹麦之间的卡特加特海峡（Kattegat）之外，有兴趣的读者还会看到其他很多河流，像太尔（Tell）、切布（Cheb）、雷普斯（Répce）、黑水（Blackwater）、陡峭（Steeping）、心（Heart）、出售（Sale）、脏鬼（Dirty Devil）、战役（Battle）、德奈普尔（Dneipr）、莫尔道（Moldau）、恒河（Ganges）、桑代（Sendai）、国王（King）、伊利索（Ilisso）、汤姆（Tom）、艾尔德（Elde）、鼠河（Rat）、代里（Derry）、卡培尔（Qu'appelle）、泰晤士·艾·美里马克（Thames e Merrimack），等等。

这份河流清单有潜在的无限性，原因有三：一是读者必须努力辨识乔伊斯点名的所有河流；二是我们一边辨认，一边疑心批评家认出的河流可能比乔伊斯刻意列举的还要多；三是从英文字母做成混合字、复合词的潜力看来，可能的河流字比批评家和乔伊斯所想到的还要多。

要将这种清单归类，非常困难。这种清单的成因，是作者贪得无厌，是难以言喻（要说出世界上有多少河流，是不可能的事），以及纯粹由于喜欢清单。乔伊斯似乎辛苦多年，搜罗所有河流的名字，过程中找很多人合作。他的目标当然不在地理层面。乔伊斯八成存心想让这份清单不要有结尾。

最后，是**博尔赫斯**——小说《阿莱夫》（*The Aleph*）——在地下室一个洞里看见的，那个包罗宇宙之点，他在那里看见一长串地方、人，以及令人不安的顿悟显现，而且是一份注定没有完结的清单。

页 84—85：
汉斯·梅姆林，
耶稣受难，
1470—1471，
杜林，
萨包达美术馆

[1] 请参考Rovert E. Belknap在其著作*The List*（New Haven: Yale University Press, 2004）中的专章讨论。

[2] *Anna Livia Plurabelle*，乔伊斯与Nino Frank译，1938，目前可见于乔伊斯，*Scritti italiani*，米兰：Mondadori，1979。

[3] 贝克特、Alfred Perron、Philippe Soupault、Paul-L. Leon、Eugene Jolas、Ivan Goll、Adrienne Monnier翻译，乔伊斯协助翻译。

舰队扬帆，
希拉岛（圣托里尼岛）阿克洛提里壁画局部，
约公元前 1650—前 1500，
雅典，
国家考古博物馆

页 88—89：
威廉·亨利·克洛姆，
远处有圣保罗大教堂的伦敦景观，
约 1826—1873，
私人收藏

以西结

《圣经·以西结书》

[3]……主这么说；推罗啊，
你曾说，我是至美的。
[4]你的界域是在海里，
建造你的人把你做得至美。
[5]他们用示尼尔的冷杉木
做你所有的船板：他们用
黎巴嫩云杉做你的桅杆。
[6]他们用巴珊的橡木
做你的桨；亚书利人
从基提岛买象牙，
为你镶舱板。
[7]你招风的船帆是以
来自埃及的镶花细麻布
做的；你的遮篷是用
以利沙岛的蓝、紫色布做的。
[8]西顿和亚发的居民
是你的水手：推罗啊，掌舵的
则是你城中有智慧的人。
[9]迦巴勒的老者和聪明之人
为你当缝补工：
海上所有的船只和水手
都来经营你的生意。
[10]波斯、鲁德和弗特人
为你当战士，
他们的盔甲和盾牌挂你城里；
他们显扬你的美丽。
[11]你军中的亚发人
守卫你周围的城墙，
望楼上是迦马丁人，
他们在城墙上挂盾牌；
他们成全你的至美。
[12]他施人为了你百物俱全，
做你的客商；他们在你的市集
交易银、铁、锡和铅。
[13]雅完人、土巴人、米设人
和你通商：他们在你的市场
交易人口和铜器。
[14]陀迦玛人在你的市集
交易马匹和马术师和骡子。
[15]底但人和你通商；
多少岛屿是你的码头，
为你带来
象牙和乌木。

[16] 叙利亚人为了
你制造的器物多，
和你通商：他们拿绿宝石、
紫色的绣品、细麻布
和珊瑚和红宝石同你互市。
[17] 犹太和以色列人
和你通商：他们拿
米匿的小麦、饼、蜜、油
和乳香同你互市。
[18] 大马士革为了
你制造的器物众多，
为了你财富多，和你通商：
黑本酒和白羊毛。
[19] 但人和雅完人
出入你的市集：以明亮的铁、
桂皮和菖蒲同你交易。
[20] 底但人和你通商，
以珍贵的布交换战车。
[21] 阿拉伯，以及基达的
所有首领和你通商，以
羔羊、公绵羊和山羊同你交易。
[22] 示巴和拉玛的商人
和你交易：他们
为你的市集带来
各类香料、所有宝石和黄金。
[23] 哈兰、干尼、伊甸，
示巴、亚述及基抹的商人
和你互市。
[24] 这些商人以所有物事，
以绣花蓝衣，装在
香柏木做成，绳子捆着的
箱子里，同你交易。
[25] 他施的船只
为你的市场运货：
你在海上极尽荣华和光耀。
[26] 荡桨的
将你划进广洋大海：
东风在海中将你打破。
[27] 你的财货，和你的市集，
你的商品，你的水手，
和你的掌舵，你的缝补工，
你市场上的行商，以及
你的所有战士，
和你的所有人民，都将在
你倾覆之日落海。

西多纽斯·阿波利奈尔

《诗与信》第二十二首诗

给康森提乌斯

万岁，纳尔波，你有无比的健康，
你以你的城镇和你的乡村使眼睛
愉悦，以你的城墙、人民、道路、
商店、大门、柱廊、方场、剧院、
寺庙、大宅、铸币厂、浴场、拱门、
谷仓、市场、草地、喷泉、
岛屿、盐矿、池塘、河流、商品、
桥梁和海水；你最有资格
崇拜诸神，如巴克斯、刻瑞斯、
帕勒斯和密涅瓦，因为你有
玉米、葡萄酒、牧场和橄榄磨坊！
你只信赖你的人，没有求助于大自然，
升上使群山不能望你项背的高度。
没有深欲噬人的沟渠，没有
以狰狞桩柱做成的藩篱围绕你；
没有大理石工、没有镀金或玻璃、
没有闪亮的印度龟甲、没有
从马马利克象嘴挖下来的象牙
镶在你城墙上；你没有用镶嵌图案
装饰你的金门；然而你傲立于你那些
半毁的要塞之间，你的确
展现你在昔日战争中博得的荣耀，
而你那些伟大的石头虽然已坏，
你却因这些辉煌的废墟而更受珍视。
让别的城市以其地点
施其威胁吧，那些以低等力量
高高筑起的城市；让建筑在
高崖峻岭上的城墙自夸
从来不曾被攻破吧；至于你，
你已破毁，却博人好感：
那场攻击名气远播，
使你强固的忠忱名留青史。

狄更斯

《荒凉山庄》（1852—1853）第一章

大法官庭

伦敦。米迦勒开庭期最近结束，大法官坐在林肯法学协会大厅里。顽固的十一月天气。街上泥巴之多，仿佛洪水新近才从大地表面退去似的，这时候要是碰到一条四十英尺长的斑龙，如一只其大如象的蜥蜴般摇摇摆摆上霍尔崩山，也无足为异。煤烟从烟囱顶管压下来，化成细细的黑毛毛雨，雨中挟着片片大如雪片的煤灰——你可能想，这莫非是哀悼太阳之死。狗，浑身泥浆，分辨不出是狗。马，也没好多少；眼盖也溅满烂泥。

走路的人，彼此的雨伞顶顶撞撞，一个个全都染上坏脾气，到了街角，又全都站不稳脚步，打从破晓时分（如果这天气还说得上破晓的话）以来，成千上万行人一直在那里滑倒的滑倒，摔跤的摔跤，为一层层烂泥添加淤积，牢牢粘在路面上，像复利般在那里累积。

到处是雾。上游是雾，在绿色的小渚和草地之间流荡；下游是雾，脏脏地在栉比鳞次的船只和一个大（脏）城的河滨污染之间滚动。艾塞克斯沼泽上是雾，肯特郡的高地上是雾。雾摸进运煤船的厨房；雾躺在帆桁上，在大船的索具里盘旋；雾低压在平底船和小船的舷缘上。雾在格林尼治区那些靠养老金度日，在收容所火炉边吃力呼吸的老人的眼睛和喉咙里；雾跑进在自己密舱中生气的小船船长抽的午后那管烟的烟管和烟斗里；雾残忍地捏掐他那个在甲板上瑟缩发抖的小学徒的脚趾和手指。那些正巧过桥的人，则从桥栏俯视那片雾空，四面八方全是雾，仿佛他们身在一只气球里，飘挂在迷茫的云端。

街上，各个地方，煤气灯在雾中隐约可辨，很像掌犁的庄稼汉和为他拉马的童子从松软的田里看见隐隐约约的太阳。店家大都提早两个钟头上灯——煤气灯似乎

页 92—93：
劳尔·杜飞，
圣阿德列斯湾，
1904，
巴黎，
国家现代艺术博物馆，
蓬皮杜中心

页 94—95：
泰塔尔·凡·艾尔文，
想象中的意大利主要山脉景色，
1858，
热那亚，
现代艺术馆

知道，因为它们一副憔悴而且老不情愿的脸色。

那座铅灰死气的古老障碍物，圣堂石门，是铅灰死气的古老协会门槛的贴切装饰品，在这一带，下午最阴冷，浓雾最浓，烂泥的街道也最泥烂。就在紧靠圣堂石门的林肯法学协会大厅里，在浓雾的中心，坐着这位大法官庭的大法官。

爱伦·坡

《故事和素描》（1841）

人群中的男子

后者……是这个城市的主要通衢之一，整天都十分拥挤。但是夜幕降临时分，人群又增加片刻；因此，到夜灯通明的时候，已有两波摩肩接踵而且连续不断的人潮涌过门前……我注视这大群的人，起初是将他们视为人群。但很快地，我开始观察细节，带着精细的兴趣，观察那变化无穷的身材、衣着、气度、步伐、脸形，以及面容表情。

那些打门前经过的人，大多数带着满足的、煞有介事的举止，而且似乎只想着如何穿过人和人的挤压。他们皱着眉头，眼珠子转得飞快；被身边的人群推撞的时候，他们没有露出不耐烦的模样，而是整整衣服，匆匆前行……

以斯文为尺度，愈往下降，我找到愈来愈黑暗的主题来思索。我看见犹太小贩，他们的鹰眼精芒飞闪，但脸上其他每个器官都只有谦抑卑微的神情；职业街头乞丐，他们怒视境界高于他们的托钵僧，后者只因别无指望，才入夜还出门化缘；像虚弱又死白的病人，已被死神稳稳拿住，他们在人群中侧身蹒跚而行，向每个人投以乞求的目光，寻找偶来的安慰，失落了的希望；出身寒微的年轻女孩结束漫长又晚归的劳动，要回到全无乐趣的家，碰到瘪三无赖的斜视而畏缩，泪眼里无奈多于愤怒，可是没有办法避免和他们直接碰触；城里种类和年龄不一而足的女人——青春正盛，一点也错不了的美女，令人想起鲁西安笔下那座雕像，表面如帕洛斯大理石，内在填满污秽——令人憎恶、彻底失落，衣衫褴褛的麻风病患者——满脸皱纹、涂满胭脂的老女人，最后一次学青春——样子尚未成熟的孩子，但长久耳濡目染，而精通她那一行的风骚卖俏，狂热满志，要在邪行上和她的前辈分庭抗礼；数目难计，样子也难以言喻的醉鬼——有的身穿破烂的百衲衣，东倒西歪，言语不清，面容淤青，两眼无神——有的衣服完整却脏污，想昂首阔步却脚下不稳，嘴唇丰厚肉感，脸孔是满腹热肠的那种红润——其他人，有的身上的衣服曾经是好材料，如今也还仔细刷拭——有的男子步伐坚定，步子轻快，自然逾常，但脸色苍白得吓人，眼神带着可怕的狂野和血红，穿行于人群之际，颤抖的手指掐紧抓得到的任何东西；这些之外，还有卖饼人、挑夫、堆煤工、扫街人；卖艺的手风琴师、带猴子走江湖的，以及卖唱的，就是和唱歌的一块叫卖的三流诗人；衣衫破旧的工匠，和精疲力竭、难以形容的工人，全都充满嘈嘈杂杂，非比寻常的朝气，喧哗刺耳，并且为眼睛带来一种疼痛的悸动。

普鲁斯特

《在斯万家那边》（1913）

地名：那个姓氏

如果我的健康明确好转，如果我父母允许我，不是下去巴尔贝克久住，而是至少一次也好，坐上我在想象中经常搭上去的一点二十二分那班火车，以便认识诺曼底和布列塔尼的建筑和风景，那么我会在那里最美的几个城镇止步，下车。然而我将会无法比较它们；你要如何选择，就像你无法在不能互换的个人之间选择。贝叶，锈红色的花边如此高贵耸立，其最高点并且闪烁着它第二音节的古老金光；维特蕾，其锐音为它古老的玻璃镶上木质棱边；温雅的朗巴尔，它的白色涵盖蛋壳黄到珍珠灰的各种色泽；古斯当，这座诺曼底大教堂，最后几个子音丰富而泛黄，而以一个奶油钟楼为冠冕；拉尼恩，村子街道安静，却有苍蝇在马车车轮上忙着发出嗡嗡之声；格斯当贝、邦多松，可笑地天真质朴，前往河边那些诗意地点的那条路，沿途散布着白羽毛和黄鸟喙；贝诺代，一个没有好好系泊的名字，河水仿佛就要把它冲到它纠缠的水草里；阿方桥，姿态轻盈的女用布帽边幅那种雪白又红润的飞动，映在运河的翠绿流水里；甘贝尔，中世纪以来更紧附那几条小河，同它们潺潺细语，将它们的珍珠串在灰色背景上，有如窗边的蛛网被阳光照射而做成的图案，变成一个个镀银的粗点。

Raoul Dufy

J.Tetar van Elven

乔万尼·雷阿尔多，
世界地图，
15 世纪，
维琴察，
贝托里亚纳市立图书馆

伊塔洛·卡尔维诺

《看不见的城市》(1972)

大汗有一本地图，里面画了地球，一洲接一洲，最远国度的边界，船只的航路，海岸线，最著名都会的地图，和最丰饶的港口。他当着马可·波罗的面翻阅这些地图，想考考他的知识。旅行家认出一个城市是君士坦丁堡，三面海岸，一个长海峡，一个窄湾，和一片陆地四围的海；他记得耶路撒冷坐落两山之上，两山高度不一，彼此相对；他也一眼识得撒马尔干及其花园。

对其他城市，他倚赖口耳相传的描述，有的则根据稀少的迹象来猜测：从带纹路的哈里发珍珠猜出格拉纳达；整齐的北方港口是吕贝克；黑檀木和白象牙是丁布克土；无数人每天抓一条面包回家的是巴黎。有些彩色小图刻画形状非常的居处：一个绿洲藏在沙漠的皱褶里，只有棕榈树顶探出头来，当然是内夫塔；流沙里一座城堡，被海潮浸过盐的草地上有乳牛，只可能是圣米榭山；一座皇宫，不在城墙内，反而它里面有个城市，只可能是乌尔比诺。

地图里有些城市，马可和地理学家都不知道有它们，也不晓得它们在何处，但可能的城市少不了它们：库芝科以其辐射式布局反映其完美的贸易秩序，苍翠的墨西哥在蒙特祖马宫君临的湖上，诺夫哥罗德有球根形屋顶，拉萨的白顶耸立在云中的世界屋顶上。这些地方，马可都点出名字，并且指示前往它们的路。你我皆知，地名随外国语言而变化无穷，而且每个地方都能从其他地方抵达，随它路线有几条，也不管你骑马、驾车、划船，还是飞行。……

大汗有一本地图，里面集合了所有城市的地图：城墙根基稳固的，倾覆成废墟而被沙吞没的，有朝一日会存在的，以及原址如今只见兔子洞的。

马可·波罗翻阅着；他认出耶利哥、乌尔、迦太基，他指出斯卡曼德河口，亚该亚船队在那里等候十年，直到尤利西斯打造的马被绞车拉进斯坎门，才让围城的大军回船。不过，谈到特洛伊，他描述的却是君士坦丁堡，并且预见穆罕默德漫漫长月的围城，以及他狡慧如尤利西斯，趁夜绕过培拉和加拉塔，将船从博斯普鲁斯拉上金角湾。这两城搞混，产生了第三个混淆，称之为三藩市吧，它又长又轻的桥横跨金门和海湾，敞开的电车爬上陡峭的街道。三百年漫长围攻后一千年，它可能绽放成太平洋首府，那场围攻导致黄种人、黑种人、红种人和仅存的白人后代混合成一个比大汗的帝国更大的帝国。

这本地图有以下特质：它披露那些还没有形式或名字的城市的形式。有阿姆斯特丹形状的城市，一个面北的半圆，有同心圆——王子的、皇帝的、贵族的；有约克状的城市，位于高地荒野，城墙围着，塔楼林立；有新阿姆斯特丹状的城市，又叫纽约，两条河之间一个椭圆形岛屿，岛上塞满玻璃塔和钢塔，街道有如深深的运河，全都直直的，除了百老汇。

形状的清单是没完没了的：每个形状都找到它的城市之前，新城市会不断诞生。形状穷于变化而崩解，就是城市的末日之始。地图最后几页，举目全是没有头尾终始的网络，像洛杉矶，又像京都和大阪，没有形状。

布莱斯·桑德拉尔

《西伯利亚横贯铁路和法国的小珍阿妮》（1913）

珍妮，珍妮特，妮内特，妮妮，诺诺，蒂代特
我的我　我的爱　我的鸽露　我的秘鲁
睡眼惺忪我，上床时间
胡萝卜我的肥料
泥饼甜心
蛋塔
性感的母山羊
我的罪孽甜蛋塔
低能
咕咕
她睡着。
她睡着
这么多时间里，
她什么也没吸收
火车站瞥见的所有脸孔
所有的钟
巴黎时间柏林时间圣彼得堡时间
以及所有其他车站的时间
以及在乌法，一个加农炮手滴血的脸
以及在戈德诺，照明可笑的表面
以及火车的永远前进
每天早晨我们将我们的表往前拨
火车早到，太阳迟到
无所事事，我聆听那些钟
太钟，圣母院
尖叫的钟，圣巴托罗缪节响自卢浮宫
生锈的排钟，死城布鲁日
电铃，纽约图书馆
威尼斯乡下那些钟
以及莫斯科那些钟、
我坐在办公室里时
红门计时的那口钟以及我的回忆
火车压在回转板上
火车往前滚
一台留声机放着吉卜赛进行曲
世界，像布拉格犹太区那口钟
精神错乱般倒着走。

约翰 · 梅奇尔 · 鲁斯，
卡尔伯爵的动物园，
1728，
卡塞尔，
埃森邦博物馆，15 至 18 世纪大师画廊

惠特曼

《草叶集》(1881)第二章

从包马诺克开始

从我出生的
鱼形包马诺克开始,
生得好,又由完美的母亲抚育,
漫游许多土地之后,喜爱
人多的道路,
住在我的城市曼纳哈塔,或
南方的大草原,
或当兵,扎营或背我的背包和
枪,或在加州当矿工,
或鄙野于我在达科他树林的家,
以肉为餐,以泉为饮,
或退藏而沉思和冥想于
某个深隐之处,
远离不时狂喜快乐经过的
群众的嘈杂,
领会清新大方的施予者,流动的
密苏里河,领会伟大的尼加拉,
领会在平原上吃草的水牛群、
那毛多而胸健的公牛,
体验大地、岩石、五月的花、
星、雨、雪,我惊奇,
玩赏了反舌鸟的声调
和山鹰的飞翔,
以及拂晓时分听见那无可比拟的
隐士鸫从沼泽雪松啁啾,
独行,在西部歌唱,我
为一个新世界歌唱。
……
别的国家逝去已久的诗人、哲学家、
教士、殉道者、艺术家、发明家、政府、
语言塑造者,
曾经强盛的国家,如今衰弱、
退缩,或荒凉,
在我崇信你们的遗泽之前
我不敢前进,
我细读它、承认它可佩
(在其中行走)
心想没有什么比它伟大,没有
什么比它更值其所值,
专注地审视它许久,
然后搁开它,
我站在我的地方,我有自己的时代。
这里是女性和男性的国度,
世界的男继承人和女继承人在这里,
特质的火焰在这里,
在这里,性灵是获得公开承认的
翻译者,
永远前进,有形形色色的终局,
令人满足者,长久等待后
现在前进,
没错,我的女主人,灵魂,来了。
……
灵魂,
永远又永远——比土壤的褐色和扎实
更久远——比水的起落
更久远。
我会作物质的诗,因为我认为
它们是最具精神灵性的诗,
我会做我的肉体和
我必死的命运的诗,
因为我认为这样我就会写出
我的灵魂和我的不朽的诗。
……
我将为这些州做一首歌,
使任何州在任何环境下
都不会被逼臣服于任何别州,
我将作一首歌,说日日夜夜
所有州之间,以及任何两州之间
都礼尚往来,
我也将为总统的耳朵
作一首歌,内有
充满威胁的武器,
这些武器后面是无数
不满的脸孔;
我作一首合众为一的歌,
此国有利牙,目露精光,
头高于众,
果决善战,包含并高于众人
(无论任何人的头多高,那个头
都高于一切。)
……
我将承认当代的国度,
我将追迹环球的整个地理
有礼地向每个大小城市
致敬,
以及劳动者!我要把你们在陆地
和海上的英雄事迹写入我的诗,
我将从美国的观点报导
所有英雄事迹。
……
我将唱同伴情谊的歌,
我将彰明唯有什么能使
这些心心相连,
我相信这些将在我诗中
找到他们男人之爱的理想,
我因此要把行将烧毁我的火焰
放出去,
我要拔掉那已经抑制熊熊闷火
太久的盖子,
我将赋予它们完全的奔放,
我将写同志和爱的
福音诗,
因为舍我尚复有谁了解
爱的所有忧伤和喜悦?
舍我尚复有谁应该是
同志的诗人?
……
我曾在阿拉巴马走我的
晨间散步,
我看过母鸟反舌鸟
坐在她荆棘丛里的巢上
孵她的子女。
我也看过公鸟,
我曾驻足听他在近处
膨起他的喉咙
欢悦地歌唱。
驻足之间我恍悟
他真正唱的东西
不只在那儿,

不只唱他的伴侣也不只唱他自己，也
不只是要回响，
而是给正在诞生者的
一种微妙、暗地、超越的责任和礼物。
……
民主！在你近旁一个喉咙
正在扩大并
欢悦地歌唱。
我的女人！为我们之后的子女和我们
的子女，
为那些属于这里者和那些将来这里者，
我兴高采烈准备迎接他们，现在就要
抖出比大地历来听过的
更壮盛更高傲的颂歌。
……
我要写热情之歌，为他们开路，
还有触法犯罪者的歌，因为我以
同类的眼睛看你们，心中有你们
如同有其他任何人。
……
我要写真正的财富之诗
为肉体和心灵赢得
可长可久
死亡不能摧毁的一切；
我将洋溢着自我主义，彰显它是
一切之本，
而且我将是歌颂人格的诗人，
我并向男性和女性彰显
两者彼此是平等的。
而性器官和性行为！你们贯注于我，
因为我决心以勇敢清晰的声音
证明你们是出色的，
我也将彰显当下里
没有不完美，而且未来
也不会有任何不完美，
我还将彰显任何人的
任何遭遇
都能变成美丽的结果
我将彰显任何发生的事
没有比死亡更美的，
我将以一条线贯串我的诗
以示时间和事件是紧密相连的，
以及宇宙里所有事物都是
完美的奇迹，都一样深奥。
……
我不做指涉零碎的诗，
要做指涉整体的
诗、歌、思想，
而且我不做指涉一天的歌，
而要做指涉所有日子的歌，
而且我每首诗，一首诗的每一部分
都将涉及灵魂，
因为端详宇宙事物之后
我发觉没有一个微粒、没有任何微粒
不指涉灵魂。
……
无论你是谁，我都有
无穷尽的宣布要给你！
诸国度的女儿，你是不是在等待
你的诗人？
你是否等待一个有一张流畅的嘴
和指点明路的手的诗人？
对诸州的男性，对诸州的女性，
振奋的言语，给民主国度的言语。
彼此扣连，产生食物的国度！
煤和铁的国度！黄金的国度！
棉花、糖、稻米的国度！
小麦、啤酒、猪肉的国度！羊毛和麻的
国度！苹果和葡萄的国度！
牧园平原的国度，世界的草田！
空气甜美的无止境的高原的国度！
牧群、花园、泥砖造的
健康房子的国度！
吹着哥伦比亚西北风，
科罗拉多西南风的国度！
东切萨皮克的国度！
德拉瓦的国度！
安大略、伊利、休伦、密西根湖的国度！
旧十三州的国度！马萨诸塞国度！
佛蒙特和康涅狄格的国度！
大洋岸的国度！
山脉和尖峰的国度！
船夫和水手的国度！渔人的国度！
错综复杂的国度！紧握一起！
热情的国度！
肩并肩！哥哥和弟弟！
骨瘦如柴的！
伟大妇女的国度！女性！
经验丰富的姊妹和
没有经验的姊妹！
气息广达的大地！北极拥抱！拂着
墨西哥微风！多样而密结！
宾夕法尼亚人！弗吉尼亚人！
双卡罗莱纳的人！
啊，我深爱所有和每一个！
我大无畏的国家！啊我无论如何都
以完美的爱将你们全都包纳！
你们摆脱不了我！一个个
都摆脱不了！
啊死亡！我会死去，但此刻我
还是你们的，满怀抑制不住的爱，
行走新英格兰，一个朋友，一个旅人，
我的赤脚在包马诺克沙地的
夏季涟漪边缘踢溅，
横渡大草原，又住芝加哥，
又住每一个城镇，
观看表演、出生、改进、
结构、艺术，
在公共大厅聆听
演说家和女演说家，
毕生属于并且行过各州，
每个男女都是我的邻居，
路易斯安那人、佐治亚人，和我亲近，
就如我和他与她亲近，
密西西比人和阿肯色人和我同在，
我也和他们任何一个同在，
以及在那条脊柱式河流以西的平原上，
以及在我的泥砖房子里，
以及往东回头，在海边的
马里兰州，
以及加拿大人愉悦地冒着
冬、雪和冰欢迎我，
真正的缅因或花岗岩州、纳拉甘塞特湾州

或帝国州之子，
以及航向其他岸边
去欢迎每个新的弟兄，
新弟兄和老弟兄
结合那一刻起，我这些草叶
也适用于他们，
我则来到新弟兄之间，
成为他们的伴侣，大家相同，
我这就来了，
劝促你们和我一同入戏，
扮演角色，进入场景。
……
和我紧紧手拉手，快，快。
……
因为你的生命和我紧密相附，
（我可能必须被劝说多次
才会同意真的把我自己给你，
但那又如何？
自然不是也必须被劝说多次？）
……
温柔细腻之辈，我不是，
留着胡子、晒黑、脖子灰色、一脸严厉，
我已抵达，
人为了争取宇宙的扎实奖品而角力，
这奖品我颁给坚毅制胜的人。
……
途中我驻足片刻，
祝你！祝美国！
我依然高高托起当下，仍然
欢喜且崇高地
预言合众国的未来，
至于过去，我宣布
红色的土人遗迹天地之间，
红色的土人，
留下自然的气息，风和雨
的声音，鸟和兽在林间的
呼叫，成为我们名字的音节，
欧克尼、库沙、渥太华、莫农加西拉、
叟克、纳利斯、查塔胡奇、卡基塔、
欧洛纳寇、瓦巴希、迈阿密、沙吉诺、
奇培瓦、欧希寇希、瓦拉瓦拉，
为合众国留下名字，他们消逝，
离去，成为江河和大地的名字。
……
扩张而且奋迅，从此，
元素、种族、调整、动荡，
迅速且大胆，
一个再度薪新的世界，光荣
不断扩充的远景，
一个主宰先前万族的新种族，
而且远更宏伟，迎向新的竞争、
新的政治、新的文学和宗教、
新的发明和艺术。
这些，我的声音宣布——我将不再睡眠，
奋起吧，
你们在我内里一直平静的海洋！
此刻我感觉到你们，深不可测，翻涌，
准备空前的波浪和风暴。
……
看，汽船驶过我的诗，
看，在我的诗里，移民络绎
而至，并且上陆，
看，然后是棚屋、小路、
猎人的小屋、平底船、玉米叶、
新垦地、粗糙的篱笆，以及
边远的村落里，
看，一边的西海和
另一边的东海，
它们如何在我的诗中前进后退
如在它们自己的岸边前进后退，
看，我诗中的牧场和森林——看，
野生和驯养的动物——看，
寇河另一边，数不清的水牛
在吃短短卷卷的草，
看，在我的诗里，城市，稳固、广大、
内陆，有铺妥的街道、铁和石造的
巨厦，车水马龙，
和无时或已的商业，
看，多汽缸的蒸汽印刷机
——看，电报延伸
通透整个大陆，
看，经由大西洋深处
美国的脉搏传到欧洲，
欧洲的脉搏也适切回传，
看，有力又迅速的火车头
离站、喘气、响着
汽笛，
看，犁耕人犁着农场
——看，矿工挖着矿
——看，不计其数的工厂，
看，机械工拿工具在工作台上
忙碌——看，从他们之间浮现
优越的法官、总统，身穿工作服，
看，闲逛着各州的店铺和田野
我受人深爱，日夜
受人紧紧拥抱，
听我的诗歌在那里的巨大回响——
读那些终于兑现的暗示吧。
……

雨果

《九三年》(1874)

第一部第三卷第二章

“我们就要分开了，哈马洛。两个人是怎么也不济事的。除非有一千人，否则一个人还是独处的好。”

他停下来，从口袋掏出一个像帽徽的绿丝结，结中央绣着金色的百合花形徽章。

“你识字吗？”他问。

“不识字。”

“幸好。识字的人挺麻烦。记性好不好？”

“好。”

“很好。听着，哈马洛。你跟着右边这条路走，我走左边这条。你往巴左吉的方向转，我则朝弗吉瑞那边去。带着你的袋子，因为这样你看起来才像庄稼汉；藏好你的武器；从树篱上砍一根棒子下来；钻过高高的裸麦；从树篱后面溜过去；爬过篱笆，穿过田地：这样你既能避过路人，又不必走大路和过桥。不要进邦多森。对了！你得通过古艾农河。你要怎么过？”

“我游过去。”

“好极了。然后你会来到一个渡口。知不知道渡口在哪儿？”

“在南西和维维尔之间。”

“没错，你很熟悉这个国家嘛。”

“天黑了。主人你睡哪儿？”

“我自有打算。你睡哪儿呢？”

“地方多的是。我本来是农民，后来才当水手。”

“丢掉你的水手帽吧，你会泄底。一定找得到什么毛料来盖头。”

“帽子倒好找。我一碰到打鱼的就跟他买一顶。”

“很好，听着。你熟悉这些树林？”

“都熟。”

“所有这一带的树林？”

“从诺瓦莫提耶到拉瓦尔的全熟。”

“也知道它们的名称？”

“树林和名称，全都知道。”

“什么都不会忘记？”

“不会。”

“好。你一天能走几里格？”

“十、十五、十八、二十，必要的话。”

“就是有必要。以下我告诉你的事，一个字也别忘。你要去圣欧班森林。”

“在蓝巴尔附近？”

“对。圣里厄和普雷代里亚之间的峡谷，边边有一大株栗树。你就在那里停下来，不会有人看见。”

“但是会有一个人在那里，我可以确定。”

“你要打信号。知道信号吧？”

哈马洛鼓起腮帮子，转脸向海，发出猫头鹰的叫声。有人会以为那叫声来自森林深处，那声音太逼真，太阴森了。

“好！”老人说道，“这个拿去。”他将绿丝结递给哈马洛。

“这是我的指挥官徽章。拿好。目前不可以有谁知道我名字，但这个结就够了。这百合花是长公主在圣殿监狱绣的。”

哈马洛下跪。他在敬畏颤抖之中接过绣着百合花的绿丝结，正要举到唇边亲吻，又停下来，仿佛不敢造次。

“可以吗？”他问。

“可以，既然你吻受难像。”

哈马洛吻百合花。

“平身，”老人说。

哈马洛遵命起身，将绿丝结置入怀里。

“仔细听我要说的事。命令是：‘起来反抗！毫不留情。’你要在圣欧班森林边发出信号三次，第三次之后，你会看见一个人从地里冒出来。”

“我知道，是从树底下的一个洞出来。”

“那人是普兰奇诺，有时叫王之心。你向他出示这个结，他会知道意思。然后你必须自己找路，到阿斯提雷森林，在那里看到一个名叫莫斯基登的跛子，他对人一点不留情。你要告诉他我爱他，他必须煽动他那一带的教区。然后你到古艾邦的树林，距普勒梅尔一英里。你做猫头鹰叫，一个人从地洞里出来；那是杜奥先生，他是普勒梅尔的管家，普勒梅尔曾是制宪会议一员，但站在保皇派一边。你要指示杜奥加强古艾邦堡的防御，城堡属于古尔侯爵，现在逃难。峡谷，中等大小的森林，不平匀的土壤，一个好地方。杜奥先生能干正直。从那里，你要到圣古恩雷土瓦，找尚·秀安说话，我视他为实际的领袖，然后到安格洛斯镇森林，你会看到吉特，又叫圣马丹；告诉他留意古尔米斯尼，是老雅各宾阿根坦的女婿。以上全要记住，我不写下来，因为必须避免。拉鲁亚里开了一份清单，毁了一切。从那里，你要去洛吉弗森林，米耶雷特住在那儿，他撑竿跳过深峡。”

“那叫做跳竿。”

“你会不会用？”

“我不是布雷顿的农夫吗？跳竿是我们的朋友，有了它，我们手臂变大，腿变长。”

“我们继续讲。你知道土尔格吗？”

“我知不知道！我出身那里。”

“我们继续讲。听好。从洛吉弗，你要去蒙契维耶森林，在那里碰到贝尼狄西泰，十二人的领袖。他也是个好人，他一边下令枪毙人，一边朗诵万物颂。战争容不下仁慈。从蒙契维耶，你要去——”

他打住。

“我忘了钱的事。”

他从口袋掏出一个钱包和一本记

事簿，交到哈马洛手里。

“记事簿里有钞票，是三万块法郎，相当于三里弗尔和十苏。这些当然是假钞，但真钞也不值钱；钱包里，记住，一百路易金币。我所有的都给你了，因为我在这里不需要，而且我身上最好不带钱。我继续讲。从蒙契维耶，你要去安特兰，在那里见德弗洛太先生；从安特兰，再去儒贝里耶，见德罗契科特先生；从儒贝里耶去诺瓦流，找修道院长包端。你全都记得吧？”

“熟得像我记主祷文。”

“在圣布里林科格，你会见到杜柏埃居先生，在莫兰尼堡是德杜尔班先生，在冈提尔堡，是塔蒙亲王。”

“亲王会对我说话？”

“我不就是和你说话？”

哈马洛脱帽。

“你只要出示长公主的百合花，就确定会受欢迎。记住，你去的那些地方有山地居民和共和派。你得乔装，这很容易，因为共和派很蠢，你穿上蓝外套，戴上三角帽，加个帽徽，就到处通行无阻。军事编制和制服的时代已经过去，军事编制连号码也没有，人人自由爱穿什么破布，就穿什么。你要去圣末维，看到戈里耶，又叫大皮耶。你要去帕尔内的军营，那里人人黑脸，他们毛瑟枪里放碎石，用双份火药，制造多一点噪音。

这样做很好，但你一定要告诉他们，杀，杀，杀。你要去瓦奇诺瓦营，在拉查尼森林里一块高起处，从瓦奇诺瓦去拉瓦营，然后到维尔营，之后去弗尔米营。你要去大波达吉，又叫奥杜普雷，那里有个寡妇，她女儿嫁给英国人特雷顿；那地方在奎雷尼教区。你要去艾比诺—勒—契夫雷尤、西雷—勒—吉劳、巴兰尼，去看所有躲在那些森林里的人。你要交朋友，送他们到上下缅因的边界；你会在维斯吉教区看到尚·特雷顿，在毕格诺看到圣雷格诺，在邦香看到钱柏德，在梅松塞尔看到古尔班兄弟，在圣—尚—舒尔—艾夫雷看到贝帝—桑—柏尔，人称波杜瓦索。做完这事，在所有地方喊过口号‘反抗！’‘毫不留情’之后，你会和保皇和天主教大军会合，不管在什么地方。你会看到代尔贝、德·雷斯古、德·拉·洛奇亚克兰，以及还在人世的其他领袖。你要向他们出示我的指挥官绿丝结，他们会知道意思。我说的话一句都不可以忘记。”

“您尽管放心。”

提奥多尔·卢梭，
枫丹白露森林，
19 世纪，
汉堡，
汉堡艺术馆

页 106—107：
查尔·塞维南，
进攻巴士底狱，
18 世纪，
巴黎，
卡纳瓦雷博物馆

詹姆斯·乔伊斯

《芬尼根的守灵夜》(1939)

啊!

告诉我一切关于安娜·里维亚的事!我要听一切关于安娜·里维亚的事。喏,你知道安娜·里维亚?是啊,当然,我们都知道安娜·里维亚。

把一切告诉我。现在就说。你听了会死。老家伙到那里,干了你知道的那回事。没错,我知道,继续说。好好洗,别溅得到处都是。把你两只袖子卷起来,打开你的话匣子。你弯腰的时候,屁股也别顶到我。不管他们三个在菲恩狄希公园干什么,他想两个人干。这个糟糕的老小子。瞧瞧他身上那件衬衫。瞧瞧那件衣服上的污垢!他把我全部的水都给弄黑了。而且从上礼拜的今天到现在还湿透透、湿漉漉的。他喜欢怎么个搞法,我可是一清二楚的,这个脏脏臭臭的魔鬼!把我的手搞得焦黑,害我全家三餐不继,为了把他的丑事传千里。好好敲,好好打,弄干净。我两只手肘磨呀擦呀那些长了霉菌也似的污渍,都好像生了锈。这里面的湿,这里面的罪孽真不知道有多少!他对仙台动物园的一个尾巴干了什么好事?还有,他在奈伊湖留了多久?他干的事都上新闻了,加上那个凶猛的亨福瑞王,酿那些酒,那些掠夺,等等,等等。可是汤姆,我非常了解他。没有经过教养的脾气,谁也挡不住。人啊,怎么播种,就怎么收成嘛。啊呀,这个无赖老家伙!里夫古斯说的没错,里夫杜加德可真阴险!他好了不起,他走路有风!他从前走路,头抬得高高的,目中无人,像世家大族,那种不可一世,像只大步上路的鼬鼠。还有他那种拖拖拉拉的口音,他的结结巴巴,和他的蛮横骄傲。问问辅祭哈克特,或者格夫里的辅祭里德,或者拿着警棍的那个老兄。人家根本是怎么叫他的?什么名字来着?休斯·卡卜·厄利福勒。或者说,他是哪儿出生的?他是怎么被人找到的?卡提卡特的乌尔弋斯兰,特维斯镇?还是新罕布夏,或者梅林姆马克上的康考德?她从来不曾像亚当和夏娃那样结合,还是她只是苟合?我呢,我是钓钓鱼愿者上钩。我狂野目不转睛。各得所需。山上的花在时间的边缘上许愿,担心碰到一个幸福的地峡。她可以尽情展示她的线条,带着爱,放纵,好好取乐。如他们不重新结婚,钩和孔倒可能。

米卡洛尤斯·K. 裘里欧尼斯,
第六号奏鸣曲快板,
1908,
考纳斯,
米卡洛尤斯·康士坦提纳斯·裘里欧尼斯国家艺术博物馆

博尔赫斯

《阿莱夫》

阿莱夫和其他故事

我现在来到我的故事的难以言喻的核心。身为作家，我的绝望由此开始。一切语言都是一套符号，其用法在其使用者之间有一个共同的过去。那么，我如何能够将无限的阿莱夫翻译成语文？我失措的心智没有办法统摄它。面对这样的难题，神秘主义者诉诸符号：为了指示神是何物，一个波斯人以一只鸟立论，说此鸟是所有的鸟；阿兰·德·安舒里斯说处处是神的中心，没有圆周；以西结谈一个有四张脸的天使，这天使同时东行西行北行南行（我提起这些不可思议的比拟，并非无因，这些比拟和阿莱夫有些关系）。或许诸神会赐我一个类似的比喻，但这故事将会因此被文学、被虚构污染。其实，我想做的是不可能的事，为一个无穷系列所开的任何清单都注定是无限的。在那巨大的一瞬间，我看见几百万个既可喜又可怕的举动；其中任何一个都不比以下事实更令我惊异：它们全都位于空间的同一点，而没有透明的重叠。我眼睛所见是同时的，但我写下来是有前后秩序的，因为语言有这样的秩序。不过，我还是想尽我所能回忆一下。

右边后面，我看见一个小小的彩虹圈，亮得眼睛几乎受不了。起初我以为圈子在旋转，然后明白这运动是它所包围的令人目眩的世界所造成的幻觉。阿莱夫的直径大概一英寸多一点，但所有空间都在那里，实际在，而且分毫不减少。每个东西（就说一个镜面吧）都是无限的东西，因为我清楚从宇宙的每个角度看它。我看到物种丰富的海；我看见破晓和夜幕降临；我看见美国的群众；我看见一座黑色金字塔中心一张银色的蜘蛛网；我看见一个破裂的迷宫（那是伦敦）；我看见近处无数眼睛在看我内里的他们，像在看镜子；我看见地球上所有镜子，没有一面照出我来；我在索勒街一处后院看见我三十年前在富雷班托斯镇一栋房子门口看见的瓷砖；我看见凸面的赤道沙漠和它们的每一粒沙；我在印威内斯看见一个我永远不会忘记的女子；我看见她纠结的头发、她高高的身材，我看见她的乳癌；我在一条人行道看见一圈烘烤过的泥土，原处曾是一棵树；我看见阿德洛格一栋避暑别墅，和普林尼作品的第一个英文译本——菲勒蒙·霍兰译的——而且在同一刹那看见每一页的每个字母（我童年曾经奇怪，一本阖起来的书里的字母没有一夕打乱并遗失）；我看见克雷塔洛一个似乎映现孟加拉一朵玫瑰的颜色的日落；我看见我空空的卧室；我在阿克马尔一个壁橱里看见两面镜子之间一个地球仪，两镜无穷复制它；我看见拂晓时分里海岸上一批鬃毛飞扬的马；我看见米尔札普尔一处橱窗里一包西班牙扑克牌；我看见一个温室地板上斜斜的蕨类影子；我看见老虎、活塞、野牛、潮汐和军队；我看见这星球上所有蚂蚁；我看见一具波斯星盘；我看见一张写字桌抽屉里令人难以置信的猥亵、详尽书信（而且字迹令我发抖），碧亚特莉芝写给卡洛斯·阿根提诺的；我看见我在查卡里塔公墓崇拜的一座纪念碑；我看见腐尘和腐骨，它们曾经是美美的碧亚特莉芝·维特波；我看见我自己深色血液的循环；我看见爱情和死亡匹配；我从每一点和每个角度看见阿莱夫，我在阿莱夫里看见地球，在地球里看见阿莱夫，在阿莱夫里看见地球；我看见我自己的脸和我自己的五脏六腑；我看见你的脸，我感到晕眩而啜泣，因为我的眼睛看见了那个秘密、如同被法术唤起的东西，它的名字对所有人都一样，但这东西没有人看过——不可想象的宇宙。

艾卜斯托夫世界地图，
康拉德·米勒编，真迹 1239 年
绘于羊皮纸，
赫里福德大教堂，赫里福德郡

Place of birth
(town, country)
BEKES HUNGARY
Date of birth
1923

第七章

清单，清单，还是清单

在这里，我们必须做一个重要的区分，亦即有一种清单是“实用”清单，有一种是“诗性”清单（后者的意思是，清单只要有任何艺术性的目的，皆属于诗性清单，无论以什么艺术形式表现）[1]。

实用清单的例子包括采购单、宴会邀请的宾客清单、图书馆目录、任何场所的库存单（诸如办公室、档案处，或博物馆）、遗嘱里的财产清单、发货清单、餐馆的菜单、观光指南里的景点清单，甚至任何字典里的“本字典所收字词表”。

这些清单或名单有三个特征：首先，它们有一种纯属参考的功能，换句话说，它们的目的是纯属实用性的，亦即它们指涉外在世界的物事，指出那些物事的名称，胪列出来，以供利用（如果这些物事不存在，那么，这份清单不会有任何意义，或者，如下文所言，我们面对的就会是诗性清单）。第二，由于这类清单记录的是实际存在的、已知的物事，因此这类清单是有限的，因为它们的用意是列举它们指涉的所有对象，不列举其他——这些对象，如果它们具体存在，那它们就有个可以界定的数目。第三，这类清单可能不会更改，意思是说，一份博物馆目录如果列入一件该馆并未收藏的画，可能有违职业道德，而且毫无意义。

实用清单可以说以其独特的方式再现形式，因为实用清单赋予一组东西统一性，这些东西本身之间不管多么互不相似，仍然服从一种脉络压力，也就是说，它们由于处在同一个地方（或者，我们预期可以在同一个地方找到它们），或者，它们由于共同构成某种计划的目标，而彼此产生关系。在这层意义上，可以成立为一组的对象

姓名殿堂，
耶路撒冷，
Yad Vashem 博物馆：以色列，为犹太浩劫牺牲者兴建的纪念馆正式名称

克利斯蒂安·波尔坦斯基，
克·波的档案：1965—1988，
1989，
巴黎，
国家现代艺术博物馆，蓬皮杜中心

包括一所图书馆里的所有书籍、一场宴会的来宾清单、你开列出来要在超市采买的东西的单子，等等。实用的清单，其内容之间决然不会彼此不协调，只要我们能看出这么一张清单是由于哪些标准而具有统一性。一张清单，如果里面集合了一支扫帚，一本不完整的盖伦（Galen）传记，浸在酒精里保存的胎儿，或者——容我援引洛特雷阿蒙（Lautréamont）——加上一把伞和一具解剖台，也不会有什么自相矛盾之处，你只要确定这是被打发到一所医学院地窖里的物件清单。

贝尔克纳普（Belknap）认为，“实用”清单可以无限延伸（从事实上来说，电话簿的确可能一年比一年厚，就像我拿着拟好的采购单上路，途中可能把单子变长），他所说的“文学”清单，则事实上是封闭的，因为包含这类清单的作品在形式上就是有限制的（音步、节奏、十四行诗的形式，等等）。我则认为，这个论点很容易可以颠倒过来说：实用清单指定一系列事物，这张清单拟定时，就是这些事物，没有其他，就此而言，这类清单是有限的（次年的电话簿只不过是第二份清单，有别于第一份），另一方面，荷马可以不受诗法的限制，将他的点船录无限延伸，以西结则可以为推罗这个城市添加新的属性。

实用清单有个很好的例子（虽然是以音乐和诗构成），是莫扎特歌剧《唐璜》（*Don Giovanni*）里那个仆人雷波雷洛（Leporello）手上那份清单。唐璜诱骗许多乡下妇女、少女、镇上淑女、公爵夫人、子爵夫人、侯爵夫人，以及所有各种身份地位、身材、年纪的女人，雷波雷洛是个精细的记录员，他做的芳名录，数学功夫十分周到：“意大利六百四十人——德国两百三十一人——法国一百，土耳其九十一个——但西班牙就已经一千零三个。”总计起来，不多不少共是两千零六十五人。唐璜次日如果将安娜（Donna Anna）或哲玲娜（Zerlina）诱上手，那就是一份新清单了。

人为什么开实用清单，原因一望而知。不过，为什么会有诗性清单？

我们已经解释过一部分原因：因为我们没有能力枚举我们无力控制、命名的事物，荷马的点船录就是如此。现在，我们不妨做个心智实验：荷马没有兴趣知道并告诉我们的希腊联军领袖真的是哪些人。和他之前的吟游诗人一样，他是在杜撰。他所列清单的参考价值不会因此减低，只是我们要留意一点：那份清单指涉的并非真实世界里的对象，而是他的史诗世界里的对象。从另一方面来说，荷马发明那些

奈菲提亚贝公主的纪念碑，她墓中摆了食物，
古帝国，第四王朝，基奥普斯在位，
公元前 2590—前 2565，
巴黎，
卢浮宫

名字，或者在迂回曲折的神话传统里寻找那些名字，他可能不但着迷于那个可能世界的形式，还着迷于那些名字的声音。如果是这样的话，那么，他就是从一个以指涉对象与所指为主题的清单，进到一种由声音和音值，亦即由能指构成的清单。

看看**《马太福音》**开头所写的耶稣世系。我们非常可以怀疑其中许多祖先在历史上是不是真的存在，但是，马太（或者，如果另有作者）当然有心在他信仰的世界里提出“真实”的人，因此这份清单既具实用价值，又有参考功能。接下来看**荣福处女祈祷文**（Litanies of the Blessed Virgin），我们看到圣母的一系列特质、属性、名衔。其中许多取自《圣经》经文，其余有的取自传统，有的取自民间崇拜（这里牵涉到赞颂式的枚举)。民众必定是将这些特质、属性、名衔当祈祷文来诵唱,一如佛教的“唵嘛呢叭弥吽”。Virgo(处女马利亚)是potens(大能)还是clemens(慈悲),都不打紧(反正,一直到梵蒂冈第二次大公会议,祈祷文都由信徒以拉丁文诵念,而那些信徒大都不懂拉丁文)。打紧的是,你被清单令人晕眩的声音抓住。就如**诸圣祷文**(Litanies of the Saints),重要的不是哪些圣徒天使的名字出现或不在,而是以抑扬有致的节奏宣唱名字,宣唱一段足够长的时间。

页119:
天使排列,
日课经,
13—14世纪,
艾斯科里亚的圣罗伦索市,
皇家修道院

页120:
奇迹室,
我们善终之主教堂,
萨尔瓦多市,巴西

页121:
皮欧神父堂,
圣·乔万尼·洛通多市

[1] 关于实用清单与文学清单间的相异点,可见2004年罗伯·E.贝尔克纳普(Robert E. Belknap)于耶鲁大学出版社发行的《清单》(*The List*)一书。此外,1989年由法兰西斯·史普弗(Francis Spufford)编选,查铎与温德出版社发行的《甘蓝菜与国王——一份文学清单》(*The Chatto Book of Cabbages and Kings. Lists in Literature*)中,也有一份颇有用的文学选单。

La tersa gerarchia
La segonda gerarchia
La premiera gerarchia dels angels plus bassa

《圣经·马太福音》

［1］耶稣基督的家谱，大卫的儿子，亚伯拉罕的儿子。［2］亚伯拉罕生以撒；以撒生雅各；雅各生犹大和他的弟兄；［3］犹大从她玛氏生法勒斯和谢拉；法勒斯生希斯仑；希斯仑生亚兰；［4］亚兰生亚米拿达；亚米拿达生拿顺；拿顺生撒门；［5］撒门从喇合氏生波阿斯；波阿斯从路得氏生俄备得；俄备得生耶西；［6］耶西生大卫王；大卫王从乌利亚之妻生所罗门；［7］所罗门生罗波安；罗波安生亚比雅；雅比亚生亚撒；［8］亚撒生约沙法；约沙法生约兰；约兰生乌西雅；［9］乌西雅生约坦；约坦生亚哈斯；亚哈斯生希西家；［10］希西家生玛拿西；玛拿西生亚们；亚们生约西亚；［11］大约在百姓被迁到巴比伦之时，约西亚生耶哥尼雅和他的弟兄；［12］迁到巴比伦后，耶哥尼雅生撒拉铁；撒拉铁生所罗巴伯；［13］所罗巴伯生亚比玉；亚比玉生以利亚敬；以利亚敬生亚所；［14］亚所生撒都；撒都生亚金；亚金生以律；［15］以律生以利亚撒；以利亚撒生马但；马但生雅各；［16］雅各生约瑟，就是马利亚的丈夫，那称为基督的耶稣马利亚所生。［17］这样，从亚伯拉罕到大卫，共有十四代；从大卫直到迁往巴比伦，也是十四代；从迁往巴比伦到基督，又有十四代。

耶西树，
《英格柏格诗篇》，
约 1210，
尚蒂伊（法国），
孔代博物馆

连祷文

《马利亚连祷文》

圣母马利亚，**请为我们祈祷**。
天主的圣母，**请为我们祈祷**。
处女的圣处女，**请为我们祈祷**。
基督之母，**请为我们祈祷**。
神恩之母，**请为我们祈祷**。
至洁之母，**请为我们祈祷**。
至贞之母，**请为我们祈祷**。
至纯之母，**请为我们祈祷**。
无玷之母，**请为我们祈祷**。
至慈之母，**请为我们祈祷**。
至尊之母，**请为我们祈祷**。
劝诫之母，**请为我们祈祷**。
创世主之母，**请为我们祈祷**。
我们救主之母，**请为我们祈祷**。
至明之母，**请为我们祈祷**。
至敬之母，**请为我们祈祷**。
至誉之母，**请为我们祈祷**。
至能之母，**请为我们祈祷**。
至仁之母，**请为我们祈祷**。
至忠之母，**请为我们祈祷**。
公义之母，**请为我们祈祷**。
智慧的本座，**请为我们祈祷**。
我们喜悦之源，**请为我们祈祷**。
灵杯之母，**请为我们祈祷**。
正大之杯，**请为我们祈祷**。
至崇之杯，**请为我们祈祷**。
神秘的玫瑰，**请为我们祈祷**。
大卫之塔，**请为我们祈祷**。
象牙之塔，**请为我们祈祷**。
黄金之屋，**请为我们祈祷**。
约柜，**请为我们祈祷**。
天国之门，**请为我们祈祷**。
晨星，**请为我们祈祷**。
病人的健康，**请为我们祈祷**。
罪人的逃难所，**请为我们祈祷**。
受苦的安慰者，**请为我们祈祷**。
协助基督徒者，**请为我们祈祷**。
天使的母后，**请为我们祈祷**。
长老的母后，**请为我们祈祷**。
先知的母后，**请为我们祈祷**。
使徒的母后，**请为我们祈祷**。
殉道者的母后，**请为我们祈祷**。
告解者的母后，**请为我们祈祷**。
处女的母后，**请为我们祈祷**。
诸圣的母后，**请为我们祈祷**。
不带原罪而出生的母后，
请为我们祈祷。
上天堂的母后，**请为我们祈祷**。
至圣玫瑰经之母，**请为我们祈祷**。
主的羔羊，为世界除罪的，
主啊，请赦免我们。
主的羔羊，为世界除罪的，
主啊，请垂听我们。
主的羔羊，为世界除罪的，
请垂怜我们。
让我们祈祷吧：主啊，我们请求你，
允许我们，你的仆人，让我们喜乐于
永远的身体和心灵健康之中；
以及，借着万福处女马利亚的帮助，
解脱目前的悲伤，进入你
永恒的喜悦。我们的主基督，
阿门。

西蒙·尤沙科夫、古里·尼基丁和学生，
第七次大公会议，
1673，
莫斯科，
斯摩伦斯克大教堂的女修道院

洛雷托连祷及诸圣连祷

主啊，请怜悯我们。
基督，请怜悯我们。
主啊，请怜悯我们。
基督啊，请听我们。
基督啊，请垂听我们。
主啊，天上的父亲，请怜悯我们。
主啊，圣子，世界的救赎者，
请怜悯我们。
主啊，圣灵，请怜悯我们。
啊神圣三一，一个神，请怜悯我们。
圣马利亚，请为我们祈祷。
主的圣母，请为我们祈祷。
处女的圣处女，请为我们祈祷。
圣米加勒，请为我们祈祷。
圣加百列，请为我们祈祷。
圣拉斐尔，请为我们祈祷。
诸圣天使和大天使，请为我们祈祷。
诸福灵圣秩，请为我们祈祷。
圣施洗者约翰，请为我们祈祷。
圣约瑟，请为我们祈祷。
诸圣长老和先知，请为我们祈祷。
圣彼得，请为我们祈祷。
圣保禄，请为我们祈祷。
圣安德鲁，请为我们祈祷。
圣詹姆斯，请为我们祈祷。
圣约翰，请为我们祈祷。
圣多马斯，请为我们祈祷。
圣詹姆斯，请为我们祈祷。
圣菲利，请为我们祈祷。
圣巴托罗缪，请为我们祈祷。
圣马太，请为我们祈祷。
圣西蒙，请为我们祈祷。
圣儒德，请为我们祈祷。
圣马提亚斯，请为我们祈祷。
圣巴纳巴斯，请为我们祈祷。
圣路加，请为我们祈祷。
圣马可，请为我们祈祷。
诸圣使徒和福音传道士，请为我们祈祷。
主的诸门徒，请为我们祈祷。
诸圣婴儿，请为我们祈祷。
圣史蒂芬，请为我们祈祷。
圣劳伦斯，请为我们祈祷。
圣文森，请为我们祈祷。
圣法比安和圣塞巴其钦，请为我们祈祷。
圣约翰和圣保罗，请为我们祈祷。
圣科斯马斯和圣达米安，请为我们祈祷。
圣格瓦休斯和圣普洛塔休斯，
请为我们祈祷。
诸圣殉道者，请为我们祈祷。
圣希维斯特，请为我们祈祷。
圣格列戈里，请为我们祈祷。
圣安布洛斯，请为我们祈祷。
圣奥古斯丁，请为我们祈祷。
圣杰洛米，请为我们祈祷。
圣马丁，请为我们祈祷。
圣尼古拉，请为我们祈祷。
诸圣主教和告解神父，请为我们祈祷。
诸圣博士，请为我们祈祷。
圣安东尼，请为我们祈祷。
圣本笃，请为我们祈祷。
圣伯纳达，请为我们祈祷。
圣道明，请为我们祈祷。
圣方济，请为我们祈祷。
诸圣祭师和利未人，请为我们祈祷。
诸圣僧和隐士，请为我们祈祷。
圣马利抹大拉，请为我们祈祷。
圣阿嘉莎，请为我们祈祷。
圣露西，请为我们祈祷。
圣安妮丝，请为我们祈祷。
圣塞西利亚，请为我们祈祷。
圣凯瑟琳，请为我们祈祷。
圣阿纳塔西亚，请为我们祈祷。
诸圣处女和孀妇，请为我们祈祷。
诸神圣、正义和上帝的选民，
请为我们求情。
请你慈悲，赦免我们，主啊。
请你慈悲，垂听我们，主啊。
从一切罪恶解脱我们，至善的主。
从一切死罪解脱我们，至善的主。
从你的怒气解脱我们，至善的主。
从突然和不知悛改的死解脱我们，
至善的主。
从魔鬼的诈术和攻击解脱我们，
至善的主。

萨尔瓦多·达利，
帕拉底欧的塔利亚走廊，
1937，
日本三重县，
县立艺术博物馆

omine la
bia mea a
peries.
Etos meum annun
ciabit laudem tuam.
eus in adiuto
rium meum
intende.

从怒气、仇恨和所有狠心解脱我们，
至善的主。
从通奸的魂解脱我们，
至善的主。
从闪电和暴风雨解脱我们，
至善的主。
从地震、火灾和洪水的危险
解脱我们，至善的主。
从瘟疫、饥荒和战争解脱我们，
至善的主。
从永恒的天谴解脱我们，
至善的主。
用你神圣化身的奥理解脱我们，
至善的主。
用你的降临解脱我们，至善的主。
用你的诞生解脱我们，至善的主。
用你的洗礼和圣斋解脱我们，
至善的主。
用你的十字架和受难解脱我们，
至善的主。
用你珍贵的死和葬解脱我们，
至善的主。
用你神圣的复活解脱我们，至善的主。
用你光荣的升天解脱我们，至善的主。
用安慰者、圣灵的降临解脱我们，
至善的主。
在审判之日解脱我们，至善的主。
即使我们是罪人，我们仍然求你
垂听我们，主。
愿你赦免我们，我们求你
垂听我们，主。
愿你怜悯并赦免我们，我们求你
垂听我们，主。
愿你赐我们真正的忏悔，我们求你
垂听我们，主。
愿你统御和治理你的
神圣教会，我们求你
垂听我们，主。
愿你保佑使徒的主，并维护教会
所有圣秩于你的圣教，我们求你
垂听我们，主。
愿你推翻你神圣教会的
所有敌人，我们求你
垂听我们，主。
愿你赐给所有的基督教国王和亲王
真正的和平和和谐，我们求你
垂听我们，主。
愿你赐予所有基督教民族
和平和团结，我们求你
垂听我们，主。
愿你恢复你的教会的统一，
并引领所有不信者进入
你神圣福音的光里，我们求你
垂听我们。
愿你使我们坚强并且成全
我们对你的真正崇拜，我们求你
垂听我们，主。
愿你赋予我们希望升堂的心，我们求你
垂听我们，主。
愿你将你永恒的福泽
赐予我们的所有恩人，我们求你
垂听我们，主。
愿你将我们的灵魂，以及我们的兄弟、
亲人和恩人的灵魂
从永恒的天谴解脱，我们求你
垂听我们，主。
愿你保全大地的果实
供我们之用，我们求你
垂听我们，主。
愿你将永恒的安息赐予你所有
去世的信徒，我们求你
垂听我们，主。
愿你降恩垂听我们的祈祷，我们求你
垂听我们，主。
啊，神的儿子，我们求你
垂听我们，主。
啊，神的羔羊，为世界除罪的，
请赦免我们，主。
啊，神的羔羊，为世界除罪的，
请降恩垂听我们，主。
啊，神的羔羊，为世界除罪的，
请怜悯我们。
啊，基督，请垂听我们。
啊，基督，请降恩垂听我们。

周课：星期三，天国，
取自《贝里公爵的富贵》，
手稿，
15 世纪，
尚蒂伊（法国），
孔代博物馆

第八章

往返于清单与形式之间

清单呈现一系列属于同一脉络或从同一观点所见的事物（即使这些事物本身之间互不相似），例如，我们将不是寿终正寝的人列入一份清单，则耶稣、恺撒、西塞罗、路易九世、雷蒙·拉里（Raymond Lully）、圣女贞德、吉尔斯·德·雷（Gilles de Rais）、达米安（Damiens）、林肯、希特勒、墨索里尼、约翰·肯尼迪、萨达姆·侯赛因（Saddam Hussein）构成一个同质的整体。也就是说，这清单为一组本来漫无秩序的事物赋予秩序（以及暗示其中有个形式）。

将清单化成形式，有更微妙的手法，最典型的例子是阿尔钦博尔多（Arcimboldo）。他从一份可能的清单提取成分，亦即世上存在的所有水果和豆类，或许多静物画里以清单形式呈现的水果和豆类，将它们组合成出人意表的形式。他以他特有的巴洛克方式告诉我们，你可以技巧地从清单进到形式。由此浮现的形式是不一样的、“畸形”的，是纷繁各异的成分的结合，这些成分在摆晚餐的盘子里自亦顺当，在人脸上却似乎并不协调，但这就是巴洛克诗学（如马里诺所言，“诗人的目标是制造奇妙”）。又四个世纪后，我们看到这种做法和前超现实主义有相当密切的相似性：再借用洛特雷阿蒙的说法：“有如一具缝衣机和一把雨伞在解剖台上巧遇。”

阿尔钦博尔多，
春，
1573，
巴黎，
卢浮宫

第九章

枚举式的修辞

自古以来，修辞就包括一些以充满节奏韵律的方式列举的清单，这样的做法里，重要的比较不在于暗示事物的数量不可穷竭，而在于特意以一种冗长的方式显示事物的属性，而且经常纯粹是出于对反复重申的喜爱而为之。

一般而言，各种形式的清单大多由累积构成，或者，将语言学上属于相同概念领域的项目依序排列、并列而构成。就这个意思来说，有个累积的方式是枚举，常见于中世纪文学。清单的条件看起来并不连贯，因为其中牵涉的是如何来界定上帝的属性，而上帝本来就是无名可指的——根据托名戴奥尼索斯（Pseudo-Dionysus the Areopagite）的说法——除非是以彼此互不相似的意象来表示。因此，在第 5 世纪，安诺狄乌斯（Ennodius）说，基督是“源、道、理、岩石、狮子、带来光明者、羔羊——门、希望、美德、言语、智慧、先知——牺牲、子弟、牧羊人、山、网、鸽子——火焰、巨人、老鹰、配偶、耐心、蚯蚓……”到 11 世纪，口吃者诺特克（Notker the Stammerer）说，上帝是“羔羊、绵羊、小牛、蛇、公羊、狮子、蚯蚓——嘴巴、言语、光辉、太阳、荣耀、光、形象——面包、花、酒、山、门、岩石、石头”，过了不久，皮耶·德·科尔贝尔（Pierre de Corbeil）形容三位一体是“神性、永恒的统一——庄严、自由、或超绝的同理心——太阳、火焰、意志、山峰、道路——石头、山、岩石、源、河、桥和生命——救主、创世者、情人、救赎者、贤哲、永恒的光、巅峰、裂隙、万王之王、万法之法、报复者、天使之光……英雄、最珍贵的花、有生命的露水……”和上文提到的圣处女连祷文一样，这类清单还带有赞颂或称颂性质。

皮特罗·隆吉（仿），
纳尼家的宴会，
约 1755，
威尼斯，
雷佐尼科宫

形式条理连贯的枚举，可见于拉辛（Racine）的戏剧《费德拉》（*Phaedra*）。例如剧中 2.2.："我的弓，我的标枪，我的战车，全都令我麻烦"。还有卡尔维诺小说《蘑菇似的月亮（世界的回忆）》中这份预言式的清单："他继续描述会在那些浮现的陆地上演化出来的生命，那些将会上升的，以石头为地基的城市，骆驼和马和狗和猫以及队商将会走在上面的道路，以及那些金矿和银矿，以及白檀木森林和马六甲，以及大象，以及金字塔，以及那些塔和钟，以及避雷针，以及那些电车轨道、起重机、电梯、摩天楼、国定假日的彩带和旗帜、剧院和电影院门面上各色各样的灯光，在盛大的演奏会之夜，那些灯光和珍珠项链灿烂相映。"

另外一种形式的累积是聚集，是一连串意思相同的字词或短语，复制同样一个意思，但呈现其不同层面。这个做法和演说式的扩增原理彼此呼应，后者的例子包括变态与延宕，以及意译。让我们举个例子，是凯蒂琳（Catiline）碰到的第一次反诘（易卜生第一部剧作《凯蒂琳》［1850］的主角）："啊，凯蒂琳，你什么时候才不再糟蹋你的耐心？你的这股疯狂还要嘲弄我们多久？你的胆大妄为没有节制吗？帕拉提纳（Palatine）上夜夜的守卫、监守全城的巡逻，人民的忧惧，所有善良公民竞相（协助），以这个固若金汤的场所为元老院的会场，以及在场者脸上的神情，你都毫无感受吗？你难道还不明白你的计划已被揭穿了吗？"等等。

有几种累积形式与此稍有不同，是增量、高潮、渐进。牵涉的观念场域都一样，但这些累积方式每进一步，都增加一层意思，或者以更强烈的意味表现同样的观念（把这程序倒过来，则是减量、反高潮）。凯蒂琳碰到另一次反诘可为例子："你什么都不能图谋，什么都不能想象，我不但什么都会明白，而且即使我没看见，我也会深深看透，我也会感觉到。"

古典修辞的枚举法，还包括首语重复法，以及连接词省略法或连接词连用法。首语重复法，指每一句的句首都重复同样的字眼，如果是诗，就在每一节开始时重复同样的字眼。此法并非全都构成一份清单（例如雅各波尼［Jacopone da Todi］之作，他单纯只重复一句祈祷："啊圣子，圣子，圣子——圣子，可爱的百合！——圣子，给我们指点的圣子——指点我痛苦的心的圣子？——有愉悦眼睛的圣子——

克拉纳赫，
屠杀幼儿（局部），
1515，
德累斯顿，
15 至 18 世纪大师画廊

圣子，你为什么不回答？——圣子，你为什么躲——躲开那哺乳你的胸脯？”）有时候，这事指的就是一份清单的开头，例如**艾吕雅**（Éluard）的《自由》（*Liberte*），或**辛波丝卡**（Wislawa Szymborska）的《可能性》（*Possibility*）。

连接词省略法，就是一个语句的各个成分之间没有连接词，《疯狂的罗兰》的开头就是个经典例子：“关于淑女、骑士、武器、爱情，我吟唱——关于礼数，以及勇敢的事迹。”与连接词省略法相反，但还是可以形成清单的，是连接词连用法，此法可见于**弥尔顿**名作《失乐园》（II, 949—950），在其中，弥尔顿先用连接词省略法，接着用连接词连用法。接下来，仍然以连接词连用法为主：“用头、双手、双翼，或双足前进 / 并且游动或下沉，或涉行，或爬行，或飞行。”

不过，在传统修辞里，对贪得无厌而令人读来头晕的清单，找不到有意思的定义，尤其是那些相当漫长，内容包罗万象又繁杂的清单（虽然由于处理的是同一个论述宇宙，诸如饮料或金钱，因此那些物事仍然具有同质性），例如**布兰诗歌**（Carmina Burana），或者数世纪之后，卡尔维诺《不存在的骑士》（*The Nonexistent Knight*）里的简短段落（“你们必须同情：我们是乡下女孩……除了宗教礼拜、逾越节三日祭、九日祈祷、田里的工作、打谷、葡萄收成、鞭打仆人、乱伦、火灾、吊刑、入侵的军队、劫掠、强奸，以及瘟疫，我们什么都没见过”）。弥尔顿、**维庸**（Villon）、**马斯特斯**（Lee Masters）、**蒙塔莱**（Montale）也都有很经典的枚举例子。

鲁卡·西诺雷里，
下地狱的人（局部），
1499—1504，
欧维艾托市，
大教堂，圣布里奇欧礼拜堂

页 138—139：
马丁·凡·梅登斯（画派），
帕尔玛的伊莎贝拉抵达奥地利与约瑟夫二世完婚，
1760，
维也纳，
桑布伦堡

布兰诗歌

《当我们在酒馆里》第 196 节

女主人和男主人喝酒
士兵和教士喝酒
那男人和那女人喝酒
男仆和女仆喝酒
手脚快的喝酒，慢的也喝
白皮肤的人喝酒，黑皮肤的也喝
居家的喝酒，流浪汉也喝
傻子喝酒，学士也喝
穷人喝酒，病人也喝
逐客和不知名的
童子、胡子已白的
主教、助祭
姊妹、兄弟
老女人、做母亲的
那女人、这男人
喝百杯，喝千杯。
银子偌大把，只恨喝不久
人人狂喝猛饮
不知胡底，
虽然都喝得心花怒放；
人人白喝我们，
喝穷了我们。
天杀那些白喝我们的！
别把他们名字写进正义之书。

布兰诗歌

《钱颂》第 11 节

这年头，处处如此，
唯一统治天下的是钱。
钱爱有出身的人，好像是他的奴才，
钱爱政府，而畏避身无分文的人，
方丈和僧侣崇拜钱，
钱以至尊之姿统治身穿黑袍的修道院长，
钱是理民治事者的顾问，
钱带来和平，但也带来战争，
随它高兴，
钱制造冲突，能使有钱人倾家荡产，
钱能霎时使托钵僧变富人，
钱买钱也卖，给了你又收回，
钱最会谄媚，但随后变叛徒，
钱永远撒谎，罕见诚实，
钱使健康的人和有病的人都作伪证，
钱这东西，守财奴梦想，
贪婪之徒渴望，
钱使满口谎言的婊子和妓女变淑女，
钱把赤贫的荡女变富有的女王。
钱甚至把英勇的骑士变成
贪心不足的禽兽，
钱制造的贼多过夜空里的星星，
钱即使受审，也极少败诉。
钱如果胜诉，连法官也深深感动，
免它罪，为不义之财圆说。
但是，钱，放肆的钱，
却不否认罪行，
反而是所有在场者全都自愿当它的保证人。
钱只要开口，受罪的就是穷人，
钱平息一切酷刑，抚慰一切苦难，
钱带来死亡，把智者也变瞎子。
钱甚至使疯子和呆子变成一副精明相。
有钱，你就有大夫，但也有背信弃义的朋友，
钱的桌上，多的是盘盘美食。
钱给你精细的菜，加意烹调的鱼，
钱喝法国酒和其他舶来佳酿，
钱身穿高华且珍贵的衣服，
钱一身盛装，
比什么都更灿烂耀眼，
钱有傲人的印度钻石。
钱喜欢看人弯腰。
钱丑诋和出卖所有城市。
钱受膜拜，医好病人，
钱像胭脂，一抹遮百丑，
钱使十足的懦夫风光满面，
钱把一切甜美可贵的东西变酸，
钱使聋子耳聪，跛子健步。
说到钱，我有满腔话要说，忍不住：
钱总是像在神坛边庆祝，
钱不是在独唱，就是和人合唱，
钱假装讲道，感动而哭泣，
但那面具后面，它为它得手的伎俩窃笑。
没有他，人没人爱、没有人听话
也没有人尊重，
有了钱，连罪恶也自在。
总之，以至尊之姿统治天下的是钱。
只有智慧避开它，不屑它。

小彼得·布鲁盖尔，
有戏剧演出的市集（局部），
1562，
圣彼得堡，赫米塔吉

弥尔顿

《失乐园》（1667）第一章，476—634，

……

在夏娃的子孙之间，他们
也没有新名字，直到
上帝垂允试探
人类，他们游遍大地，
以诡计和谎言
腐化大多数人类扬弃
他们的造物主上帝以及
那创造他们的无形荣光，
经常变成禽兽形象，
用金碧辉煌的宗教为装饰，
把魔鬼当神来崇拜：
这时候，人类才
晓得他们的名字，以及
异教世界的各种偶像。
缪斯，请说他们的名字，
谁最先，谁最后
听见他们大王的呼叫而
从沉睡中醒来，从火榻上起身，
依照身份，一个一个来到
他所站立的不毛潮岸，
其余杂乱之众则远远站着！
这些首领从地狱出来，
漫行大地寻找猎物，敢将
他们的座位和上帝并列，
祭坛和上帝的祭坛并列；
和坐在天使之间的宝座上
从锡安发出霹雳之声的
耶和华并列：没错，经常
将他们的寺庙设在他圣所，
可鄙的东西，而且用罪恶之物
亵渎他的仪式和圣餐，
用他们的黑暗侮犯他的光。

第一个是莫洛，可怕的王，
浑身是活人献祭的血污，
和天下父母的泪；
虽然在大鼓小鼓的喧哗中
他们孩子的哭喊听不见，
穿过了到
恐怖的偶像那里。亚门人
在拉巴和她多河的平原崇拜他，
在阿果，在巴山，直到
最远的亚农：他不以这淫邪的
国度为足，还以欺瞒之计骗引
最有智慧的所罗门
在那可耻的山上建他的祠
和上帝的圣殿对立，
又将美丽的辛嫩谷，
当他的树林，那里从此叫托非和
黑色的格横纳，一种地狱。
其次是切莫，猥亵崇拜他的
是莫亚布的子民，
从阿洛尔到奈博，以及
最南部阿巴林的原野，在
塞昂国度，西布玛藤蔓花谷那边，
从艾里尔到死海。
他别名毗尔，当时他在西丁
引诱以色列人，他们正从尼罗河
那里出来。他们引诱他们以放荡的
仪式拜他，结果下场凄惨。
他还把他淫乱的狂欢扩大
到那悖德之山，到那杀人魔莫洛的
树林，使淫欲和仇恨紧邻。
直到好约西亚将他们赶入地狱。
接着同来的，来自
古老的幼发拉底
到埃及和叙利亚的那条
界河之间，
总名巴林姆和阿西塔洛，
前者是男名，后者是女名：
鬼灵只要喜欢，能够
变男变女，或兼为男女；他们
本质柔软单纯，不受关节或
四肢限制，也不像笨重的肌肉
那样靠脆脆的骨头支撑，而是
不管变成什么形状，
或涨或缩，或明或暗，
都轻灵如意，
完成其或爱或憎的工作。
为了他们，以色列族经常
抛弃那赋予他们生命的力量，
离开他正义的祭坛，向
这些兽性的神俯首；头低得
像在可鄙敌人的矛下
那么低。和这些同来的是
阿斯托雷，腓尼基人叫她
阿斯塔特，天国之后，头上
长着新月形的角：每夜
就着月色，西顿的处女
向她灿亮的形象
献上誓言和歌曲：
在锡安也受到歌颂的
是她的庙，在那可耻的山上，
那个惧内的国王盖的，他
虽然有心胸，却被
女偶像崇拜者所骗
而侍奉丑恶的偶像。
其次来的是塔木斯，
他每年在黎巴嫩引诱
叙利亚少女在整个夏日
以情歌哀悼他的命运；
那潺潺的阿多尼斯河
紫色流向大海，据说
是塔木斯年年受伤的血
染成的：他的爱情故事
你热火一样感染锡安的
少女；她们放浪的热情
以西结在圣廊里看到，
当他的眼睛扫视那
背弃上帝的犹大的
黑暗崇拜。其次来的这个
真的伤心，在他自己的庙里
他的兽像被他夺来的约柜
所坏，他倒躺在地基上
头断了，手掉了，

彼特·保罗·鲁本斯，
造反的天使掉进地狱，
约1620，
慕尼黑，
旧美术馆

崇拜他的人也觉得羞辱：
他名叫大衮，是海怪，
上半身是人，下半身是鱼：
他的庙高高立在亚锁都，
巴勒斯坦沿岸、贾斯和
阿斯卡隆，以及阿卡隆和
迦萨边境的人都怕他。
随他而至的是里门，
他的本座在大马士革，
在清澈的阿巴纳和法法尔的
肥沃河岸上。
他也大胆反抗上帝之家！
他曾失掉一个癞子，得到
一个国王；阿哈兹，他
醉醺醺的征服者，他牵引
他中伤并且取代上帝的
祭坛，在上面燔烧他恶心的
贡品，崇拜他自己
征服的神。这些之后，
又是一群，都是古来知名的，
奥西里斯、伊西斯、奥鲁斯
等等，以其丑怪的形状和
巫术肆虐狂热的埃及和她的
祭师，找她们居无定所的
神，打扮成禽兽的模样，
而不是人样。以色列也没有
逃过感染，他们用借来的
黄金在欧列打造金牛，
而那个叛王又在贝托和丹恩
将罪孽加倍，
将创造他的上帝比拟为
吃草的公牛；耶和华有一个
夜里，当他从埃及出来时，
一举教全族的长子和她
所有咩咩叫的神送命。
最后一个是贝利亚，从天堂
堕落下来的神没有一个
比他更淫猥，也没有一个
更喜欢罪恶：没有寺庙
也没有祭坛拜他；可是
祭师变无神论者，像伊里的
儿子那样满怀淫欲而为害
上帝之家时，有谁比他
更常现身寺庙和祭坛？
朝廷和宫殿，以及奢华的
城市，也是他当王，在那些
地方，暴乱，以及伤害和
令人发指的事超过它们
最高的塔；当夜暗笼罩
大街小巷，这时候，贝利亚
的子民出动，浑身邪气和酒味。
看看索多姆的街道，和基比亚
的夜晚，好客的门
暴露一个主妇，更惨的强暴。
这些是依照等级和力量而
前来的神魔：
其余说来话长……

丹尼尔·达·弗特拉（丹尼尔·里西亚雷里），
西奈山上的摩西，
1545—1555，
德累斯顿，
国家美术馆画廊

弗朗索瓦·维庸

歌昔日美女（1489）

现在告诉我，可爱的罗马人
富萝拉小姐而今何在?
希芭奇亚何在，泰绮丝又何在?
两人之美不相上下。
回声何在，那没有人看过，
只在河上听见的——
美貌只在天上有的她?
……
然而去年的雪如今何在?

艾洛伊斯何在，那位饱学的修女，
为她之故，阿伯拉尔
受了宫刑出了家?
（为了爱情，他得到如此的伤痛！）
再者，请问，那位下令
将布里丹缝到一个麻袋里
扔进塞纳河的王后，而今何在?
……
然而去年的雪如今何在?

乌杰尼奥·蒙塔莱

纪念品（1939）

番番以胜利者回来；莫莉
在拍卖会卖掉了：
舒尔库夫在后甲板踱阔步，
贾斯巴德在他洞里数钱。
空气澄澈的午后，雪下着，
蝉飞回他巢里。
法提尼札在失意中痛苦，
托尼尔只剩一声喊叫。
假西班牙人在城堡里
玩山贼；但令人毛骨悚然的闹钟
在一个口袋里尖叫。格里洛侯爵
又被打发上街；不快乐的塞菲里诺
变成店员回来；药剂师站着，
火柴在地板上一划。
毛瑟枪兵离开修道院，
凡·希利希朝他的马赶过去，
塔奇米妮为自己扇风，洋娃娃上发条。
（伊马里返回他的公寓。）
令人兴奋的拉·里瓦乌狄耶和皮托
斜躺着。星期五
梦着他绿色的岛，不跳舞。

城堡里的舞会，
克里斯蒂娜·德·皮桑《女人城》插画，
1405，
尚蒂伊（法国），
孔代博物馆

埃德加·李·马斯特斯

《匙河集》(1916)

山

艾尔马、赫曼、柏特、东尼和查尔里何在,
那意志薄弱的、膂力强壮的、
小丑、酒鬼、战士?
全,全都在山上睡着。

一个在高烧中过去,
一个在矿坑里烧死,
一个打架送命,
一个死在牢里,
一个为孩子妻子劳碌时从一座桥掉落——
全,全都睡,睡,睡在山上。

艾拉、凯特、梅格、莉芝、伊狄丝何在,
那心肠温柔、心灵纯朴、说话大声、
骄傲、快乐的?——
全,全都在山上睡着。

一个在可耻生孩子时死去,
一个爱情失意而死,
一个在窑子里死于一个畜生之手,
一个追寻志趣,傲骨粉碎而死,
一个在遥远的伦敦和巴黎生活之后
被艾拉和凯特和梅格带到她的小空间——
全,全都睡,睡,睡在山上。

以撒叔叔和艾蜜莉姨妈何在,
还有汤尼·金凯德和塞维尼·哈夫顿,
以及那个和德高望重的革命世代
说过话的华克少校?——
全,全都在山上睡着。

他们将他们战死的儿子送还他们,
以及他们被人生压碎的女儿,
他们的孩子没有了父亲,哭着——
全,全都睡,睡,睡在山上。

旧犹太墓场,
布拉格

保罗·艾吕雅

自由（1945）

在我的学校笔记本上
在我书桌上和树上
在粉状的雪上
我写你的名字
在书页上
在所有空白页上
石头、血、纸或灰烬
我写你的名字
在镀金的神像上
在战士的武器上
在国王的王冠上
我写你的名字
在森林和沙漠上
在鸟巢和荆棘上
在我青春的回声上
我写你的名字
在我所有的蓝围巾上
在潮湿日晒的沼泽上
在生动的月照湖泊上
我写你的名字
在田野上，在地平线上
在鸟的翅膀上
在阴暗的磨坊上
我写你的名字
在每丝破晓的微风上
在海上，在船上
在疯狂的高峰上
我写你的名字
在云的细沫上
在暴风雨的汗上
在浓密的雨上
我写你的名字
在闪烁的形状上
在彩色缤纷的钟上
在物理的真理上
我写你的名字
在高架道上
在驻兵的路上
在过度拥挤的
城市广场上
我写你的名字
在打开的桌灯上
在油尽的灯上
在我重新整理的思维上
我写你的名字
在分成两半的水果上
在我的镜子和房间
在我床上、我的空几上
我写你的名字
在我的狗上，甜蜜的贪吃鬼
在他怒竖的耳朵上
在他乱抓的爪子上
我写你的名字
在我的门闩上
在那些熟悉的物件上
在篝火的烈焰上
我写你的名字
在所有舒服的肌肉上
在我那些朋友的
额头上
在所有伸出来的手上
我写你的名字
在充满惊奇的
窗玻璃上
在带着期待，意思
远深于无言的嘴唇上
我写你的名字
在我成为废墟的藏身处
在我沉陷的灯塔上
在我的墙上和我的
无聊烦闷上
我写你的名字
在没有欲望的缺席上
在赤裸的孤寂上
在死亡的行进上
我写你的名字
借着一个字的力量
我重获我的生命
我生来就认识你
就叫得出你的名字
自由。

辛波丝卡

可能性（1985）

我喜欢电影。
我喜欢汽车。
我喜欢华尔塔沿途的橡树。
我喜欢狄更斯甚于
陀思妥耶夫斯基。
我喜欢我喜欢人甚于我喜欢人类。
我喜欢手边常有针和线，以备不时。
我喜欢绿这个颜色。
我喜欢不要坚称天下事全都该怪理性。
我喜欢例外。
我喜欢提早离开。
我喜欢和医师谈别的事。
我喜欢线条细致的老插画。
我喜欢写诗这件事的荒谬
甚于不写诗的荒谬。
我喜欢，在爱情上，不特定的
而能每天庆祝的周年。

我喜欢不承诺任何事情的道德家。
我喜欢带着慧黠的客气
甚于过于信任人的那种。
我喜欢身穿便服的大地。
我喜欢被征服
甚于征服他人的国家。
我喜欢有些保留。
我喜欢混乱的地狱甚于秩序的地狱。
我喜欢格林童话甚于报纸的头版。
我喜欢没有花的叶子
甚于没有叶子的花。
我喜欢尾巴没有被剪掉的狗。
我喜欢淡色眼睛，因我自己的是深色。
我喜欢书桌的抽屉。

我喜欢我在这儿没提到的东西
甚于我也漏掉不说的许多事情。
我喜欢自由自在的0
甚于一个阿拉伯数字后面一串0。
我喜欢昆虫时间甚于星星时间。
我喜欢敲木头。
我喜欢不问还有多久和什么时候。
我甚至喜欢在心中记住
存在可能有它自己的理由。

第十章

奇迹清单

普林尼（Pliny）的《自然史》（所有古代与中世纪百科全书的原型）收集大约二万项事实，大约五百个出处。乍看之下，此书像是如假包换的杂集，自然而然不按字母顺序排列，其中并没有一个按部就班而做的有系统计划——所以，此书单纯就是一份清单而已。然而，我们仔细检视索引，就会看出，这本书从天上开始，接着处理地理、人口学与人种志，接着是人类学和人类生理学、动物学、植物学、农业、园艺、自然药典、医学与法术，然后转到矿物学、建筑，以及造型艺术——这样的次序建立了一种阶层结构，从源本谈到衍生物，从自然界转到人为界。

中世纪的百科全书，其分类标准似乎也极为模糊，单纯是一份一份内容信息之间不相关联的清单。在其《字源》（*Etymologies*）中，塞维尔的**伊西多尔**（Isidore of Seville）谈到博雅学科、文法、修辞、

页 152：
灰狗，
取自巴托罗缪·安格利克斯
《论事物的特性》，
约 1416，
兰斯，
市立图书馆

页 153：
雅各二世·萨维里，
动物进入方舟，
17 世纪，
私人收藏

扬·布鲁盖尔（画派），
火的寓言，
1607—1608，
巴黎，
卢浮宫

辩证法、音乐、算术、几何、天文学、医学、教会法、书籍和官职、语言、民族、军队、文字、人、动物、世界、建筑、石头与金属、农业、战争、游戏、剧场、船只、衣物、住家以及家庭工作。你不禁纳闷，这么一份清单是根据什么秩序而形成的，例如，关于动物的篇幅区分为野兽、小动物、蛇、虫、鱼、鸟，以及小型的有翼动物，而将鳄鱼归属于鱼类。但是，在伊西多尔那个时代，基础教育区分为三学科（Trivium）和比较高级的四学科（Quadrivium），伊西多尔事实上也就是用前几章讨论这些事题，而加入医学。接下来的几章，谈教会法和官职，因为伊西多尔这本书也是要给饱学者、法律学家、僧侣看的。紧接这个层次之后，出现另外一种秩序，也就是第七天里谈上帝、天使和圣徒，然后，转到人与动物。到第十三章，他谈论世界及其组成部分、风、水、山。最后，在第十五章，我们来到无生命界，人为的事物，也就是各种艺术。伊西多尔虽然将两种标准混合并置，但他并非随意累积，而且在全书第二部分，他使用一种神性递减的秩序，这个秩序从上帝开始，逐渐往下，而及于家庭用具。

因此，我们可以说这些百科全书认定了一种形式（或者说，它们仍然在寻找一个形式），所以如此，另一原因是它们的组织方式带有一种协助记忆的功能：事物以特定秩序出现，有助于我们把它们记在心里，因为我们由此记住它们在世界的意象里所占的位置。不过，这样的功效如果真的发生，也只会发生在有高度专门素养的读者身上。其他的一般读者，当时着迷的，或至今仍然着迷的，大概是希腊化世界里许多集子里出现的奇迹事物清单，诸如《奇事异闻》（*De Mirabilibus*），世传出自**亚里士多德**手笔（书中说有一百七十八种奇异事物，但只举出十四种）；塞维尔的伊西多尔《志怪搜奇录》（*Liber monstrorum diversi generibus*）里的异象和怪奇动物的清单，曼德维尔（Mandeville）的《游记》（*Travels*），**伦尼斯的马波杜斯**（Marbodus of Rennes）的珠宝清单，或者，提尔伯里的格维斯（Gervase of Tilbury）的《御览消闲录》（*Otia imperialia*）里的清单。这位作者提到的物事包括磁铁，阿格里根廷（Agrigentine）的盐，石棉，埃及无花果，班塔波利斯（Pentapolis）的各色水果，跟着月亮循环的石头，那不勒斯一种不会腐烂的肉，波佐利（Pozzuoli）的浴场，上下颠倒的豆子，地狱之门，埃德萨（Edessa）的“圣脸”（Holy Face），甲虫的战争，热沙，女子现身的窗户，永远煮不滚的水，丝，海豚，美人鱼，狐狸，长着马鬃、巨齿并且喷火的动物，有胡须的女人，不死鸟，八足人，夜行幼虫，鹳鸟巢里的乌鸦蛋，以及树生的鸟……

在一些现代作者笔下，奇迹清单产生一种纯属诗性的功能，他们运用古代知识时，心知那些清单指涉的并非世上存在的事物，纯粹是想象的目录，其令人愉悦完全只在它们发出声音。因此，在其《想象的动物》（*Book of Imaginary Beings*）里，博尔赫斯列出矮人族、龙、神船的前导鱼阿布士（Abtu）和阿内特（Anet）、预告菩萨诞生的大象、精灵、空气精灵、哭号报凶的女妖、雷神哈欧卡（Haokah）、地精、先于夏娃创生的利利丝（Lilith）、中国狐狸、半人怪鸟怪（Youwarkee）、咧嘴猫（Cheshire cat）、奇肯尼猫（Kilkenny cats）、生魂（the double）、巨鲸法提斯托卡隆（Fatistocalón）、史威登柏格（Swedenborg）的天使和魔鬼、维系世界生存的巫夫尼克（Wufniks）、小褐人、女武神、掌命运的巨人族诺恩斯（Norns）、希伯来文化里的魔鬼、森林族霍奇甘（Hochigan）、人类演化的伊来族（Eloi）和莫洛

克族（Morlocks）、巨人特洛尔（troll）、女首蛇身拉米亚（lamia）、魔鬼的灵魂勒默尔（lemur）、千眼公牛（Kuyata）、半人兽（satyr）、报晓的天鸡、雨鸟，等等。

埃及的奇异动物，
取自洛比奈·泰斯达**《世界奇观之书》**（或**《自然历史的奥秘》**），
约 1480—1485，
巴黎，
法国国家图书馆

亚里士多德（？）
（公元前4世纪）

《奇事异闻》第七至二十章，

据说，在埃及，鹬鸟飞进鳄鱼嘴里，帮它们清洁牙齿，拉出塞在那里的碎肉，鳄鱼高兴，不伤它们。

据说，在拜占庭，刺猬善感北风和南风，马上换洞；吹南风时，在地上打洞，吹北风则在墙上打洞。在塞法雷尼亚，母山羊不像四脚动物那样喝水，而是脸向大海，张嘴，吸进微风。

据说，在叙利亚，野驴群由一只公驴领头。一匹年轻的公驴和一匹母驴交配，大公驴发怒，追赶那匹年轻公驴，逮到它，逼它坐在后蹄上，咬掉它的生殖器。

据说，乌龟把一只蝮蛇吃掉一部分之后，吃墨角兰解毒，如果不马上找到墨角兰，就性命不保；乡下人为了证明此说虚实，每当看见乌龟吃蝮蛇，就拔掉墨角兰，看见乌龟死掉。

据说，公黄鼠狼的生殖器和别的动物都不一样，极为坚硬，骨头似的，有时真的这样。看来这是治拉尿困难的上方；刮干净就能当药。

据说，一种叫啄木的鸟爬树像蜥蜴，会吊树枝，也会站在树枝上。又据说，它吃树里的蛆虫，为了找蛆虫，挖很深的树洞，甚至把树啄倒。

据说，鹈鹕挖起河里找到的贻贝，吞下肚；吃下大量的贻贝之后，吐出来，这才吃贻贝的肉，但不吃壳。

据说，在阿卡底亚的塞里尼，黑鸟出生时经常是白色，别处都无此情形，而且它有各种不同的叫声，靠月光行动；但是，不管谁想白天捉它们，都很困难。

据某些人说，花蜜这东西生产于美洛斯和克尼多斯，闻起来香，但只维持很短时间；又说，它们里面长蜂面包。

据说，在卡帕多西亚一些地方，酿蜜不用蜂巢，而且蜜质均匀如橄榄油。在蓬托斯的特拉培朱斯，人从黄杨木采蜜，气味刺鼻，心智健全的人闻了也神志不清，却能完全治好癫痫症。

据说，在吕底亚，从树木也能采到大量的蜜，居民做球不用蜡，切下一部分，用力擦就行。色雷斯也是如此，没这么扎实，而是带沙质。据说，所有的蜜凝固时体积不变，和水及其他液体不同。

高昔斯的草和杏最适合做蜜；因此据说他们以此生产非常大量的蜜。

雅各波·巴沙诺，
动物登上挪亚方舟，
1570—1579，
马德里，
普拉多博物馆

塞维尔的伊西多尔（570—636）

《字源》第十一章

人类和异兆，Ⅲ，6—27

“异兆”（portentum）有别于“不自然的存有”（portentuosus）。异兆是变形的生命，例如翁布里亚一个妇人生一条蛇。鲁坎因此说（《内战》1.563）：“那孩子吓坏了它母亲。”

不自然的生命，严格而论，则是轻微的突变，例如有人出生时有六根手指。

因此，异兆，或不自然的存有，其体型在某些情况下超过一般人，例如提提俄斯，依照荷马的见证，他伏在地上有九朱格（大约六英亩）；其他则体型较小，例如侏儒（nanus），希腊人说的矮人族（pygmaeus），因为他们身高一肘尺。其他则依照身体部位来称呼，例如脑袋畸形，或者肢体有多出来的部分，像两头人，或三头人，又或者如 cynodontes（“狗齿”族），他们有两只前突的獠牙。其他人则依照他们缺少哪些肢体来命名，一对器官里的一个和另一个相比有缺陷，例如一只手和另一只手比较，一脚和另一脚比较。有些则是某肢体部分好像被切掉，例如生下来没有头，希腊人称之为 steresios（希腊文“剥夺”的字根）。……其他则有的叫 praenumeria，意思是生下来只有脑袋，或只有一只脚。

另外，有的是身体某个部分变形，例如生下来脸上是狮子或青蛙的五官，或者公牛的头或身体，就像故事里帕西菲生下来的那个牛头人身怪……有的成为异兆，

卡斯帕·曼柏格，
动物进挪亚方舟，
1588，
维也纳，
艺术史博物馆，画廊

则是由于完全变成另外一种动物，像那个故事里说的，一个妇人生下一头小牛。有的则是五官的位置不对，但五官本身没有什么变形，例如生下来眼睛长在胸腔里或额头上，或耳朵长在太阳穴上，或像亚里士多德说的，有人的肝脏在左侧，脾脏在右侧。有的是肢体某部分生下来连在一起，例如一只手有几根手指合在一起，像熔接起来一般，另一只手的手指比较少合在一起——脚趾可以类推。有的是某些器官早熟，生长的时候不对，例如出生就牙齿齐全，有胡须，或白头发。有的是同时具备好几个怪异之处……有的是性别混合，例如所谓的“两性兼具”……之所以称为阴阳人，就是因为他们兼有男女性器官……这些人，右胸是男人的乳房，左边是女人的乳房，在性交里既播种，又怀孩子。

就如各民族都有怪异的人，人类里也有一些怪异的种族，例如巨人，Cynocephali（“狗头族”），独眼巨人族库克罗普斯，等等。巨人（Gigantes）有此名称，是根据一个希腊名词的字源而来；希腊人认为他们……是“大地生的”，因为根据他们的寓言，那位母亲大地生下他们，他们身材大得像大地自己（此词的希腊字根意指“大地”和“后代”，连起来是“大地的后代”）。不过，那些父母不详的族类，一般也叫“大地的后代”。但是，有些人由于不熟悉《圣经》（例如《创世记》6：4），而误以为在大洪水以前，变节的天使和人类的女儿同寝，由此产生了巨人族——也就是说，极为巨大而且力量奇大的人。狗

纳坦尼尔·库里耶，
挪亚方舟，
19 世纪，
纽约，
布鲁克林艺术博物馆

页161：
法国画派，
挪亚方舟，
12 世纪手稿，
巴黎，
装饰艺术图书馆

头族所以有此称呼，是因为他们的头是狗头，他们的吠声也的确透露他们是野兽而非人类。狗头族源出印度。印度也产生库克罗普斯。库克罗普斯之名来自据说他们的独眼长在他们前额中央。

……

人们相信，利比亚的布雷米安人生下来只有躯干，没有头，嘴巴和眼睛长在胸部，另外一个种族则出生没有脖子，眼睛长在肩膀里。此外，有人写到远东一些民族的脸孔丑怪：有的没有鼻子，脸完全是平的，面容不成形状；有的下唇突出老远，睡觉时可以遮蔽整张脸不受日晒；有的嘴巴是封闭的，只从一个小小的开口，用一根稻秆吸收营养。有的据说没有舌头，不能说话，而用点头和手势表达意思。有人提到塞西亚的帕诺提安人，耳朵大到遮盖整个身体……伊索匹亚的阿塔巴提坦人，据说用四肢走路，像牲畜；他们没有一个活过四十岁。

撒太尔人小小的，鹰钩鼻；他们额头长角，脚像山羊脚——圣安东尼在荒野看见的那种东西。据说，被这位上帝仆人问话的时候，那个撒太尔回答……“我是住在沙漠里的凡人，异教徒出于错误，将我们当成农林之神和半人兽来崇拜”。据说还有一种野人，有人称之为无花果的农神。西奥波德据说住在伊索匹亚；他们只有一只脚，速度出奇的快。希腊人叫他们……“脚影族”，因为，天热的时候，他们躺在地上，用他们的巨脚遮凉。

利比亚的安提坡德人，脚底扭到腿后，而且每只脚有八趾。印度据说有个种族……身高十二英尺。那里并且有一个种族，身高一肘尺……住在印度的多山地区，靠近大洋。还有人说，同样在印度，有一个女人族，五岁就怀胎生育，而且她们寿命不超过八岁。

Racinet direxit
Imp. Lemercier & Cie Paris
Bauer et Wohlfart lith.

马波杜斯，伦尼斯主教（1035—1123）

《神奇的宝石》

碧玉能抗闪电和打雷。玉髓有护身之效，镶于项链或指环，能治疯病……在他那本《论石》里，亚里士多德写道：“祖母绿，无论挂在脖子上还是戴在手指上，都有预防癫痫之效。”此所以明智贵族将祖母绿挂在他们子女脖子上，子女就不得此病……肉红玉髓（一种红玉髓）戴在脖子上或手指上，像一颗二十粒大麦重的宝石，使人不做恐怖和令人沮丧的噩梦，而且使人不受魔魅和诅咒之害。橄榄石，一种厚实且发亮，近似黄金的宝石，能防一切蛇。沾以黄金粉，然后洗净，即成护身符，使人夜间无惧；钻一个孔，穿以驴子的鬃毛，结在左臂上，能驱魔鬼……绿柱石是一种大颗、磨亮的宝石，雕龙虾于其上，下方雕乌鸦，再将整颗宝石置于一只以香草处理，以黄金密封的蝶类顶上，献给神明，再由夫妻佩戴，即能护身，能防一切疾病，兼治一切眼疾。置此石于水中，饮此水能使人洁净，元气大增，肝脏免于一切疼痛。此石随时佩戴皆有用，戴者常胜，打败所有敌人。如同祖母绿，此石见于印度，但颜色稍淡。佩戴黄玉者，敌人莫之能伤。家中有黄玉，恶人难近。脖子或手指佩戴风信子石，进入疾疫地带不生病；反而受人尊敬，心想事成。紫晶浸水，不孕妇人饮之，旋即有身。玛瑙有益流产妇人，使她次胎顺利分娩。肉红玉髓护身甚佳，有益妇人。雕葡萄树或爬墙之常春藤于其上即可。霓虹石使见异象者得其正解。红玉髓戴于颈上或手指，使人减怒，使贞洁者自在。依适当程度将此石献于神者，将获得完全自由，但必须如以下做法：刻金龟子于其上，金龟子腹部雕一男子，然后垂直置放，献神，佩戴于腓骨；置于特别预备之处，饰以仪式用品，此石能生上帝赋予之效。碧玉象征信仰的力量。蓝宝石象征崇高、天堂的希望。蓝玉髓保护亲密爱情之火；祖母绿代表勇敢预言信仰能抵抗一切横逆；红缟玛瑙（条纹玛瑙）象征美德与圣徒之谦卑；肉红玉髓代表殉道者之血；橄榄石象征奇迹中的灵性讲道；绿柱石代表传道者功德圆满，黄玉象征热诚的沉思；风信子石象征（教会）博士升天。紫晶代表谦卑的精神谨记天国。所以，各种宝石有其特质，因为——所有装饰上帝之城的根基的宝石、在他神圣之山顶上的宝石，都是完美的——所有宝石散发着光和灵恩。

圣史泰芬的圣骨箱，
9世纪，
维也纳，
艺术史博物馆

第十一章

收藏和宝藏

博物馆的目录是实用清单的一个例子，这目录指涉那些存在位置已预先决定的物事，所以，就此意义而言，这么一份实用清单必然是有限的。不过，我们要如何看待博物馆，或者，我们要如何看待任何一种收藏？收藏所有某一特定对象的极端罕见例子不算（例如，某位艺术家的所有作品，我是说，“所有”），收藏往往是开放性的，永远可以增加，也就是添上某种其他成分，特别是如果这收藏是出于对累积、对无限增加的爱好而来，像罗马贵族、中世纪的领主、现代的艺廊和博物馆。

页 164：
赫伯特·罗伯特，
卢浮宫大艺廊一景，约 1789 年，
1789—1799，
巴黎，
卢浮宫

页 165：
亚历山德·布伦，
卢浮宫方形大厅一游，约 1880 年，
20 世纪，
巴黎，
卢浮宫

页 166—167：
小大卫·泰尼耶，
雷欧波德·威廉大公在他的画廊里，
约 1650，
马德里，
普拉多博物馆

DAVID . TENIERS

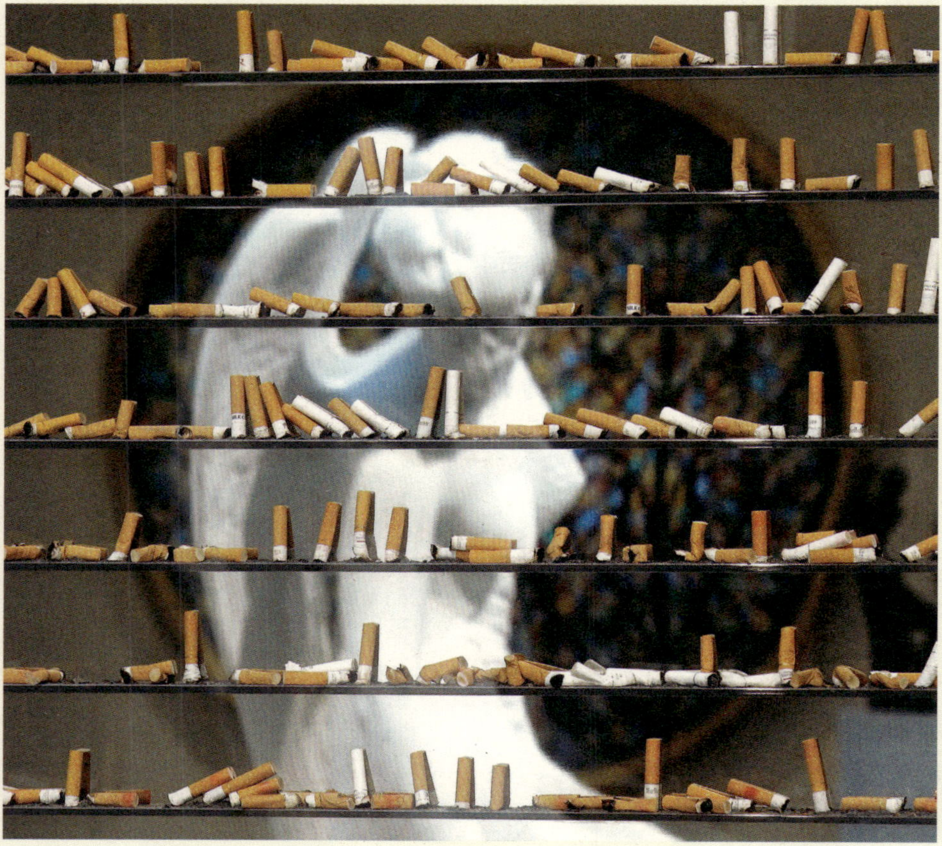

达明安·赫斯特，
一个天使的解剖，
2008，
伦敦，
苏富比

此外，高度专门化的情况不谈的话，许多收藏的内容往往不免濒临驳杂。一个来自太空而不清楚我们的艺术概念的旅者，可能会纳闷，卢浮宫怎么收进那么庞杂的常用物事，诸如花瓶、盘子、小盐瓶、女神像，例如米罗的维纳斯，风景画，一般众生的肖像，墓葬器物和木乃伊，怪物的画像，崇拜的对象，人类遭受酷刑的刻画，战役的呈现，刻意要撩拨“性”情的裸体，甚至考古的出土物。

其实我们连想象太空来的访客也不必。1923 年，保罗·瓦莱里（Paul Valéry）就曾直言他对博物馆的懊恼：“我不太喜欢博物馆。出色的博物馆是有几家，令人愉快的却是一家也没有。分类的想法，保存的想法，以及大众共用的想法，都正确而且清楚，可是都和乐趣没有什么关系……我发现自己置身僵冻生物的乱军之中，它们每个都要求只有它自己存在，这要求当然不可能实现……我眼前展开一种怪异的，经过组织的混乱；我浑身充满一股神圣的畏惧；我的步伐变得具有宗教意味。我说话的声音改变，变得有一点儿拉高，仿佛我是在教堂里似的，但我这变高的声音又比在实际生活里要低。不久之后，我就再也不晓得我到这里是做什么来的，置身于这么个苍白如蜡，弥漫着寺庙和沙龙、坟场和学校的气氛的地方……这是何等的吃力，我对自己说，何等的野蛮！凡此一切，皆属非人。都不纯粹。这些彼此独立而且含有敌意的奇观，对你袭来，而且它们愈是彼此相似，敌意就愈大，这真是个悖论……人的耳朵不会受得了十支管弦乐团同时演奏，人的精神也无法同时追从许许多多彼此判然有别的操作，许多论辩同时开口，也是不行的。可是，在这里，眼睛……一开始感觉，眼帘就不得不映入一幅画像和一幅海景，一个厨房和一场凯旋，姿势和处境千般百样的人物角色，而且不只如此而已，眼睛一瞥，就必须同时拥抱各种和谐，以及彼此根本无从比较的绘画方式……彼此吞噬的作品……但我们继承到的东西把我们压垮。现代人，他的技术手段太多了，累得精疲力竭，而且唯其丰富过度，反而落得赤贫……资本过大，变成没有用的资本。”[1]

写上面这段文字那天，瓦莱里或许心情不好，因为过了十四年之后，他为巴黎夏悠宫（Palaisde Chaillot）的门面题诗，纪念宫里博物馆的展览（“珍罕的事物和美好的事物——广汇于此——对眼睛的启示——前所未见——举世所有”）。不过，如果以传统的博物馆来说，瓦莱里上面这段文字的确掌握了三项特征：（1）传统的博物馆带着一种没有声音的、昏暗的、对人不算友好的暧昧气氛；（2）博物馆里，单件作品缺乏可供参考的关系脉络，使人难以领会其个性，或者，很难将它们都记在心里；（3）传统博物馆贪多务得，不知餍足，因而带有压迫感。不过，今天博物馆组织馆藏的方式有长足的发展，瓦莱里提出的前两项非议已经确定不再适用：今天的博物馆内部一片明灿，和煦如阳光，友善对待访客，使人宾至如归，展览室的配置几乎总是希望做到方便我们了解作品及其脉络之间的关系。但是，我们仍然碰到瓦莱里点出的第三项特征。而且，事实上，大家走访博物馆，的确就是因为这类机构贪得无厌追求收藏。博物馆之所以如此，是因为它们起源于私人收藏，而私人的收藏起源于掠夺，也就是战争中所劫之获。普林尼（《自然史》37, 13—14）说："庞贝（Pompey）的胜利创造了喜爱珍珠和宝石的时髦风气，一如西庇阿（Scipio）和曼流斯（Manlius）的胜利引起追求手工打造银器、阿达利（Attalic）衣饰，以及以青铜装饰三方卧食椅（triclinia）的风尚；卢基乌斯·穆米乌斯（Lucius Mummius）的胜利，则兴起爱好科林斯（Corinth）花瓶和绘画的风气。"这批战利品（或者换个说法，征服的权利）成为一个起源，由此起源，生出重要物品的搜罗累积，以及以增加这累积而傲人。

根据波米安（Krysztof Pomian）的考证[2]，当初，人收藏东西，是出于宗教心理而为之，在私人层次，则是聚物以陪葬（我们只要想想埃及法老王墓中的宝藏，即知其概），不然，就是来自寺庙神殿的赐赠。不过，收藏很快就转向他所说的，带着意义的（semiophoric）的东西。换句话说，这时候，人收藏的东西往往超越它们的出售价格，这些东西是符号，它们是某种层次的见证：它们见证它们来源所在的某个过去，见证一个殊方异域的世界，见证一个肉眼看不见的世界。

关于罗马贵族的收藏，我们所知甚少，不过，关于中世纪对收藏累积的爱好，我们知道的要多一点。在中世纪的"宝藏"里，我们找到圣徒遗物、珍玉宝石，以及令人好奇、令人惊讶、奇妙罕见、出人意表的品项。这些宝藏，许多如今已经消失，或者散落四方，例如贝理公爵（Duc de Berry）出名的收藏，或圣丹尼修道院（Abbey of Saint Denis）的著名收藏，在 12 世纪，该院住持是伟大的苏杰（Suger），他是品位精雅的收藏家，酷好宝石、珍珠、象牙、黄金烛

约瑟夫·科奈尔，
无题（药剂室），1943，
巴黎，
马塞尔·杜尚夫人收藏

VENET
os und Schrift
Seneca

台、以传说或历史图案装饰的祭坛，而且，他把珍稀物品的收藏变成有如一种宗教，还从这收藏得出一套神秘主义的/哲学的理论来。苏杰的收藏，其精华已在法国大革命期间飘零散失，这位住持/主教著名的圣餐杯目前在伦敦。他的收藏，今天尚存于世的部分，大都在卢浮宫。

中世纪的宝藏之中，最受崇仰的奇异珍品是圣徒的遗物。对圣徒遗物的崇拜并不是一个只见于基督教的现象，普林尼告诉我们，希腊罗马世界也珍视古人遗物：欧菲斯（Orpheus）的琴，海伦的凉鞋，或者攻击安德罗墨达（Andromeda）的那只怪物的遗骨。在中世纪，一个城市或一间教堂拥有圣徒遗物，大有福气，因为圣徒遗物不只是神圣之物，也是招徕观光客的圣品。

在布拉格的圣维特斯大教堂（St. Vitus'Cathedral），你可以找到圣阿达柏特（St. Adalbert）和圣温塞斯拉斯（St. Wenceslas）的颅骨，圣史蒂芬（St. Stephen）的剑，耶稣受难十字架的残片，最后的晚餐使用的那张桌布，圣玛格利特（St. Margaret）的一颗牙齿，圣维塔流斯（St. Vitalius）的胫骨碎片，圣索菲亚（St. Sophia）的一根肋骨，圣艾欧班（St. Eoban）的下巴，摩西之杖，圣母马利亚的衣服。贝理公爵传奇般的收藏品包括圣约瑟（St. Joseph）的订婚戒指，他那批收藏的目录已经散失，但是，在维也纳，你仍然可以欣赏伯利恒那具马槽的残片，圣史蒂芬的钱包，刺入耶稣腋下的那根长矛（以及从耶稣受难十字架取下的一根铁钉），查理曼（Charlemagne）的佩剑，施洗约翰（John the Baptist）的一颗牙齿，圣安妮（St. Anne）的一根上臂骨，使徒们的脚链，施洗约翰所穿袍子的片段，以及最后的晚餐所用桌布的破片。我们也不要忘了，米兰大教堂（Milan Cathedral）的宝藏里有圣查理·波洛米欧（St. Charles Borromeo）的喉头。的确，查阅这所大教堂的库存，我们发现，除了那些辉煌的权杖礼服、花瓶、象牙、黄金，教堂的圣器收藏室里有一些取自耶稣受难荆冠的荆刺、耶稣受难十字架的残片，以及圣安妮丝（St. Agnes）、圣阿嘉莎（St. Agatha）、圣凯瑟琳（St. Catherine）、圣普拉克西蒂丝（St. Praxedes）、圣辛普利奇亚努斯（St. Simplicianus）、圣加约（St. Caius）、圣哲伦提乌斯（St. Gerontius）的零星遗物。

阿尔曼，
柏纳德·维内的垃圾箱，
1970，
柏纳德·维内收藏

事实上，一个人即使不是宗教的信徒，也会禁不住为两件奇物着

带着天使报喜图
的教士长袍扣环，
9 世纪，
亚琛，
大教堂宝藏

迷。一个是物品本身，那些无名无主的，年久泛黄的软骨，带着某种幽奥的腐味、悲情和神秘气息；衣服的碎片，天晓得是哪个时代的，不是褪了色，就是变了色，或磨破了，有时候是卷起来，插在管状玻璃里，仿佛一种奇异的瓶中信息，那瓶子经常也是破败的，和里面的布料、金属或骨头打成一片。然后是容器，这些容器往往珍贵得不得了，有时候，是一个虔诚的工匠做的，用其他的圣徒遗物打造，做成塔的形状，或者做成有尖塔和圆顶的小小大教堂。巴洛克遗物就更不用说了（其中最好的精品可以在维也纳找到），多如森林的细小雕刻，看起来像钟、音乐盒或魔术盒。其中有一些使喜爱现代艺术的人想起科内尔（Joseph Cornell）的超现实盒子，阿尔曼（Arman）那些摆满玻璃杯和手表的柜子，或者达明安·赫斯特（Damien Hirst）的作品：这些全是世俗层次的圣物箱，但也都流露同样的品位，也就是爱好破

马丁—吉尧姆·比昂内，
正义之手（圣德尼的手），
1804，
巴黎，
卢浮宫

旧、尘封之物，或者，无论怎么说，一种疯狂的累积癖。

古代的纪事说，在12世纪，德国一所大教堂里藏着施洗约翰十二岁时的头盖骨。我们即使从来不曾看过实物，也能够想象那泛灰背景上的粉红纹路，那复杂如藤蔓图案而逐渐毁损、腐坏的颅缝，安放这头盖骨的展示柜，像凡尔登（Verdun）的祭坛般以蓝色珐琅装饰，以及那丝绸做的小块垫子，丝已经年久发黄，上面是枯萎的玫瑰，已两千年没有呼吸空气，在施洗者长大成人以前，就在真空里一动不动，然后刽子手的剑取下另一个、比较老的头颅，这头颅现存罗马的圣西维斯特洛教堂（San Silvestro）（早一点的传说是法国亚眠大教堂［Amiens Cathedral］）。反正，罗马这颗头颅不会有下颚骨，这下颚骨据说保存于意大利维特波（Viterbo）的圣劳伦斯大教堂（Cathedral of Saint Lawrence）。盛施洗者的头的盘子，则在热那亚，属于该市圣劳

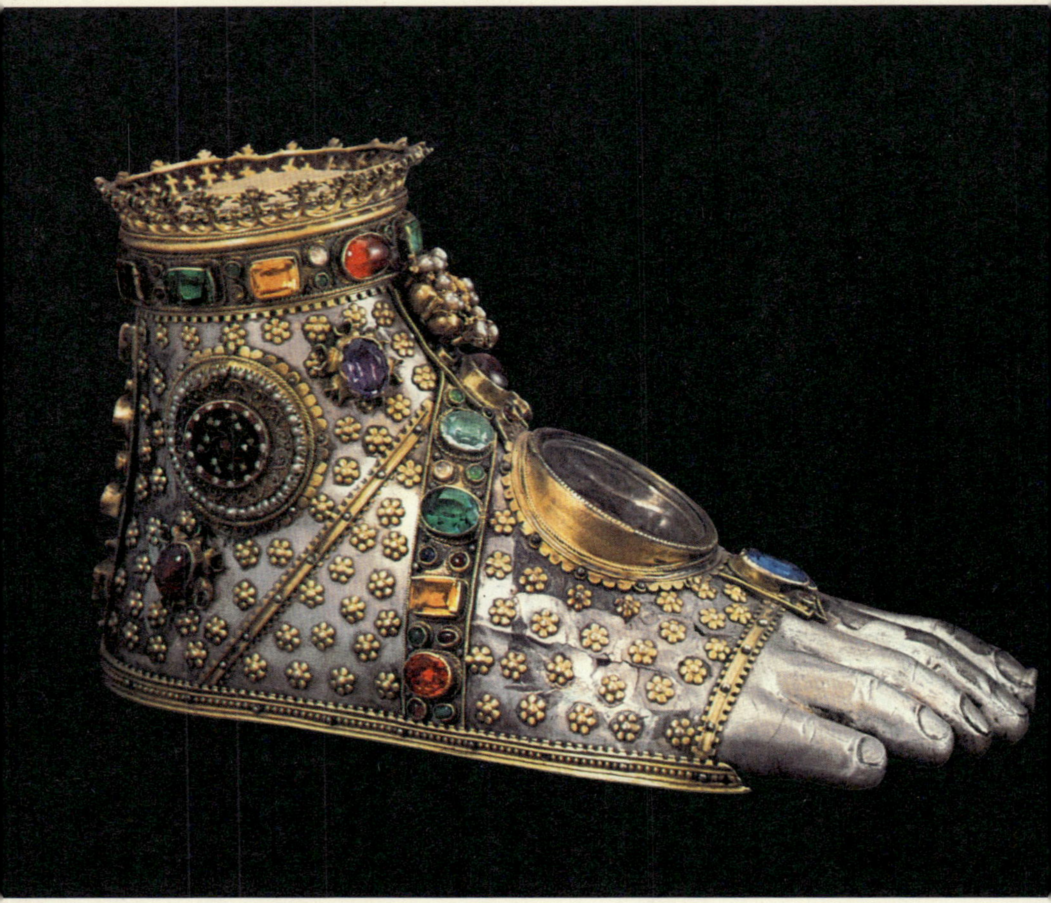

欧斯瓦德·乌柏林格，
诸圣婴孩之一的遗体箱，巴塞尔大教堂，
1450，
苏黎世，
瑞士国家博物馆

伦斯大教堂的宝藏，和施洗者的骨灰摆在一起，但他的骨灰有一部分保存在洛亚诺（Loano）的本笃修院教堂（Church of the Benedictine Monastery），他有一根手指则显然收藏于佛罗伦萨大教堂的教会艺术博物馆（Museo dell'Opera），有一只胳臂则收藏于西耶纳大教堂（Siena Cathedral）。至于他的牙齿，有一颗在拉古萨大教堂（Ragusa Cathedral）。另外有一颗，连同一束头发，在蒙扎（Monza）。

搜求宝石，各类各色的宝石，是宝藏热心分子最喜欢的人生乐事，因为这事关系到的不只是辨认钻石、红宝石或绿宝石，还关系到《圣经》文字里经常提到的那些宝石，像猫眼石、绿玉髓、绿玉石、玛瑙、碧玉、红纹玛瑙；一般而言，主要是辨认真宝石和假宝石。米兰的宝藏里，现在还有一座圣嘉禄的银雕像，是巴洛克时期传下来的，由于保护人或捐赠者认为银是太过便宜的材料，于是这座雕像胸前佩戴的那具十字架缀满闪闪发亮的宝石。按照目录的记载，其中有些宝石是真宝石，有些只是上色的水晶。不过，我们对纯属商品之物抱有好奇心，却不要忘了，原初的收藏者的确乐在其中，他们追求的是闪亮耀眼、昂贵奢华的财富。

现代颓废主义时期的几位作者，如**于斯曼**（Huysmans）和**王尔德**（Wilde），也有不厌累积宝石的嗜好，在他们身上，收藏宝石的快感，和他们从宝石里获得的审美快感，是两两不分的，于斯曼完全不讳言他那些品味源自中世纪，王尔德则模仿于斯曼，丝毫不觉得难为情。

[1]《博物馆的问题》（*Le probleme des musées*），收入《作品》（*Oeuvres,* Paris, Pleiade II），页1290。

[2]《收藏》（*Collezione*），见《百科全书》（*Enciclopedia, III,* Turin, Einaudi 1978）。

马塞尔·欧贝赫

《孔克修道院》(1954)

孔克修道院的宝藏

贝班圣物箱

……这是宝藏中最古之物。历史学家查尔斯·德·里纳斯首先将之溯源于贝班,817年至838年阿奇丹王“温雅路易”之子。这是长方形箱子,四边形镀金木制斜盖,箱缘以线丝滚边,镶宝石,阴雕花纹为框。一面刻画基督钉于十字架,两侧为圣母与圣约翰,头上有日与月。……

圣弗伊金像

……宝藏中最出名之物,中世纪金工之至宝,主题为孔克的守护圣徒坐于宝座之上……雕像表层皆金,头以金叶做成,以精工宝石饰带为冠,大眼睛为搪瓷,眼珠深蓝……此像完成于安格的伯纳德1013年首访孔克之前,根据其《圣弗伊的奇迹》第一卷十六章与十七章所写,金像取代原有雕像,制成于当地盲人吉柏复明之时。伯纳德在第二章起头说明,该项奇迹发生于他到访前约三十年,亦即约当983年。吉柏复明,献金涌入教堂,新像赖以完成,因此我们以985年前后为像成之年。其风格仿自奥维涅圣物箱雕像,据布雷希尔先生考证,那些雕像最早者为教士、金匠兼建筑师阿洛米的镀金“庄严圣母”,他由其兄弟协助,约于946年为克雷蒙主教兼孔克修道院院长史蒂芬二世而做。

整个中世纪,宝藏中所谓“庄严圣弗伊”皆为最广受尊崇之物,至今全身满是历代香客捐饰的珠宝与宝石。雕像后朱红板刻画庄严基督;此板年代早于雕像,似为8世纪祭坛之物。雕像前胸有13世纪三联画,她双膝有匾,刻一妇人于三联拱门之下;又有碎片镶于圣物箱不同部位,原物为细工《福音书》封面,刻画基督置身福音图案之间。(史学家)卡米尔·安拉特考证,半透明搪瓷珍珠带子出自14世纪初叶,制于巴黎,或为吉劳姆·朱里安作坊成品,钉于像躯之膝、胸、肩。带上有些花为半透明之绿色,缀以黄点,余为半透明黄色,缀以黄、红色雄蕊。圣徒双脚在椅脚上,脚两侧各钉一镀银圆牌,代表主的羔羊和基督在十字架上,两边为圣母与圣约翰;年代为14世纪或15世纪初。圣徒巨大丰华的珠宝项链也是15世纪之物。16世纪,她的双手与前臂重做,或为罗德兹匠人安托万·富雷希流之作。基座与脚皆为近代之物,椅子格架下方的四个球体及雕像所坐的铁架亦然。又有许多宝石——祖母绿、缟玛瑙、蓝宝石、紫晶、玛瑙、珍珠——及两个多彩浮雕,其中一个刻画黛安娜;复有古代石刻,一个卡洛林时代的阴雕,刻画基督在十字架上,两侧为圣母与圣约翰,反面是椅顶的凸面水晶石。另外许多珠宝富饰这件非比寻常的金工,雕像背后有凹处,圆牌为门,门后是圣弗伊的头骨。……

贝根圣物箱

……此寺——又名圣文森灯笼(Lantern of Saint Vincent),是因一位在艾根殉道的教会助祭留骨孔克而建——收藏这位圣徒遗骸,为八角形钟塔,方形基座,上方为棱纹尖顶。寺为木料,外贴镀银片。基座刻字几不可辨,根据所余字母破解名字,是著名修道院长贝根(1087年至1107年为修道院长)。八角形部分,以六块凸纹牌子为饰,有半身像,左右上下围以玻璃,望之可见遗骨。方形基座以浮雕像为饰,两具——基督的与施洗约翰的——被切下镶于贝班圣物箱,后来复返于贝根圣物箱。第三牌为圆牌,刻画大卫打败狮子,但做工更精,风格亦较先进;我因此认为此牌制于贝根担任修道院长之后(但仍在12世纪上半),再移于此寺。

约翰·盖欧格·辛兹，
收藏家的柜子，
1666，
汉堡，
汉堡美术馆

教宗巴思卡二世圣物箱

……木制，覆以镀银薄叶，为扁平长方形箱子，基座斜切。正面刻画基督在十字架上，圣母与圣约翰分列两侧，十字架上方为日与月。背面为交叉图案。铭文为："Me firi jussit Bego clemens cui Diminus sit"（贝根造我，愿主对他慈悲），另一铭文指示圣物原主何人："Ab anno Domini incarnatione millesimo centesimo Pascalis Dominus Papa II a Roma misit reliquias de cruce Christi and sepulcro sanctorum ejus atque plurimorum"（道成肉身于1100年，帕斯加尔二世，教皇，自罗马送来十字架与基督之墓，以及若干位圣徒之圣物）。如以上铭文所言，这个圣物箱收藏教皇帕斯加尔二世（于1099年至1118年在位）于1100年送至孔克的圣物；此事在贝根修道院长之下执行，极可能就在1100年之后。

圣物如此已非原貌：基督受难像可能来自加工过的《福音书》封面；底部还可看出部分破坏的铭文（sit reliquias de...）；它有条掐丝且条纹直立的带子，在一个钻石状牌子内部。此物当为13世纪之物，置放圣物的凹洞取自别处。

所谓查理曼的A

……根据传统，这个圣物箱——状如大写A——为查理曼所捐赠，实则其年代只到贝根担任修道院长之时，箱子左侧有他名字：Abbas formavit Bego reliquias locavit（贝根修道院长造我，置圣物于此中）。此箱为镀金橡木，饰以朱红、掐丝、凸圆宝石，及搪瓷牌子。圣物位于字母顶端之圆盒，中心一大颗凸圆水晶，镶以仿古阴雕，金色为底，有14世纪的镶金丝搪瓷小牌子。其中底部一牌与余牌有别，似为巴黎金匠吉劳姆·朱里安作品中较为精致者，而且据考就是他或其作坊之作。更下方有一十字架，横带为饰，带上有银叶与铭文，为后来所加。十字架之横杠有两条凸纹银饰，主题为天使捧香炉。

经匣。两个经匣：其一有五段，其二有六段，皆为木制，外覆银叶。两匣时期不同，但俱成于贝根修道院长之际。两匣皆有6或7世纪金丝镶饰，镶宝石与掐丝之横饰带皆已破碎，另有其他部分，有些年代在文艺复兴之前。

哈根巴赫的宝藏，
275，
施派尔，
法尔兹历史博物馆

查尔斯·德·里纳斯，
墨洛温王朝金作，
圣艾里九的作品，
1863，巴黎，
法兰西学院图书馆

REX

圣餐杯，
10—11 世纪，
巴黎，
卢浮宫

培拉吉修道院长的杯子，
西班牙，
12 世纪，
巴黎，
卢浮宫

圣餐杯，
阿尔姆礼拜堂，
法国，
1675—1676，
巴黎，
卢浮宫

路易吉·瓦拉迪耶，
圣餐杯，
约 1770—1780，
巴黎，
卢浮宫

马提欧·当布洛吉欧，
圣餐杯，
约 1370—1390，
巴黎，
卢浮宫

圣餐杯：耶稣受难一景；
圣文森；
天使带一具有徽章的盾给拉拉，
加泰罗尼亚，14 世纪中叶，
巴黎，
卢浮宫

圣餐杯，
锡耶纳，
14 世纪末，
巴黎，
卢浮宫

玻璃圣餐杯，
法兰西亚，
约 1550，
巴黎，
卢浮宫

圣餐杯，
取自阿列日的宝藏，
14 世纪，
巴黎，
卢浮宫

圣餐杯，圣但尼宝藏，
约 1600，
巴黎，
卢浮宫

圣弗伊之箱

……1561年新教徒放火后，半圆形殿的柱子必须加强，并围入石墙之内。石墙于1875年4月21日拆毁，突见一凹窟，窟内有木箱，木箱外覆皮革与搪瓷圆盘，箱内即圣弗伊遗骨。又数年，由普西尔格作坊精工修复，皮革亦恢复，但内加新衬。箱身、四个装饰圆牌及背面弯角尽皆修复：箱中央曾被钻一孔，也依原有风格修补。遗失物件则予以取代，因为其中许多已流入私人收藏，例如卡劳德藏品，目前在佛罗伦萨的巴尔杰罗博物馆。又有一铜胎珐琅圆盘，状似巴拉克寺（在上维埃纳省），有阿拉伯花饰、狮身鹰首兽、奇形动物，以及多对彼此相向的鸟，皆为白、绿、靛蓝、深蓝色。两个圆盘有铭文，证实此箱完成于圣玻尼法修道院时期，他是贝根的继任人，1107年至1119年主持修道院：箱背左侧圆盘铭文为："Scrinia Concharum monster opus undique clarum"（孔克之箱所有细部都显示工艺卓绝）；箱子正面左侧铭文为："Bone ornamentum Hoc facii monimentum sit"（愿以此装饰纪念玻尼法）。箱子的黑皮革覆面以小银钉形成玫瑰与珠宝状。

宝藏中有些物品可以溯源至12世纪：一具双十字圣物箱……一具镀银圣母子坐像，圣子坐在她膝上……一只镀银圣乔治手臂，源出12世纪末或13世纪初，而且可能是同一作坊之作……两个珐琅洗盆，以两具迷人女像、乐师、舞者及一幅形成圣物箱的三联画为饰……圣物箱镶金线，收圣徒遗骨，姓名铭于箱外。

两个镀银圣物箱头源出14世纪：其脸与颈以上漆帆布覆盖，中有圣马尔斯与圣里贝雷特的头骨。有一镀银圣弗伊小寺，大致由普西尔格作坊重建于同一时期。有一圣体匣，以六叶形成圆顶，两支螺旋柄各呈一小天使，源出15世纪；基座刻画基督受鞭打、下灵薄狱、复活及最后审判，源出14世纪。

其余数件有足圣物箱源出15世纪，一具镀银圣弗伊小雕像亦然……她站立，衣长衫与披风：右手持剑与铁架，是她遭受酷刑之具；左手持殉道棕榈，伯纳德·戈雷亚考证为维法兰奇—德—鲁尔格金匠皮耶·富雷希流与胡克·伦芬之作，时间从1493年至1497年。又有一行进用十字架……据考出于同一作坊，可能在1498年至1512年之间，以宝石与阴雕为饰，中心刻画基督钉于十字架，圣母与圣约翰在两侧；十字架顶为永恒天父，十字架后为圣弗伊与四天使。八角形有雕像为饰，是圣安德鲁、圣巴托罗缪、圣马太、施洗约翰、圣保罗、圣西门、《福音书》作者圣约翰、圣彼得。

1879年，罗德兹主教捐赠真十字架之碎片，也在圣物箱中。一本银封面《福音书》……源出16世纪，以基督、圣母、圣约翰像为饰，皆为以树叶为底之浮雕；戈雷亚考证为罗德兹作坊富雷希流之作。还有一个17世纪凸纹高脚银杯，一件据考出于12世纪、有一段刺绣的十字褡，以及多件16世纪织锦。后者描绘圣弗伊与圣卡普雷斯的四个殉道场面，以及风景与绿叶。此堂建于1910年，用以收存老院长的宝藏，晚近经过数次更新。

法国学派，
圣弗伊的圣物箱，
约980，
孔克，
圣弗伊大教堂

维也纳帝国宝藏藏品举要

“圣库”中有：匈牙利国王史蒂芬的袋子；查理曼的坠饰；装有圣赫德维希遗骨的圣物箱；一幅三王来朝图；一具圣体匣（镀银、水晶石、绿玉髓、紫晶、蓝宝石、柘榴石、珊瑚、红宝石、珍珠、绿松石及人造宝石）；羊皮纸小画像；水晶石与丝绒圣物箱；据传属于匈牙利国王史蒂芬的一块丝绸；镀银高脚杯；圣家与天使（石头浅浮雕）；十珠象牙与玛瑙，有一刻画虚荣的坠饰；圣克里斯托弗（铜质浅浮雕）；匈牙利路易大王的十字架；一件有基督钉十字架图的十字褡；一件女头雕刻；圣凯瑟琳木雕胸像；一件哀基督图（织锦）；各类丝绸、锦缎、银质装饰品；一具圣体匣；一个镶人造红、蓝宝石的高脚杯；两件红十字褡；一件教宗饰物；一件银片坠饰，附羊皮纸小画，画基督受难与蛇；皇帝斐迪南二世的祈祷书；安妮与埃莉诺女皇的管教书；一支朝圣客手杖（竹竿，握把精雕，刻旧约景物与使徒像）；基督受难像；两具大烛台；一朵金玫瑰（以龙为足的花瓶）；一件祭坛装饰（圣洛伦特、圣尼古拉、圣克莉丝丁、圣狄奥查流斯、圣哈邦德斯、圣女贞德、圣陶乐西遗物，衬以圣维克多、圣杰洛米及一万一千个处女）；一顶主教法冠；一件有牧羊人的天使报喜图（由镀银、乌木、珐琅、珍珠、红宝石、钻石构成）；有各种基督遗物的圣体匣；圣瓦雷里安胸像箱，蜡顶，内有圣莫里斯遗物；原为安妮女皇所有之祭坛装饰；有基督在橄榄园的圣体匣；有圣提柏斯胸像的圣物箱；有圣克里斯宾遗物的蜡制圣物箱；有圣提摩太遗骨的祭坛装饰；刻画受难群像的祭坛装饰；两具有从基督荆冠所拔荆棘的圣体匣；装有圣菲力克斯遗物的圣物箱；有圣斯坦斯洛斯遗物的圣体匣；有一基督权杖

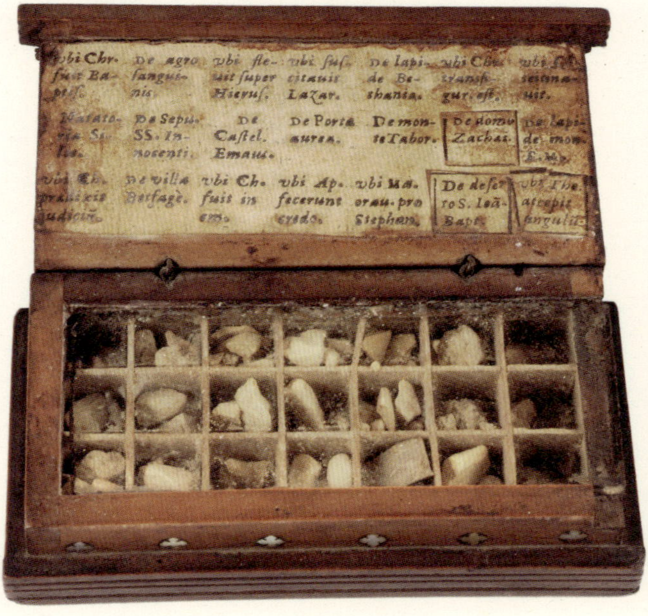

页188：
圣物箱，
马尼—莱—阿莫，
皇家港博物馆

页189：
圣物龛，摆着来自圣地的石头，
17 世纪，
巴黎，
欧洲与地中海文明博物馆

碎片（及圣彼得、圣国柏、圣席格蒙遗物）的圣体匣；其他祭坛装饰（圣马太、鲁休斯、坎狄德、尤斯塔斯、抹大拉、塞西尔、瓦伦丁、左西玛、阿曼达、洛伦特、尚恩、太克里斯、维雷纳、艾伯特、尤达里奇的遗物）；有抹大拉及两位无名圣徒遗物的圣体匣；有圣塞巴斯钦、阿波里奈及一批无名圣徒遗物的圣体匣；一具刻画圣徒、圣母与圣婴（银质浅浮雕，乌木与青铜边）的圣体匣；有圣史蒂芬、马太、格列戈里与布雷斯遗物的祭坛装饰；一件刻画“圣家逃往埃及途中休息”的浮雕；一件刻画两天使抬基督身体的浮雕；一件以詹博洛尼亚作品为蓝本的髑髅地雕刻；刻画基督在小寺庙（象牙、乌木、部分镀银、寺顶有基督受鞭笞之遗物，基座抽屉内有其他圣物）；象牙圣母子像；复制米开朗基罗所绘基督复活图；六十八件巴洛克与洛可可作品；十九件 19 世纪作品。

宝藏的世俗部分有一百八十六件物品，包括：哈布斯堡家族的受洗衣着；鲁道夫二世皇冠；一个奥地利皇家球体及两件推定为 1546 年之物；一件 4 世纪的玛瑙杯，或谓即为圣杯；一只独角兽的角（实为独角鲸的长牙）；三十八件珠宝与纪念品，包括罗马国王的摇篮；二十九件来自勃艮第勃根地公爵宝藏的物品，与金羊毛武士的饰物；三十五件神圣罗马帝国徽章、珠宝、遗物，有皇冠、权杖、球体、剑、帝国十字架、神圣标枪；一片真十字架；圣伊蒂安尼的袋子；查理曼的剑；一个耶稣诞生塑像碎片；施洗者圣约翰的一颗牙齿；圣安妮的一只臂骨；一条使徒之链；最后晚餐的桌布碎片。

圣物箱，
饰以白蜡羔羊与教宗徽章，
19 世纪，
巴黎，
欧洲与地中海文明博物馆

Sanctor
Albani
S. Ursula
Petri

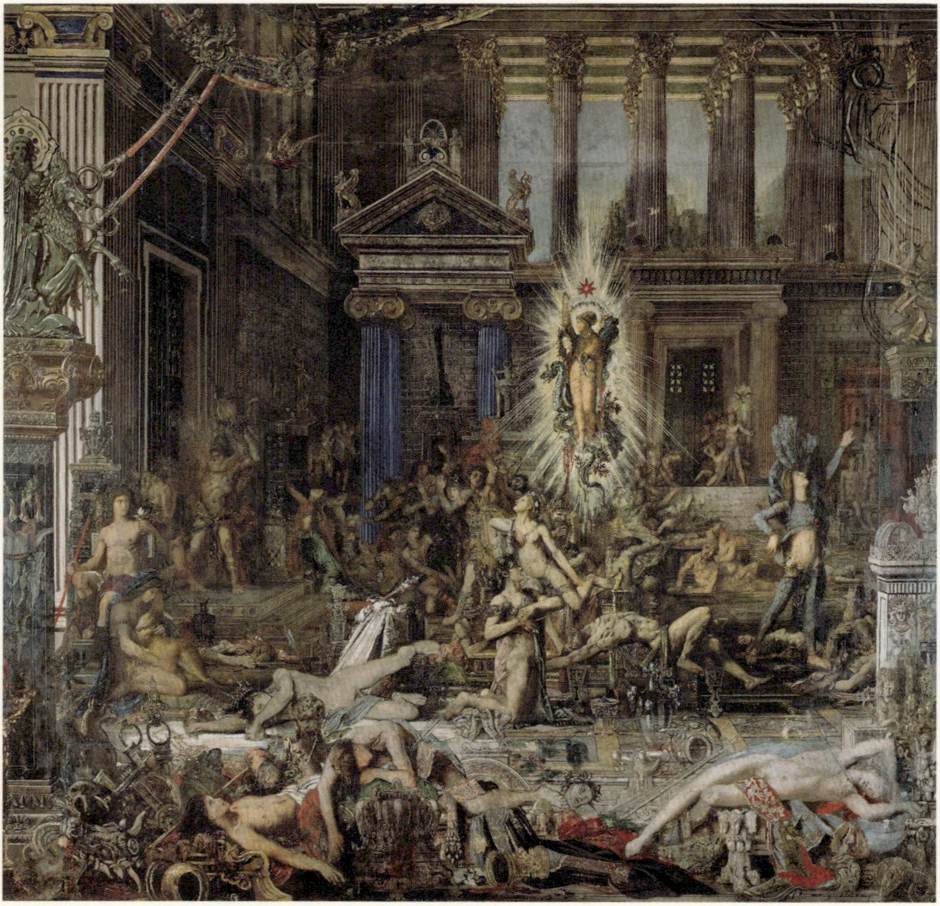

古斯塔夫·莫罗，
觊觎者，
1862—1898，
巴黎，
古斯塔夫·莫罗博物馆

于斯曼

《逆理而行》(1884)第五章

男子躬身，将圆盾放在餐间的松木地板上。圆盾摇摇晃晃，露出一只乌龟的蛇状脑袋，乌龟突然吓慌，缩回壳里。

这只乌龟是个怪玩意，在德冉特离开巴黎前一阵子攫住了他。那天，他在反射光下检视一张东方地毯，眼睛循着光线落在毯面李子紫和阿拉丁黄交织而成的网上，他突然想到，如果能在上面摆个深色东西来加强那些生动的色调，境界将会何其更进一层。

此念一生，他着魔似的，在街头茫然漫步，突然，他盯住他千思万想的东西。王室广场的一个橱窗，一个大盒子里是一只巨龟。他就买了下来。然后，他一坐半天，双目半闭，玩赏他要的效果。

龟壳的伊索匹亚黑和深黄褐色使毯子的反光完全黯然，而非为之增光。毯子主要的银光闪不起来，和强势的龟壳边缘相形之下，沦为死锌那种无精打采。

他啃着手指甲，研究一个方法来消除这些不谐，来调和如此断然的色调对立。最后他发现，他原初的灵感，亦即以某种深色之物来反衬毯子，从而使毯中的火感更加生动，根本错了。事实是，毯子太新，太俗艳，色彩不够柔驯。他必须将过程反过来，抑制那些色彩，用一个抢眼的东西作为对比，来熄灭那些色彩，这东西将会掩盖一切，投下一片金光到那苍白的银色上。这么说起来，问题比较好解决。因此，他决定为乌龟壳上一层金色。

乌龟刚从宝石匠那里归还，辉煌发亮，将毯子的色调反衬得轻柔一点，并且在毯上投下一种绝妙的反射，类似西哥特蛮族盾牌散发出来的辐射光。

起初德冉特陶醉于这种效果。然后他省思，这颗巨大的珠宝只是粗具轮廓，除非镶上珍罕的宝石，否则不算完整。

从一家日本店里，他选出一个设计，主题呈现一束花，束柄细细的，花束像纺锤。他拿去珠宝匠那儿，画个椭圆框子将花束围起，告诉一脸惊异的珠宝匠，每个花瓣、每一片叶子都要加上珠宝，镶在龟甲上。

他三思要选用哪些宝石。钻石太普通，因为如今每个商人都在小指上戴一颗。东方的祖母绿和红宝石没那么庸俗，但它们令人想到某些公共马车上那些红色绿色的信号灯。至于黄玉，不管亮色还是沉色，都是便宜石头，只有中产阶级女人喜欢在梳妆台上摆珠宝盒，才把这东西看成宝物。至于紫晶，虽然教会为它保存了既虚假严肃的性格，但它也被滥用在屠夫老婆们血红的耳朵和青筋暴凸的手上，她们用真实又沉重的宝石装饰自己，不必花大钱。众石之中，只有蓝宝石没有被商业主义玷污。在它明澈、冷冷的深处，它的火花似乎保障它羞涩又自尊的高贵气质不受污染。可惜，它清新的火在人造光线中不放光：蓝色后退，似乎睡着了，破晓才醒过来发亮。

德冉特对这些都不满意。它们太文明、太熟悉。他让更多惊人和奇异的宝石在指间滑过，最后才选中一些真实和人造宝石，合用应该会产生令人着迷的和谐。

他这样组构他的花束：叶子镶以绿色特别明显的珠宝；金绿玉配芦笋绿；橄榄石配韭葱；黄绿配橄榄绿。它们从铁铝和紫罗兰红的钙铬榴石做的枝丫悬挂下来，精光四射，像酒石云母从森林深处透出闪光。

花方面，和杆柄分开，从捆束中取出后，他使用蓝煤渣。但他放弃胸针和戒指常用的东方绿松石，这玩意和庸俗的珍珠和可厌的珊瑚一样，只有无足轻重之辈喜欢。他取用西方绿松石，严格而言，这只是内含铜质的化石象牙，其海蓝色被抑制，半透明、如硫磺，仿佛用胆汁浸黄似的。

下一步，他用带有病态和玻璃般闪光、狂热而锐利光线的透明宝石镶花瓣。

他完全用锡兰金鱼草、猫眼石和蓝玉髓来组构它们。

三种宝石射出神秘而邪门的闪烁，从它们的浊水深处解脱而出。

绿灰色金鱼草，同心圆纹脉，仿佛不断变动，随光线而异。

猫眼石，蓝波浮在它深处游动的乳色光泽上。

蓝玉髓，由死褐色、巧克力色的背景衬托，闪着泛蓝的磷火。

宝石匠记下宝石要镶入之处。“壳缘呢？”他问德冉特。

他起先想到蛋白石和水蛋白石；不过，这些石头，以其犹豫的颜色、避免光芒四射而引人兴趣，却太冥顽且不忠实；蛋白石有一种十分风湿病似的敏感；其光线随湿度、暖度或寒度而变化；水蛋白石则只在水中燃烧，只在潮湿时才肯点燃其余烬。

金碟，
年代不明（公元前 1 世纪至公元 9 世纪之间），
巴黎，
卢浮宫

最后，他决定采用反射有变化的矿物质。孔波斯特拉风信子，配桃花心木的红褐色；绿宝石，配粉绿；舒得马尼亚红宝石，配淡石板。它们微弱的闪光足以照亮龟壳的沉暗，保住那些花石的价值。它们以其隐约的火构成的苗条花环围住那些花石。

现在，德冉特欣赏伏在餐间角落的阴影里发亮的乌龟。

他快乐之至。目睹金底反衬着火般的花冠所放出的辉光，他眼中闪着愉悦。然后，他有饿意，这在他是罕见的事。他将抹了一层特殊奶油的吐司往茶杯里蘸，那是完美的西亚飞央司、牡丹、汗斯基混合茶。这些是特殊队商从中国带到俄罗斯的黄茶。

他用称为蛋壳瓷的中国瓷杯喝这香茶，杯子极轻而薄透。为了搭配这些绝世杯子，他使用微微镀金的纯银；银在已有龟裂的镀金底下隐约可见，这镀金给它一种老去、力竭、濒死的色调。

喝完茶，他回到书房，吩咐仆人将乌龟带过来，它硬是不动。

雪下着。就着桌灯的光，他看见泛蓝窗户上的冰纹，白霜则像融解的糖，在残余的点金瓶子里闪耀。

深沉的寂静包住低伏于阴影中的小屋。

德冉特如梦似幻。堆了圆木的壁炉发出木头燃烧的气味。他轻轻开窗。

像一件精致的黑鼬毛皮织锦似的，天空在面前升起，黑中缀饰着白。

一阵冰风刮过，加速了疯狂的飞雪，将颜色顺序反过来。

天空徽章似的织锦回来了，变成真正的白鼬，白中点黑，雪片中带着暗色斑点。

他关窗。从热暖到寒冬的突然过渡影响了他。

他挨近火蹲伏，想到需要喝点酒来提神。

他到餐间，那儿有个壁橱，里面有些小酒桶，彼此相依站在小小的白檀木架上。

这批桶子，他称之为他的口风琴。

一根杆子连着所有塞子，一举手，所有塞子尽入控制。安上杆子，他只按一个藏在木头里的钮子，所有盖子即同时打开，倒满摆在底下的杯子。

口风琴现在开了。贴了长笛、法国号、天籁标签的栓子拉出，准备就位。德冉特这里那里啜一口，享受那些内在的交响曲，他喉咙里的悸动类似音乐给耳朵的感受。

依照他的想法，每种烈酒对应一种乐器的声音。例如，不带甜味的柑桂酒是音色微酸而柔醇的双簧管；荷兰芹酒是声音嘹亮而带鼻音的单簧管；薄荷与茴香酒是长笛，兼具糖味和椒味，能呜咽也能甜美；樱桃酒有小喇叭的昂扬；琴酒和威士忌以伸缩喇叭和短号的刺耳叫声灼烧味觉；白兰地以大号令人耳聋的喧哗冲锋；铙钹的雷响和奋然敲打的鼓则是隆隆滚进嘴巴。

他想，这比拟可以继续，弦乐四重奏也和味觉相应，小提琴是陈年白兰地，细致、劲利又脆弱；次中音小提琴是朗姆酒，更大声而洪亮；大提琴是沁人肺腑而余音袅袅的果子酒，忧郁而抚慰心灵；低音大提琴是饱满、扎实而深沉的苦啤酒。要成立五重奏的话，还可以加上充满活力的第五种乐器，竖琴，也就是音符如银铃般超脱而尖细的莳萝。

这比拟再度延续。烈酒音乐里有音调关系；例如，有些酒精在商业的乐谱里称为绿查尔特酒，而本笃酒代表那些酒精大调的小调。

建立了这些原则，又经过许多实验，他开始享受他舌头上的无声旋律，无声的葬礼进行曲，听见他嘴里的薄荷独唱、果子酒和朗姆酒二重唱。

他甚至将真实的音乐作品转移到他的味觉里，他步步跟着作曲家，以酒的合并或对比、以巧妙的混合，实现作曲家的思想、效果、韵味。

其他时候，他自己作旋律，用黑醋栗的淡味而在他喉咙里唤起夜莺颤鸣作田园歌曲；用温柔的朱华可可（chouva cocoa），这种可可会唱“艾丝黛之恋”和“啊！妈妈，我该不该告诉你呢”之类的老歌。

可是今夜德冉特没心情听这音乐，只在他风琴的键盘上响起一个音符，方法是喝一小杯地道的爱尔兰威士忌。

王尔德

《道连·格雷的画像》(1890)第十一章

他曾研究珠宝，在一次化装舞会里穿一件镶五百六十颗珠宝的衣服，现身为法国海军上将安尼·德·乔伊斯。他爱好此道好些年，可以说永远乐此不疲。他经常在珠宝箱里整理又整理他收藏的珠宝，例如带橄榄绿而在灯光下变红的金绿宝石，有银丝纹的猫眼石，阿月浑子色的橄榄石，玫瑰—粉红和葡萄酒—黄的黄玉，火般深红而带着四芒星的红榴石，火红的月桂石，橘色和紫色的尖晶石，以及红宝石和蓝宝石层相间的紫晶。

他爱太阳石的红金色，月石的珍珠白，乳色蛋白石的分散彩虹。他从阿姆斯特丹买到三颗特大且色彩丰富非凡的祖母绿，他还拥有一颗行家无不称羡的老松石。

他也发现关于宝石的美妙故事。阿丰索的《教士训练学校》提到一条眼睛是真实紫玛瑙的蛇，在亚历山大的浪漫历史里，伊马西亚的征服者据说在约旦山谷中找到“背部长着真实祖母绿圈子”的蛇。菲洛斯特拉特斯说，龙脑中有一颗宝石，而且“祭出黄金字母和一件深红袍子”，就能使怪物陷入魔睡而杀之。伟大的炼金士皮耶·德·邦尼法斯说，钻石能使人隐形，印度玛瑙使人雄辩。红玉息怒，风信子助眠，紫晶消酒气。柘榴石驱魔，天牛使月亮失色。月光石与月盈亏，美罗西亚斯（meloceus）能发现窃贼，只能受童血影响。里奥纳德斯·卡米勒斯看过一颗从新杀死的蟾蜍脑中取出的白石，解毒百试不爽。牛黄见于阿拉伯鹿的心脏，能治瘟疫。阿拉伯鸟类巢发现的阿斯丕雷石，根据德谟克利特之说，佩之能免一切火厄。

在加冕典礼中，塞伦国王手持巨大红宝石巡行全城。传道者约翰宫殿的门是“肉红玉髓做的，里面镶有角蛇的角，能防任何人将毒带进宫”。其角楼上有“两颗金苹果，苹果内有两颗红玉”，白天金发亮，夜间红玉发光。在洛奇的传奇《美国的马格莉特》说，女王的御寝里可以看见“世上所有贞女，银雕而成，在照橄榄石、红玉、蓝宝石、祖母绿所制之镜”。马可·波罗在日本国看见居民将玫瑰色的珍珠放到死者嘴里。一个海怪爱上潜水夫带给卑路斯王的珍珠，杀了那个贼，为它的损失哀悼七个月。普洛可比乌斯说，卑路斯误入匈奴陷阱时，将那颗珍珠扔掉，该珠从此不见，尽管皇帝阿纳斯塔西乌悬赏数百担金币寻找。马拉巴王曾向某威尼斯人出示一串以三百零四颗珍珠构成的玫瑰念珠，每珠代表他崇拜的一个神。

布兰托姆说，亚历山大六世之子瓦伦提诺瓦斯公爵访问法国的路易十二时，他的坐骑满载金叶，他的帽子有双排红宝石，光焰夺目。英格兰的查理的马镫挂着四百二十一颗钻石。理查二世有一件缀满巴拉斯红宝石，价值三万马克的大衣。霍尔说，亨利八世加冕前，在前往伦敦塔途中身穿“一件镶黄金的外套，短上布绣上钻石等等宝石，脖子上挂的大绶带镶着大颗巴拉石红宝石”。詹姆斯一世的宠臣戴以金丝细工镶嵌的耳环。爱德华二世给皮尔斯·加维斯顿一件甲胄，镶着紫玛瑙，金玫瑰领镶玳瑁，帽子撒满珍珠。亨利二世戴直达肘部的珠宝手套，有一个驯鹰手套缝了十二颗红宝石和五十二颗光泽特佳的珍珠。莽夫查理，也就是最后一个勃艮第公爵，其公爵帽垂着梨形珍珠，镶蓝宝石。

古斯塔夫·莫罗，
朱庇特和塞墨勒，
1895，
巴黎，
克斯塔夫·莫罗博物馆

古斯塔夫·克里姆特，
阿黛尔·布洛赫—鲍尔，一号，
1907，
纽约，
新画廊

GUSTAV KLIMT

Linn. S. N. p. 591. n. 36.
Elongata
Ins. Tom. 5. p. 134
Leptura Tabacicolor
Ins. T. 5. p. 139

第十二章

奇珍柜、百宝箱

收藏的历史走到某一点，出现了一个停顿。从文艺复兴时代开始，奇事异物不再是来自遥远殊方异域之物（至少从15世纪末开始，原来遥远的殊方异域渐渐成为现实，而不再是传奇）、令人好奇的东西、圣徒的遗物，而是人类身体的奇异表现，以及人类身体到那时候仍然是人所不知的奥秘之处。在这个世俗的、科学观点的架构之内，人类对奇事异物的品位发生了变化。首先，他们认为奇事异物是某种非常事件的预兆。在这方面，里科斯提尼斯（Conrad Lycosthenes）1557年问世的那本《异象奇兆志》（*Prodigiorum ac ostentorum chronicon*），至今仍是极有名的例子。不过，接下来，人把奇事异物视为科学好奇心的对象，或者，是前科学的好奇心。这时候，开始有物理的谈法，虽然那时候的“物理”观念仍然是怪异的。耶稣会士肖特（Caspar Schott）在1662年出版一本大书（全书1600页，附上无数木刻版画插图），书名叫《对自然的好奇心》（*Physica Curiosa*），书中描述当时所知一切自然界荒怪事物。内文只是偶尔触及大象、长颈鹿之类殊方异域的动物，作者比较感兴趣的是自然界里的畸形生物，以及航海的水手或旅人从一段距离开外看见的某些生物，那些水手和旅人听过或读过传奇怪物的故事，将记忆加在他们从远距离看见的这些生物上，发觉它们类似动物寓言故事里的怪物。结果，十分正常的儒艮被误传为美人鱼。

这方面的书很多，我们可以提几本，包括巴雷（Ambroise Paré）的《怪物与异象》（*Des monstres et prodiges*, 1573），格斯纳（Conrad Gessner）的《动物史》（*Historium animalium*, 1551—1558），阿多洛凡迪（Ulisse Aldrovandi）的《怪物志》（*Monstrorum historia*, 1642），

大耳人，
取自康拉德・里科斯提尼斯《异象奇兆志》，
1557

主教鱼，
取自康拉德・里科斯提尼斯《异象奇兆志》，
1557

鹤头人，
取自康拉德・里科斯提尼斯《异象奇兆志》，
1557

约拿与鲸鱼，
取自康拉德・里科斯提尼斯《异象奇兆志》，
1557

琼斯顿（John Johnston）的《自然史》（*Historia naturalis*, 1653），以及利切蒂（Fortunato Liceti）的《怪物》（*De monstris*, 1665）。这几位作者虽然未免耽溺于呈现怪物，但今日他们对生物科学的发展带来非常根本的贡献。

这些著作里有数不尽的插图，可以说是一份份清单，罗列着各色各样出乎寻常的事物。它们相当于现实世界里的Wunderkammer，也就是奇珍柜或百宝箱，也就是我们今天的自然历史博物馆的前身。有人想办法依照某种系统，收集他们认为我们应该知道的所有东西，或者收集看起来非比寻常或闻所未闻的东西，包括填充的鳄鱼之类怪异或令人惊诧的物事，这类物事通常高高挂在楔石上，威临整个房间。在许多这类收藏里，例如俄国的彼得大帝在圣彼得堡的收藏，都有一些畸形的胎儿，细心浸在酒精里保存，佛罗伦萨的天文博物馆（Museo della Specola）则收藏一批蜡像，做的是解剖学上的珍奇东西，全是超现实的杰作，把人体的五脏六腑掏出来摊着，一览无遗，像一首色彩交响曲，从粉红、深红，到肠胃、肝脏、肺脏、胃和脾脏的各种褐色，应有尽有。

这些Wunderkammer，留下来的大都是目录般的图像呈现，或者是蚀刻版画。有时候，是好几百个细细小小的架子，上面摆着石头、壳类、奇异动物的骨架，有时候则是动物标本剥制师的杰作，这些师傅很巧妙，有本事做出世上根本不存在的动物。有时候，则是一些橱柜，这些橱柜有点像微型博物馆，里面一格一格，一层一层，上头摆的东西由于脱离了它们本来的背景脉络，好像在述说一些不成什么意义或者内容拉杂矛盾的故事。

从德塞丕布斯（de Sepibus）整理的目录《著名博物馆》（*Museum Celeberrimum*, 1678），或者波南尼（Bonanni）整理的目录《基尔赫博物馆》（*Museum Kircherianum*, 1709），我们知道，基尔赫在罗马学院（Collegio Romano）的收藏，主要内容是古代的雕像、异教的崇拜物件、护身符、中国玩偶、许愿桌、刻有梵天五十个化身的两块书版、罗马的坟墓碑文、灯笼、戒指、印章、带扣、手镯、砝码、铃子、自然力量在其表面上造成奇特形象的石头和化石，以及来自世上各个不同地方的异国风味物件，有巴西土著使用的带子，上面装饰着被吃掉的牺牲品的牙齿，远方的鸟类，其他填充动物，来自马拉

欧勒·沃尔姆的奇物室，
《沃尔姆博物馆》卷首插图，
雷底尼，1665

巴（Malabar）、用棕榈叶做的书，土耳其工艺品，中国的天平，野蛮部落的武器，印度水果，一只埃及木乃伊的脚，四十天到七个月大的胎儿，老鹰、戴胜、喜鹊、鸫鸟、巴西猴子、猫、鼠、鼹鼠、豪猪、青蛙、变色龙、鲨鱼的骨架，以及海洋植物、海豹的牙齿，一只鳄鱼，一只犰狳，一只狼蛛，一个河马头，一只犀牛角，一只长相如怪物般的狗，用一个装了香脂溶液的瓶子保存，巨人的骨头，乐器和数学仪器，恒动不止的实验装置计划，依照阿基米德与亚历山大的海伦（Heron of Alexandria）所造机械而构想的自动装置和其他设备，耳蜗，一种八角形的反射装置，这装置复制一个小小的象的模型，作用是“令人想象一群从整个亚洲和非洲收集来的象群”，水力机械，望远镜，显微镜，用显微镜观察的昆虫，球体，图形的经纬仪，星盘，球体投影图，日晷式、水力式、机械式、磁石式的钟，透镜，沙漏计时器，测量温度和湿度的仪器，各种各样的绘画和景象，呈现高山绝

参观药剂师富兰提·因普拉托的自然史博物馆，
1599，
米兰，
私人收藏

崖、山谷里蜿蜒的河道、林木茂密的迷宫式环境、白沫翻飞的海浪、漩涡、山岭、建筑上的各种透视，废墟，古代的巨大建筑，战役，大屠杀，决斗，凯旋场面，宫殿，《圣经》记载的神秘事迹，以及神像。

奇事异物室里的收藏，有一种令人叫绝的兼容并蓄，至于其用意，则是为了象征一种全盘科学知识的梦想，在《新亚特兰蒂斯》（*New Atlantis*）里，**培根**（Francis Bacon）对这样的全盘知识曾有乌托邦般的刻画：只有一个差别，那就是，他的奇迹之家，收集的不是从自然界发现的东西，而是人类智巧能力的产品，在他那个时代，人类已用那些智巧制服、修改了大自然。

富兰斯·富兰肯二世，
艺术和古董收藏，
约 1636，
维也纳，
艺术史博物馆，画廊

圆屋，
芭敏特姊妹的收藏，
18 世纪

页 208 – 209：
多美尼科·蓝普斯，
奇物柜，
17 世纪，
佛罗伦萨，
宝石博物馆与作坊

马克・狄安与罗柏・威廉斯，
世界剧场：奇物柜，
2001，
剑桥，
剑桥大学，耶稣学院礼拜堂，
© Mark Dion & Robert Williams, 2001

页 211：
安德烈・布勒东，
撕裂的长袜，
1941，
纽约，
皮耶・马蒂斯艺廊公司

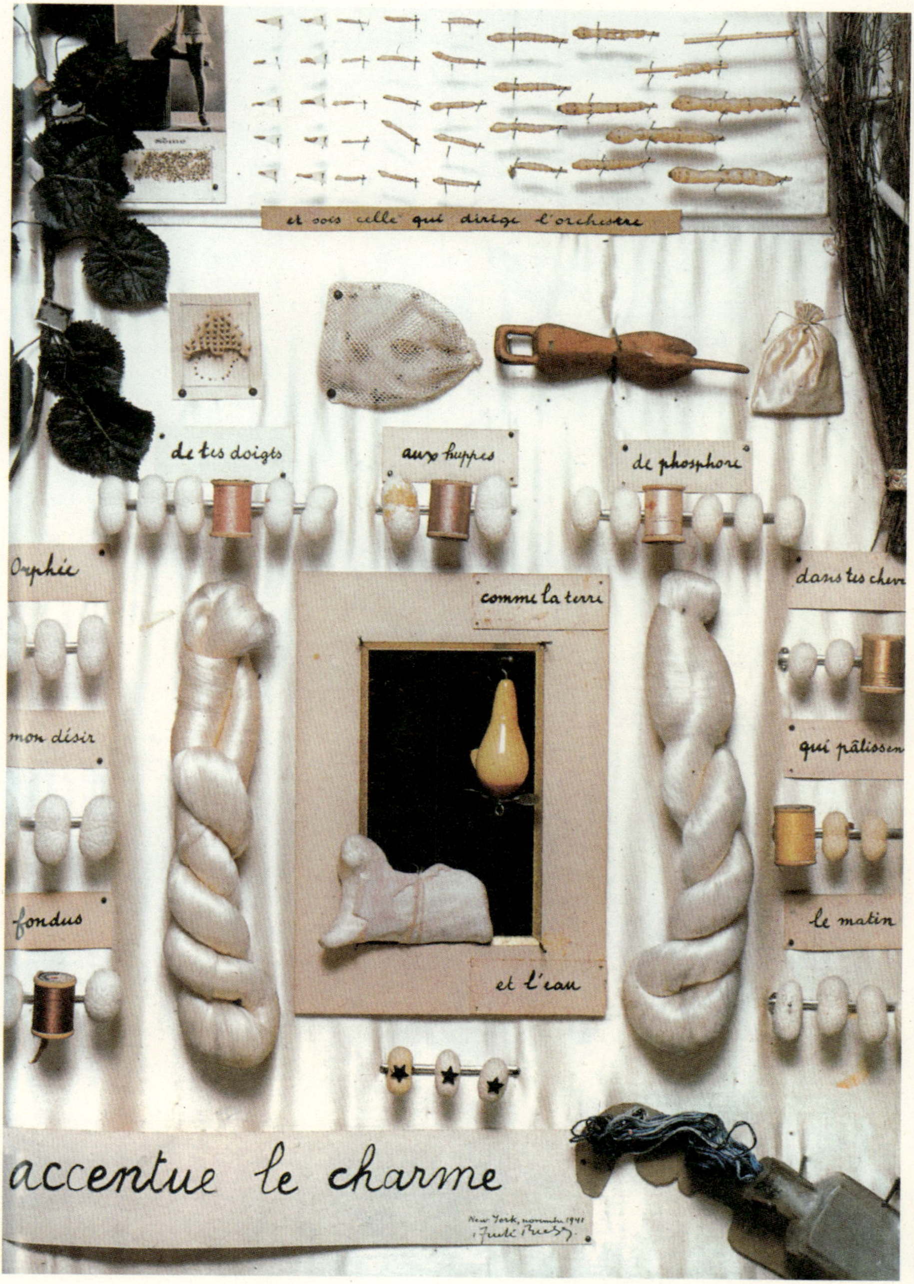
et sois celle qui dirige l'orchestre
de tes doigts
aux huppes
de phosphore
Orphée
comme la terre
dans tes chev
mon désir
qui pâlissen
fondus
le matin
et l'eau
accentue le charme

弗朗西斯·培根

《新亚特兰蒂斯》(1627)

我们创建的目的是要得知万物之因和事物运动的奥秘,以及扩大人类帝国的范围,实现一切可能之事。

我们的准备和工具如下:

……

我们有分配所,或医药店,你一想即知,我们的植物和生物种类如果比你们欧洲多(我们知道你们有什么),那我们必定也有更多种类的药草、药和医药成分。我们还有各种年数的植物和生物,以及长期的发酵。调制方面,我们不但有种种精细的蒸馏和分离(尤其是用温和的热度),和各样过滤器的过滤,各种精髓,还有精确的合成形态,它们彼此融合成近乎是天然药草。

我们有你们没有的种种机械技术;这些技术所做的东西,像纸、亚麻布、丝、纺织品、细致而光泽美妙的羽毛成品、极佳的染料,许许多多其他东西,以及店铺,有通俗的,也有不通俗的。上面所列举的东西,许多在全国各地都找得到。即使不是我们发明的物品,我们也有其样式并知道原理。

我们也有种类繁多的炉子,产生种类繁多的热度;既猛又快的、强烈而持续的、温而轻的、爆响的、安静的、干的、湿的,等等。最重要的是我们模仿太阳和天体的各种热,传出各种不均等的热,像魔法球、前进和重返,我们由此产生绝佳效果。此外,我们有牲畜的粪产生的热,生物的肚子和胃产生的热,和它们的血和身体,以及潮湿的草料与香料,还有生石灰等等。也有利用运动生热的工具,更有高度隔热的处所。还有,在地底下有些地方可以自然或人工方式生热。我们以自然的方式生产运作这种种所需的热能。

我们还有透视屋,我们在那里展示所有颜色的光和放射;而且,用没有颜色和透明的东西,

我们呈现各种颜色,不是宝石和棱镜那样的彩虹颜色,而是单色。我们还能增光,投到很远距离,并且锐利到照出小点和细线。还有种种光彩:所有视觉上的错觉和迷惑,无论是形状、强度、动态还是颜色方面;所有阴影的表现。我们找到你们还不知道的方法来用各种物体发光。我们有方法看到远处的物体,像天上和远地之物;以及将近处之物呈现成远处,远处之物呈现成近处;制造假距离。我们有远超过眼镜和玻璃的东西协助;我们有镜子和其他工具来看细小的物体,一清二楚;像小蝇和小虫、谷粒的形状和颜色,宝石的缺陷,以及对尿液和血液的观察。我们做人造彩虹、光晕和光圈。我们呈现各种反射、折射和种种光线。

页 214—215:
时光博物馆主厅,
欧札诺·塔洛,
艾托雷·瓜泰里博物馆

我们有所有种类的宝石，许多极美，而且是你们不知道的，像水晶，和种种玻璃；有些是金属和其他材料玻璃化，都不是你们用来做玻璃的材料。还有化石和不完全的矿物，都是你们没有的。又有力量奇大的磁石和其他天然和人造的珍石。

我们又有声屋，可供练习和表演所有声音及其产生。我们有你们没有的和声，我们有四分之一音的和声。各种你们不知道的乐器，有些声音比你们的甜美；细致又甜美的钟和铃。我们将小声呈现成大而深，大声呈现为轻而尖；我们做各种颤音，和声音的鸣啭。我们呈现并模仿所有声音和字母，以及鸟兽的叫声和音符。我们有些器具，放在耳朵上，大大增加听力；我们有种种奇异和人造的回声，使声音重现许多次，好像把声音搅拌似的；有些回声比原声大，有些变尖锐，有些变深沉；有些将收到的声音变成不同的字母和清晰度。我们有种种方法来用箱子和管子传声，传到奇怪的方向和距离。

我们有香水屋，我们在那里练习味道。我们增加乍闻奇怪的气味：我们模仿气味，使各种气味从各种混合里发出来。我们也模仿各种味道，能骗过任何人的味觉。香水屋里有果酱屋，做所有甜肉，干的湿的都有，和种种可口的酒、奶、汤、沙拉，种类远多于你们。

我们有引擎屋，供应种种运动所需的引擎和器具。我们模仿并且练习产生比你们快的运动，不管是你们的毛瑟枪还是其他任何引擎；我们并且更容易、以微少之力制造和增加它们，用轮子或其他方法，并且使之比你们的更坚实更有力，超过你们最大的大炮和蛇怪。我们还有一切种类的战争武器、工具和引擎；以及火药的各种新式混合和成分，水里燃烧而不熄灭的野火，和种种供娱乐和实用的烟火。我们模仿鸟飞；我们有空中飞行的学位。我们有潜水的大船和小船，和游泳用的腰带和支撑物。我们有各种奇异的钟，以及其他会重返的运动和恒动之物。我们模仿人、野兽、鸟、鱼、蛇等生物的运动；我们还有其他各种运动，其相等、细致和微妙都令人称奇。

我们还有一栋数学屋，里面有一切工具，以及几何和占星术的工具，都构造精巧。

我们又有错觉之屋，里面有各种杂技、幻象、欺诳、幻觉和谬误。你当然不难相信，我们有这么多真正天成、令人佩服的东西，我们如果想伪装那些东西，并且花工夫使它们更神奇，自然就有办法蒙骗感官。但我们真的讨厌欺诳和谎言，我们严格禁止我们的同胞有此行为，违者受羞辱或缴罚金，因此他们不会把自然的事物变成充满装饰或夸大，他们只会呈现事物的纯粹原貌，没有做作的奇异。

孩子，这就是所罗门之家的财富。

第十三章

属性清单与本质清单

在前面，我们看过一些清单，那些清单列举的是无法表达的数量（例如特洛伊城前面的战士的数目，上帝前面的天使的数目，一所博物馆收藏的绘画作品的数目，宇宙里的地方的数目）。不过，经常有人观察到，有的清单列举的可能是同样一个对象具有的无限属性。这么说来，形式和清单之间的对立，指涉了两种知道事物和界定事物的方式。

古希腊时代以降，每一位哲学家、每一门科学的梦想就是根据本质来识知和界定事物，而且，自从亚里士多德以来，依照本质来下定义的意思是，将一个东西界定为某个种里的个体，并且将此“种”界定为某“属”的一个成分。我们不必涉入逻辑上的细腻讲究，只举一例：将一个人界定为“没有羽毛的两足动物”，意思是将他视为更大的两足动物属里一个特定的种（没有羽毛），两足动物属则是“动物”属的一个种，动物属又是“生物”属的一个种。同理，将人界定为“理性、生命有时而尽的动物”，意思是将他视为生命有时而尽的动物（其成员包括驴和马）的一种，生命有时而尽的动物则是生物的一种[1]。

其实，这也就是现代动植物分类学为老虎或鸭嘴兽下定义时依循的程序。当然，纲和亚纲的系统是更为复杂的，因此，老虎归为 Felis Tigris 种，猫（Felis）属，猫（Felids）科，裂足（Fissipedia）亚目，食肉（Carnivora）目，胎盘（Placentalia）亚纲，哺乳动物纲；鸭嘴兽则归为单孔目哺乳动物。

不过，打从人类发现鸭嘴兽开始，过了八十年，才将鸭嘴兽定义为单孔目哺乳动物；在那八十年里，科学界拿捏不定归类的依据，以

尼古拉斯·德·拉吉利埃，
手的习作，
1715，
巴黎，
卢浮宫

及要将这东西归为什么，因此，在有了决定以前，这东西一直令人不安，它身体像鼹鼠一般大小，眼睛小小的，前肢各有四个钩爪，由薄膜般的蹼连接，这里的蹼比连接后肢那些钩爪的蹼要大，这东西还有尾巴，嘴是鸭子的喙，爪子用来游泳、挖地道，它会生蛋，乳腺分泌乳汁，用来喂养孩子。

以上这段描述，不折不扣就是一个科学本行以外的人观察这种动物时会说的话。有一点值得在这里提出来：经由这份属性清单所构成的（不完整）描述，一个人还是能够分辨鸭嘴兽是鸭嘴兽，公牛是公牛。反过来看，你如果说“这只动物是单孔目哺乳动物”，那么，无论谁假使碰到这么一只动物，都不可能知道它是鸭嘴兽。

从另一方面而言，一个小孩子问妈妈，老虎是什么，老虎长相怎么样，她也不可能回答说，老虎是属于胎盘亚纲的哺乳动物，或者说，老虎是裂足亚目食肉动物。她大概会说，老虎是一种凶猛的野兽，模样和猫相似，但身材比猫要大，行动非常敏捷，毛是橘色的，有黑色条纹，住在森林里，偶尔会吃人，等等。这是很有用的描述，你看了这动物，会知道是老虎，必要的时候还懂得避开为妙。

我们手边没有依照本质所下的定义，或者，对依照本质所下定义不满意的时候，会使用依照属性所下的定义；因此，这样的定义既适用于一个仍然有待建构一套属、种系统的原始文化，也适用于一个对一切既有定义都加以怀疑的成熟文化（甚至可能是处于危机之中的文化）。

根据亚里士多德的说法，依照属性所下的定义是巧合或偶然的定义。根据本质而下定义，则考虑的是实质，而且我们推定我们知道是哪些实质，以及这些实质有多少（例如：活的、动物、植物）。依照属性来下定义，则将每一个可能的巧合纳入考虑。以“老虎”的定义为例，其定义不但必须能够说它是四足动物，模样像一只大猫，身上有条纹，还必须能够说，有一只名叫谢利（Shere Khan）的老虎，是吉卜林（Kipling）作品《丛林故事》（*The Jungle Book*）主角毛克利（Mowgli）的大敌，以及孟加拉虎和中国虎有异、印度虎和马来虎有别（甚至可以说，尼禄［Nero］时代某天某日，罗马竞技场［Coliseum］里有一只老虎，以及 1846 年 5 月 24 日有一只老虎被英国陆军少校弗格森杀掉，等等）。

恩斯特·海克尔，
海鞘，石版画，85 号，
《自然界的艺术形式》，1899

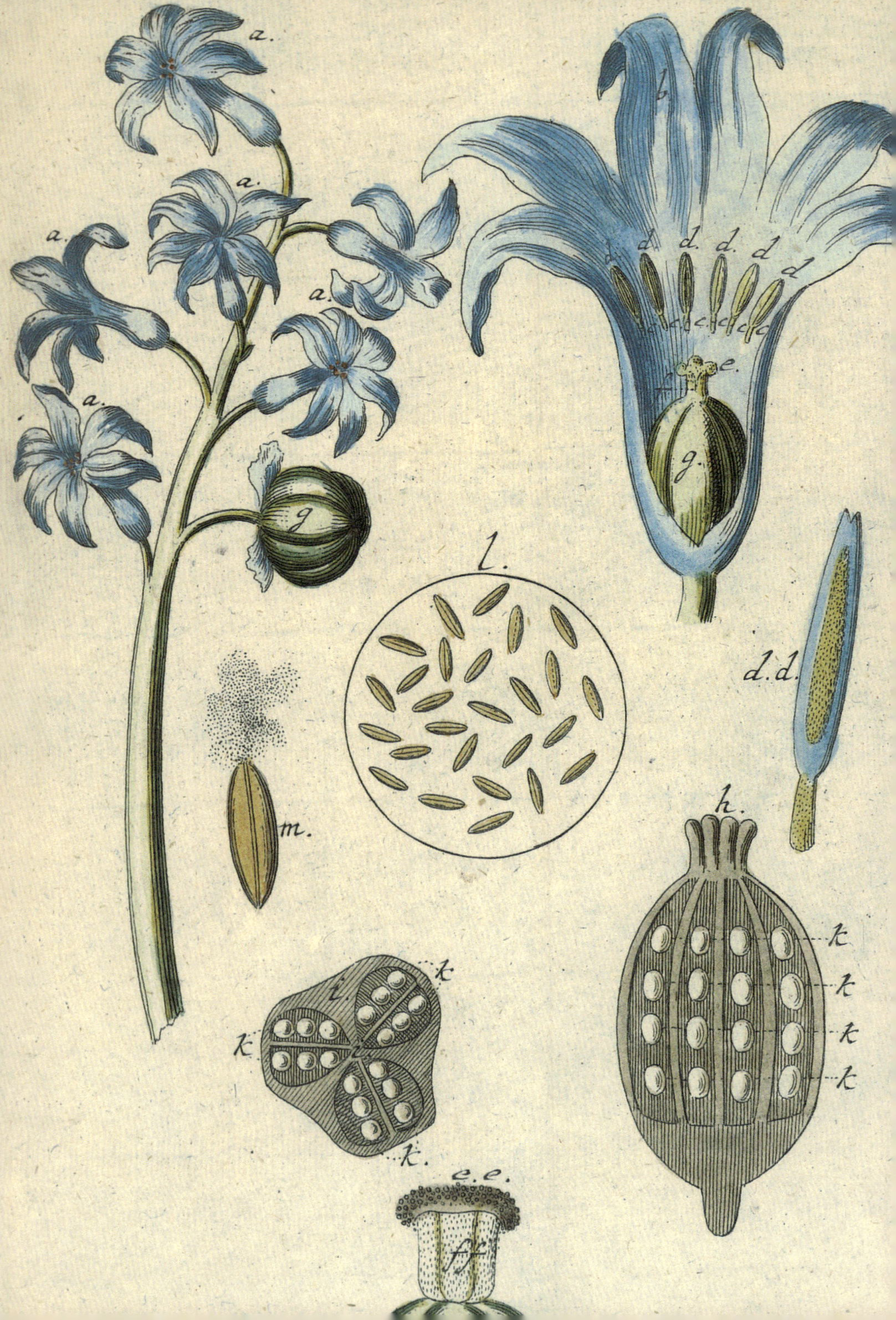
a.
a.
a.
a.
a.
b
d. d. d. d d
e.
g.
g
l.
d.d.
m.
h.
k
k
k
k
k
k
k
i
e.e.
f.f.

事实是，我们很少根据本质来下定义，我们比较经常开的是属性清单。此所以，所有清单，只要是以无限的属性系列来界定一件事物，即使那系列长得令人看了头晕目眩，这样的清单都似乎比较接近我们在日常生活中（而不是在科学系所里）界定和认识事物的方式。

当然，属性的清单也可能带有对一件事物加以评价的意思。我们在前面已经提过《以西结书》里对推罗的赞扬，这里不妨加上**莎士比亚**戏剧《理查二世》（*Richard II*）里对英格兰的赞美。

带有评价意味的属性清单，有个典型的例子是 laudatio puellae，也就是说，细数美丽女子的佳处，一一加以赞扬（最高贵的例子是《圣经》中所罗门的**《雅歌》**）。不过，我们在现代作者如**达里奥**（Ruben Dario）的作品里也看到这样的写法。他的《阿根廷之歌》（*Canto a la Argentina*）不折不扣是好几份灵感勃发的惠特曼式赞美词清单。

相对于称赞美女，我们看到 vituperatio puellae（或 dominae），也就是细数貌丑女子的丑处，一一加以挑剔，例如**马罗**（Marot）之作，或**伯顿**（Burton）之作，另外就是丑男的自我描述，例如**侯斯坦**（Rostand）数落西哈诺（Cyrano）鼻子的那段著名文字。

蓝风信子的花粉，
马丁·福洛贝尼·雷德穆勒
《显微镜的乐趣》第 22 号图版，
纽伦堡，1764

[1] 人类由于某种特定的差异（specific difference），使他作为一种理性动物而有异于其他非理性动物，这差异何在，是一个古老的问题，我们不打算在这里深入处理。关于这一点，请参考我的著作《符号学与语言哲学》（*Semiotics and the Philosophy of Language*, Bloomington, Indiana University Press and London, Macmillan 1984, chap. 2）。关于鸭嘴兽，请参考我的著作《康德和鸭嘴兽》（*Kant and the Platypus*, New York, Harcourt and London, Secker & Warburg, 1999）。

莎士比亚

《理查二世》(约 1595)
第二幕第二景

伦敦。伊里一个房间。

甘特在卧榻上;约克公爵,
诺森柏兰伯爵等人。

……
甘特。
……
这个国王的宝座,这沐浴王恩之岛,
这壮丽的河山,这战神的大本营,
这个新伊甸园,下界的天国;
造化为她自己建来抵挡疾病和
战争之害的堡垒,
这幸福的族类,这个小小世界,
这枚酿在碧海中的宝石,
大海对它有如围墙,又像
护卫宫城的壕沟,防范没有
这么幸运的国家妒忌来犯,
这块福地,这国庆,这片大地,这英格兰,
这保姆,生出历代名君的丰沃子宫,
因其种而为世所畏,因其出身而
为世所知,以事迹,
以侍奉基督教,以真正的骑士精神
名传遐迩,就像万福马利亚之子
救赎世界,这亲爱灵魂的
国度,这亲亲爱爱的国度,
这名传举世的亲爱国度,现在
出租了,像一间房屋或一口薄田:
英格兰,壮阔波涛围绕的,
其岩岸击退海神来者不善的围攻,
如今困陷于取辱,英格兰,
向来征服他人,
现在可耻征服了自己
啊,但愿这丑事与我俱终,
这样,我死将是何等快事!

雅歌

《圣经》

看,你是美丽的,我的爱;看,你
是美丽的;你的眼睛在你长发内
好像鸽子眼:你的头发像
基列山的山羊群。
你的牙齿如剪毛均匀,
洗净而上来的一群羊;
它们只只生双胞胎,
没有一只是不孕的。
你的嘴唇像一条朱红线,
你的言语雅美:你的太阳穴
在你长发内如一片石榴。
你的脖子像大卫为武库建造的塔,
上挂千张盾牌,都是勇士之盾。
你的两乳像在百合花间吃草的
双生小鹿。
我要去没药山和乳香冈,
直到破晓,
阴影逃走。
你全然美丽,我的爱;
你全无瑕疵。
……
你的爱多美,我的妹子,我的新妇!
你的爱比酒多美!你的膏油的气味
胜过一切香料!
你的嘴唇,我的新妇,如同
蜂房滴蜜:你的舌下
有蜜和奶;你衣服的香气
像黎巴嫩的香气。
我妹子,我新妇是围起的花园;
闭起的井,封上的泉。
你种的是石榴,结了美果;
指甲花和甘松,
甘松和番红花;菖蒲和月桂,
及各种乳香木;没药
和沉香,和所有上好香料:
花园之泉,活水之井,
从黎巴嫩流来溪水。
……

我的爱,你美丽如得萨,
佳美如耶路撒冷,可畏如
旌旗飘扬的大军。
请你将眼睛从我身上转开,因为
它们令我惶乱:你的头发如同
基列山的羊群。
你的牙齿像如同一群
洗净了上来的羊,每一只
都生双胞胎,没有一只不孕。
你的太阳穴在你的长发里
像一片石榴。
……
那如同晨光般往外望,
美丽如月亮、清澈如太阳、可畏
如旌旗飘扬的大军的是谁呢?
……
你的脚在鞋子里何其美丽啊,
王女!你的大腿如珠宝,
是巧匠之手的杰作。
你的肚脐如圆杯,不缺
美酒:你的腰像一堆麦子
和百合花并列相映。
你的两乳像
一对双生的小鹿。你的脖子
像象牙塔;你的眼睛像希斯本的
鱼池,在巴斯拉宾大门边,你的
鼻子像黎巴嫩塔,
朝向大马士革。
你的头在你身上像迦密山,
你头上的发是紫色;王的心
被发绺系缚。
你多么美好,多么,我的爱,
令人欢畅!
你的身量如同棕榈树,
你的两乳如同累累葡萄。
我说,我要上这株棕榈树,
我要抓住枝丫:你的两乳
也就是累累的葡萄,你的鼻息
就像苹果。

鲁文·达里奥

阿根廷之歌（1914）

我歌颂女人的
美和丰姿。就如，
以独绝的功夫，
高明的园丁运用
削利和接枝、
异花受粉和混种的
质朴技术
创造前所未见的玫瑰、
菊花和风信子，
罕见的芳香和花容、
灿烂的花瓣，
明丽的颜色和形状。
同样地，阿根廷人
以不同的生命之血创造，
是一朵明灿、鲜活的花——
发亮、芳香、高挺。
维也纳华尔兹，
西班牙黑眼睛，
意大利女妖
浓密、卷曲的黑睫毛；
英格兰的皮肤，
白如百合花，
一个女王泛红、
天使般的脸；
她的飘逸优雅
风靡巴黎，
她的明澈芬芳
出自这块土地的心。
从各种魅力萃取的精华，
各种本质和力量的融合，
北欧的黄金、大理石台阶，
珍珠和鸢尾花的结合，
雕刻的音乐，
最具魅力的苦难的灵见，
丰厚、绝妙的幻觉，
抚慰一切的甜蜜
或销蚀一切的激情，
狮子般的情人或危险的敌人——
这就是生长于斯的维纳斯。

克莱芒·马罗

丑小奶子赞（1535）

小奶子，只有一层皮，
薄巴巴的旗子软趴趴飘着，
大奶子，长奶子，
扁奶子，面包似的奶子，
乳头尖尖的奶子，
像漏斗尖，
一动就颤来晃去，
哪用人推……
奶子，抚玩你的人知道
他难以自拔。
烘烤过的奶子，垂挂的奶子，
皱缩的奶子，迸出
泥巴而非乳汁的奶子。
魔鬼召你去地狱之家，
去哺喂他女儿。
要像一条老式披肩般
甩到肩后的奶子，
男人瞥见你，觉得
必须戴手套才能摸你，
以免脏了手。而且他们
用你，奶子，
拍腋下长了你的那个她的
丑鼻子。

罗伯特·伯顿

《忧郁的解剖》（1621）卷三

常言道，爱是盲目的，丘比特盲目，所有跟随他的人也是。人爱上一只青蛙，就以为那青蛙是黛安娜（Quisquis amat ranam, ranam putat esse Dianam）。每个情郎都悦慕他的情人，虽然她非常畸形、长相不讨喜、满脸皱纹、长满面疱、面无血色、太红、黄色、晒得黝黑、肥脸、大盘脸，或者脸薄、瘦、幼稚，面有乌斑，或脸歪、眼珠突出、两眼模糊，或两眼圆睁像被压扁的猫，歪头，笨而重、目光空洞，眼圈是黑或黄的，或者斜视、雀嘴、有波斯人的钩鼻，鼻子尖如狐狸、红鼻子，鼻子又大又扁如中国人，鼻子短而尖端上翘、扁平（nare simo patuloque），鼻子像岬角，暴牙，一口烂牙，牙齿黑黑、不均、褐色，浓眉，长了女巫的胡须，口臭盈室，冬夏流鼻水，下巴底下大脖子，扇子耳朵，颈长如鹤，歪歪扭扭的，乳房垂摆（pendulis mammis），“奶子像两个双号水壶”，或者反过来，没奶子，那些手指，指甲肮脏而经久未剪，双手或两腕结痂，皮肤晒黑，恶烂的身体，驼背，弯腰，跛脚，扁平足，“腰细如乳牛腰”，痛风脚，脚踝挂在鞋子外，脚发臭，身上长虱子，一个丑八怪，道地的怪物，白痴，声音刺耳，姿势粗鲁，步态卑俗，一个悍妇，或既丑又呆，温吞，肥大，一个桁架子，瘦骨嶙峋，一具骨架，行事鬼祟，认为凡事神秘至上（si qua latent meliora puta），其实欲盖弥彰如灯笼里看屎，你怎么也难想象，但你厌之、憎之，简直要朝她脸上吐口水，或朝她胸脯里擤鼻涕，令人一见而绝意于爱情（remedium amoris），土里土气，荡妇，骂街泼妇，一个龌龊、恶臭、聒噪、污秽、下劣的妓女，或许不诚实，猥亵、低级、贫乞、无礼、愚蠢、没教养、乖戾，伊洛斯的女儿，忒耳西忒斯的姊妹，葛洛比安斯的学者一旦爱上她，就悦慕她，哪管以上一切，他不顾她任何缺陷，或者身体、心智上的不完美，不过，巴比努斯就是爱哈格娜的息肉（Ipsa hacdelectant, veluti Balbinum Polypus Agna）；举世女人里，他只要她。

NATIV

TVA DEI GENITRIX VIRGO GAVDIVM ANNVNTIAVIT VNIVERSO MVNDO

页 224—225：
吉尔兰达洛，
圣母的诞生，
1486—1490，
佛罗伦萨，
新圣马利亚教堂

艾德蒙·侯斯坦

《西哈诺》(1897)
第一幕第一景，Ⅳ

西哈诺（对子爵）
哦不对，小子！那有点太短！
你变换一下语气，至少可以
说上一百件事，……例如，……
积极："我要是有这样的鼻子
我会把它切掉！"友善："吃饭时
它一定惹恼你，沾到你杯子里；
你得用个形状特别的喝碗！"
描述性："那是岩石！山峰！岬角！
——岬角！没错！是个半岛！"
好奇："那个细长的囊做什么用？
当剪刀鞘？还是装墨水？"
优雅："你爱小鸟吧，我想？
我看你做了研究，为它们的
小爪子找了个宽大的栖木！"
残忍："你抽烟斗时……
假使
烟从你的鼻子
冒出来——
愈升愈高，邻居们难道不会
惊慌大叫：'烟囱起火了'？"
体贴："保重，……你的脑袋
被这东西压得抬不起来了……
小心别跌个狗吃屎！"

吉安卡洛·维塔利，
白鼬的尾巴，
1999，
艺术家本人收藏

温柔："定做一把小雨伞吧，
免得它的白皙颜色被太阳晒掉！"
炫学："亚里斯多芬尼斯说的
河马骆驼象一定有这么个
连肉带骨的长条，
就在他的额突底下！"
随意："是最新时尚吗，那钩子？
挂帽子用的？挺有用的扔杖嘛！"
强调："啊壮观的鼻子，没有风
能使你着凉——
除了刮北风！"
戏剧性："流血时，好个红海！"
美慕："香水店的招牌！"
抒情："这是海螺吗？你是海神？"
单纯："这纪念碑何时展览？"
乡下人："这是鼻子？乖乖！
这是小南瓜，还是大萝卜？"
军人："对准骑兵！"
实际："让人摸彩吧！
一定会是最大奖！"
或者，模仿皮刺摩斯的叹息……
"看这破坏它主人脸部和谐的
鼻子！为它的背叛而羞红！"
——这些是你可以说的话，
如果你有一点脑筋或学问：
但是，可悲的人！脑筋
你从来半点也没有，学问呢，
你只有两个字，叫做蠢驴！

弗朗西斯科·德·戈雅，
巫魔会（局部），
1819—1823，
马德里，
普拉多博物馆

页 229：
马克斯·贝克曼，
女人之浴，
1919，
柏林，
柏林国家博物馆，国家画廊

第十四章

亚里士多德的望远镜

以语意学方式，根据本质来呈现事物，必须预设一个系统图，也就是一系列的纲和亚纲，作为背景。先要有这么一个支撑结构，然后才谈得上辨识个体、属、种，它们的身份如何，有赖于这个结构。前后八十年之久，世人经由逐步渐进的发现，知道鸭嘴兽具有许多看起来彼此矛盾的属性（例如，它们生蛋，以及哺乳子女），他们对鸭嘴兽所知就是如此，一直到科学上的分类学出现，将它们指认为单孔目哺乳动物亚纲。在语意学上，这叫做字典式定义：将一只狗定义为犬科动物，犬科动物是有胎盘、裂足、肉食的哺乳动物。没有任何“普通的”字典（也就是说，我们习惯使用的那类字典）只收入这种语意学层次上的字典式定义：一部字典即使收入上述这些定义（不过，一本普通字典极少使用这么精确的界定方式），也还是会加上别的属性，以便将狗区别出来，说它是四足动物，是人类最好的朋友，是杂食性的，诸如此类——而且大概至少还会提到一些比较知名的品种。以累积属性的方式，或以一系列属性的方式来呈现一件事物，并不是字典的必备条件，使用这种呈现方式的，是一种持续撰写的百科全书，这本百科全书永远没有完成之时，也永远不会明确到出现一棵树那样僵固的形式。

百科全书太浩大了，令最初几部字典的编纂者不禁心生畏意：以17世纪那部著名的意大利《麸皮字典》（*Dizionario della Crusca*）为例，当时的编辑者还无缘利用后来才详细发展的科学分类法，于是将狗定义为一种“大家知道的动物”。只有到了巴洛克心态，以这种心态对没有界限、以其对特殊逾常的事物的爱好，才有能力构思百科全书式结构，无限开列属性清单。

路易吉·塞拉菲尼，
《塞拉菲尼抄本》插画，
1981，
米兰，
F. M. Ricci 出版

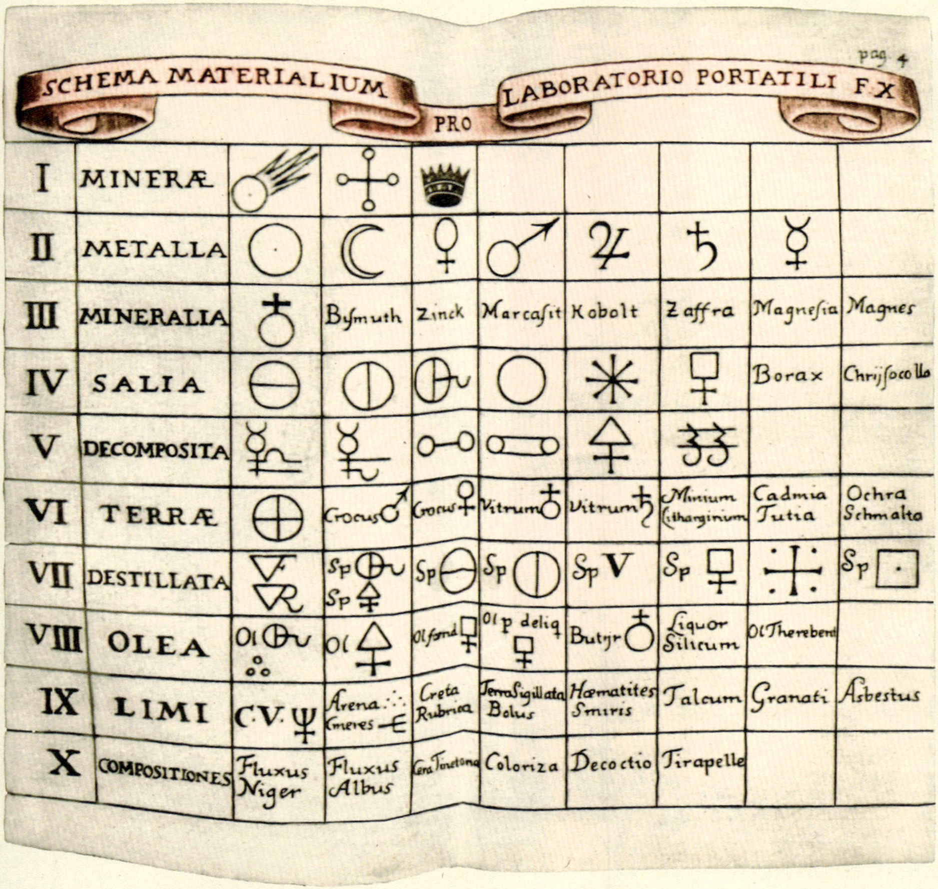

约翰·乔阿西姆·贝歇尔，
已知物质的分类，
《化学集珍》图版，
1917，
纽伦堡

德国诗人哈斯朵弗（Georg Philipp Harsdörfer）写过一本《闺房语言游戏》（*Frauenzimmer Gesprächspiele*, 1641），他界定德语的优越性，界定的方式不是按部就班写一部条理井然的语言学论文，而是做这样的陈述：（德国人）“以自然的声口吐词说话，他们发出来的所有声音都是最容易领会的……德国人的语言如同天空发出的雷霆，和奋迅而飞的云一样闪烁耀眼，和冰雹一样晶莹夺目，像风一般呼啸，像波浪那样白沫飞溅，如锁链一般铿锵响亮，像空气那样袅袅回音，如加农炮一般震动爆炸，又哮吼如狮，哞叫则如牛，龇牙怒叫如熊，咩咩如羊，呦呦如鹿，呼噜如猪，汪汪而叫如狗，嘶嘶而鸣如马，嗞嗞作声如蛇，喵喵而如猫，嘎嘎而如鹅，啯啯而鼓如蛙，嗡嗡而响如蜂，鸡一般咯咯而叫，鹤一般将喙噼啪作响，乌鸦似地呱呱而噪，燕子似地吱吱而啭，麻雀似地喳喳闹……”。

在他那本1665年的大作 *Cannocchiale aristotelico*，亦即《亚里士多德望远镜》里，特沙乌洛（Emanuele Tesauro）提出一说，认为比喻之为物，是在已知资料之间发现前所未知的关系的一个途径。这件事的关键在于，你先建构一个储存已知资料的库藏，在这个库藏的基础上，以比喻方式运作的想象力能够发现新的关系。特沙乌洛根据这样的思路，提出一个构想，叫做“范畴索引”——这本来会是一部篇幅巨大的字典，不过，事实上，它只是表面上看来有字典的形式，因为它里面像清单一样开列出来的属性，其数量引起我们猜想，真正的数量应该不限于它所提到的那些属性。他提出他这个索引（他提出来的时候，带着巴洛克式的，对这个奇妙构想的快慰满意），称之为一个“真的很秘密的秘密”，说这是一个永远开采不完的无限比喻和巧思观念矿藏，而其所以如此，是因为巧思不外乎一种能力，就是能“穿透那些隐藏于各种不同范畴底下的对象，并且在它们之间做个比较”——也就是说，这种能力，能够挖掘不同范畴底下的对象之间的相类和相近之处，那些对象如果仍然依照它们原有范畴来归类的话，这些相类和相似之处将会难以察觉。

因此，特沙乌洛的做法是，在他那本书里记录十个亚里士多德范畴（也就是说，“实体”，和九个“偶性”），并且开出清单，列举每个范畴之下的成员，每个成员底下又有“依附”于该成员的事物。

在这里，我们除了为大家提供一些特沙乌洛所列目录内容的简扼例子（特沙乌洛开列的目录，看来明显可以不断延伸），没有办法做太多事情，不过，特沙乌洛的目录里，“实体”范畴的成员不妨一提，其中包含了神、理念、寓言里的神、天使、魔、精灵，“天空”（Heavens）这个范畴的成员则包括黄道带、蒸汽、散发之气（exhalations）、流星、陨石、闪电，以及风；“地”（Earth）这个范畴列举了田地、荒野、大山、小山，以及岬角；“体”（Bodies）范畴包括石头、宝石、金属、草；“数学”范畴包括球体、圆规、正方形，等等。

再来看看“量”（Quantities）的这个范畴，在“量的大小”（Quantity of Volumn）底下，我们看见作者列举了小、大、长、短；“重量”（Quantity of Weight）底下，他列举了轻、重；在“质”（Quality）底下，列举的项目有形可见的、无形不可见的、明显可见的、美的、畸形的、清晰的、隐晦的、黑与白；“气味”（Smell）底下，有香味、臭味——诸如此类，其他像关系、行动、情感、位置、时间、地方、状态等范畴，底下各个开列清单。

我们再进一步，看看依附于以上这些成员的“事物”。我们看“量”这个范畴，再看其中“量的大小”这个成员，找到“小的事物”，这些事物包括站在大头针头上的天使，各种不具实体的形态，球体的不动之点，也就是球体之极，以及顶点和底点；“元素事物”（Elementary Things）方面，有火花、水滴、小尖石、沙粒、宝石、原子；在“人类之物”（Human Things）方面，有胎儿、流产而出的胎儿、小矮人，以及侏儒；“动物”方面，有蚂蚁和跳蚤；植物方面，有芥菜种子、面包屑；“学门”（Sciences）方面，有数学上的点；“建筑”方面，则是金字塔的塔尖。

这么一份清单，其组成看起来的确没有什么条理可循，就像所有巴洛克式的尝试一样，不厌其多，希望一举囊括一套知识的所有内容，没有遗漏。在他 1664 年那本《技术奇观》（*Technica curiosa*）和 1665 年的 *Joco-seriorium naturae et artis sive magiae naturalis centuriae tres* 里，德国科学家卡斯帕·肖特提到一部 1653 年的著作，肖特说，那部著作，作者的名字他忘了。不过，那位住在罗马的作者显然开了一份技、艺、人为之物（总称 Artificium）的清单，其中列举四十四种基本分类，这四十四种基本分类很值得在这里排列一番，以飨读

罗比内·泰斯塔德，
取自马托斯·普拉提亚流斯
《简单医学之书》，
约 1470，
圣彼得堡，
国家图书馆

Ceruse
Coral

f.
ff.
g.
c.
d.
e.
i.
h.
b.
a.
n.
k
l.
m

者，不过，在每个类别后面，我们只举出少数例子，放在括弧里：1、元素（火、风、烟、灰烬、地狱、炼狱，以及地心）。2、天空中的实体（星辰、闪电、彩虹）。3、思想上的实体（上帝、耶稣、论述、意见、怀疑、灵魂、策略、幽灵）。4、世俗阶级（皇帝、男爵、平民）。5、教会里的阶级。6、手工艺者（画家或水手）。7、工具。8、情感（爱、正义、情欲）。9、宗教。10、圣礼的告解。11、法庭。12、军队。13、医药（大夫、饥饿、灌肠）。14、残忍的野兽。15、鸟。16、爬虫动物和鱼。17、某些部分的动物。18、布置摆设。19、食物。20、饮料和液体（红酒、啤酒、水、奶油、蜡、树脂）。21、衣服。22、丝织品。23、羊毛。24、帆布以及其他编织而成的布料。25、航海事物和香味（船、肉桂、锚、巧克力）。26、金属和钱币。27、各种人工制品。28、石头。29、珠宝。30、树木和水果。31、公共场所。32、度量衡。33、数字。34、时间。35-42、名词、形容词、动词、副词等。43、人称（代名词，以及红衣主教阁下等头衔）。44、旅行（干草、道路、强盗）。

大约1660年前后，德国耶稣会士基尔赫（Athanasius Kircher）写成一部手稿，叫《新发明》（*Novum Inventum*）[1]，手稿里说明，如何将世界上所有不同的语言化繁为简，变成单单一套符号，这套符号可以产生一部一千六百二十个“字”的字典，在这部字典里，作者尝试确定一份清单，清单里列举五十四个基本范畴，这些范畴可用图示写下来。另外，这五十四个范畴构成一份内容十分异质的庞杂清单，里面包含神、天使、天界的实体、许多元素、人类、动物、蔬果、矿物、饮料、衣服、重量、数字、时辰、城市、食物、家庭、看东西和给人东西之类的行动、形容词、副词，以及一年的各个月份。

以上所举的清单，率皆缺乏一种有系统、按部就班的精神，这种缺乏，见证的是百科全书派编书的一个特点，也就是说，他们不希望用种、属之类名目，对事物做僵硬的分类。也就是这样仍然漫无秩序的累积方式（或者说，这种差不多只具备最基本秩序的累积方式，例如特沙乌洛，他以十个范畴来提纲挈领，然后列举各个范畴的成员），使后世的人能够在知识的对象之间发现各种出人意表的关系。因此，“大杂烩”般的做法是我们付出的代价，我们付这代价，不是要得到齐全、完备，而是免掉一切树状分类都有的那种贫乏。

胭脂虫，
马丁·福洛贝尼·雷德穆勒
《显微镜的乐趣》第28号图版，
纽伦堡，1764

这里，我们应该指出特沙乌洛从他那个属性库藏获得的经验。以侏儒为例，我们如果要找一个好比喻来呈现侏儒（就特沙乌洛而言，寻找比喻是一种带有亚里士多德意义的寻找，就是增列使一个概念有别于其他概念的特征，而使这概念的意义更明确，或者说，找到比喻，意指知道某特定对象的所有可知特性），我们可以就教于上文提过的“范畴索引”，从里面查到密耳弥多涅（Myrmidon）的一些定义，或者，一座山产生的老鼠的定义。但是，这条索引和另外一条索引彼此连带，这条索引决定一个小事物（在“量”上）可以和什么东西两相比较，以见其小，或者，这个小事物的构造如何；后面这条索引适用于每一个小事物，而且，视我们查询的是十个范畴里的哪个，来决定一个小事物可以和什么东西比较；“质”方面，看索引可知一个东西是不是有形可见的，以及它可能有哪些变形；在“关系”方面，索引告诉我们一个东西和谁、或者和什么有关系，是不是物质，其形态如何；在“行动与激情”方面，告诉我们它能做什么，不能做什么，等等。例如，我们如果想知道要如何来衡量一个小事物，“索引”会指引我们查一查“几何手指”。

依照这么个做法，我们把一个一个范畴走一遭，就会发现，关于侏儒（这份清单在《亚里士多德望远镜》里占了三页），我们可以说，侏儒比它自己的名字长度还矮，与其说是人，不如说是胎儿，大小如一个人的碎片，比一只手指还小得多，几乎不算什么实体，可以说没有颜色，要打架的话，甚至打不过一只苍蝇，它太小了，你简直没办法知道它是坐着、站着，还是躺着……

根据属性来下定义，这种定义方式虽然看起来是以种到属的依赖关系为基础，然而，根据属性来下定义，其模型并不是树，而是德勒兹（Gilles Deleuze）和瓜达利（Félix Guattari）所说的根状茎[2]，也就是说，一棵蔬菜的茎秆的地下部分，在这部分，每一个点都能连接到其他任何一点，其实就是说，这部分没有点，没有位置，只有连接线。因此，一个根状茎可以在它的任何一点断裂，但它只要跟随它自己那条线，就能再度恢复；它是可分离、可逆转的；它没有中心，它的任何一点都能和其他任何一点连接，它不像树根那样如系谱般伸展，它的结构也不是阶层系统式的，它属于非中心式，原则上既没有开始，也没有结束……谈过了根状茎的同源性或同系性，我们应该也想一想

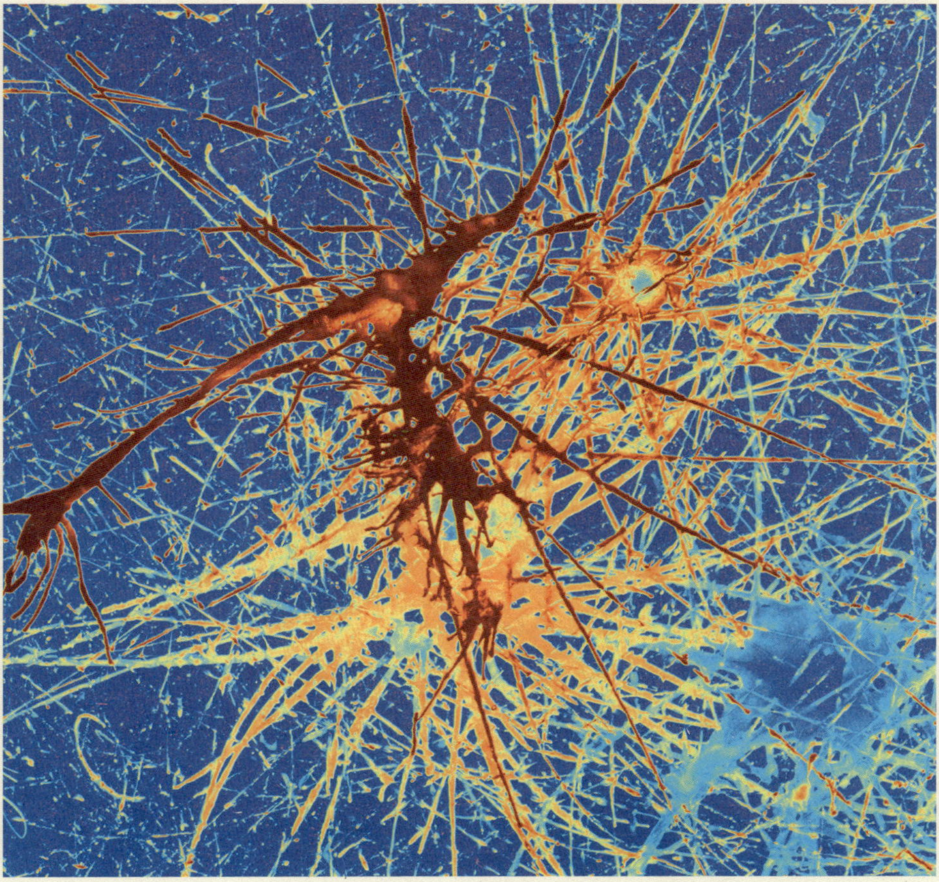

神经细胞

洛南一吉姆·塞维耶克，
不确定的临时祭坛，
1996，
巴黎，
艺术家本人收藏

领土或土地清单，以及建筑上的清单。前文有个地方，我们提过，图画式清单非常不容易想象，因为画框限制了空间，从而使我们很难想象别种清单那种“等等，等等”，不过，我们也留下余地，说我们还是可以设想画框的局限外面有个难以计数的延续性在那里（而且我们已经看出可以如何设想）。

基于同样的道理，我们要说，建筑上没有不及备载的“等等，等等”之类清单，因为每一栋建筑都是有范围的，都画定了它本身的空间界限，一栋建筑之所以存在，就是因为它将一个内在的生活空间从它周围的空间区分开来。不但建筑物如此，从前那些以墙为围界的城市也是如此，那些以一个广场为中心，以星形往四面八方扩展的城市（16 世纪的理想城市），也是这个道理。称为 castrum 的古罗马军营也一样，这是一个方形之地，其下再以垂直和水平线做细分。事实上，我们平常说话的时候，也常有这类用语，例如“城市和市郊”、“城市和地区”、“城市及其周围土地”。

不过，我们离开以一个核心广场为枢纽而建设的城市，来到以

“大街”为基础而扩展开来的美国城市时，我们发现，“大街”是美国城市的脊柱，这脊椎能够无限拉长，于是，美国的城市就这样到处涌现，在这些城市里，中心褪去，天衣无缝地连接于郊区，这些郊区一天比一天大，到后来，你有时候很难说，“城市”的尽头在何处，城市以外的领土又从何处开始。最后，这样的发展引导我们谈到“城市一领土”的关系。“城市一领土”的主要范例是洛杉矶，洛杉矶没有中心，说实了，它就是它自己的市郊。洛杉矶是一个“诸如此类，等等”的城市，因此，我们如果愿意接受这个比喻的话，洛杉矶可以说是一个“清单城市”，而不是“形式城市”。

“清单城市”的造型有如一座*开放的迷宫*。当然，古典的迷宫结构是一种有其范围界限的结构。不过，迷宫是一个封闭的空间，它的结构方式很特别，人进去里面，会觉得不可能找到出路。迷宫是一种形式，但是，对那些进入迷宫的人，迷宫代表不可能找到出路的经验，因此也可以说代表一种无止境流浪的经验——迷宫的魅力，来源在这里，迷宫令人心生畏惧的源头也在这里。矛盾之处在于，迷宫是一种非线性的清单，能像一球毛线般自我回卷。这样的结构，和根状茎的结构有其同源、同系性，这又令我们想起阿喀琉斯的盾，阿喀琉斯之盾和船名录一样无限。

[1] 请看卡提莉娜·马隆尼（Caterina Marrone）的文章：《基尔赫著作中的世界语和秘密书写》（*Lingua universale e scrittura segreta nell'opera di Kircher*），此文可见于Casciato等人合编的《罗马巴洛克百科全书》（*Enciclopedia in Roma barocca,* Venice, Marsilio），以及艾柯的《追寻一种完美的语言》（*The Search for a Perfect Language,* Oxford, Blackwell, 1995），页203起。

[2] 德勒兹与瓜达利合著之《千高原：资本主义与精神分裂（卷二）》（*Mille plateaux. Capitalisme et schizophrenie 2*, Paris, Minuit, 1980）。

鸟瞰洛杉矶

第十五章

过度：拉伯雷以降

从一方面来说，巴洛克时期的人似乎极力寻找依照本质而下的定义，也就是不像中世纪逻辑那样僵硬的定义，但是，从另一方面而论，当时人对奇事异物特有嗜好，因此一切分类学都变成清单，每一棵树都变成一座迷宫。实际上，中世纪伟大的《神学大全》（*Summae*）有它奉为神圣的一种世界秩序，在文艺复兴时代，清单已被用来对那种世界秩序发动第一波攻击。

实质上——这一点，我们在谈到百科全书时已经提过——在整个古典时代和中世纪时代里，清单几乎都是最后才使用的权宜之计，在清单的表面底下，我们永远能够瞥见某种可能的秩序的轮廓，那股想给事物一个形式的欲望。到了现代世界，清单的构想，则是出于对畸形的偏好。

《巴尔德斯》（*Baldus*, 1517）里收集了所有被视为丑的形式，走马灯似的令人眼花缭乱。《巴尔德斯》作者是墨林·柯卡伊（Merlin Cocai），使用假名提欧菲洛·弗伦戈（Teofilo Folengo）写这本书。这是一部英雄—喜剧风味，题材荒诞，富于吟游书生气息的诗作，既可以说是以谐谑的笔法摹拟但丁杰作《神曲》，也可以说是**拉伯雷**（Rabelais）名作《巨人传》（*Gargantua and Pantagruel*）的先声。

书中主角和他那些朋友浪迹各处，经历各色各样的冒险，第二部分（第十九卷）写到一场群魔之战，这些魔鬼的样子是由许多种动物的形态拼凑而成，有蝙蝠、狗、鹅、蛇、牛、驴、公山羊，有大象般的长牙，胸脯滴着血，口水是恶臭的，括约肌放出硫磺气。战到最后，巴尔德斯和他的朋友们将那些魔鬼细细剁碎，碎到魔王别

里查·达德，
童话樵夫的大手笔，
1855—1864，
伦敦，
泰特美术馆

页 246—247：
扬·布鲁盖尔，
空中寓言，
1621，
巴黎，
卢浮宫

伯纳德·帕里西（画派），
帕里西盘子，
16 世纪末，
巴黎，
卢浮宫

西卜（Beelzebub）想将他被切成的十七万块碎片重新组合起来的时候，他粘成的狐狸没有尾巴，熊和猪是长角的，獒犬是三爪的，公牛有四只角，巨人头长着狼嘴，鸟长着猫头鹰的喙和青蛙的四肢……这样的结合能够产生数目无限的造物，将之比拟于希罗尼穆斯·博斯（Hieronymous Bosch）笔下的地狱景象，并不牵强，只是一个出之以文字，一个出之以绘画。博斯画地狱，并不代表他单纯对幻想世界或畸形学（teratology）特有癖好；他画的那些地狱，影射当时的恶习，社会风俗的腐败，以及世界的解体。

索邦大学（Sorbonne）那些满腹学问的博士，凡事讲究条理秩序，有一位作者在其作品里开列一份巨大的清单，他开列这些清单，用意看起来就是要鄙视那些条理秩序的要求。这位作者就是拉伯雷。他别无什么明显的理由，非要开列这些清单不可：一个人要清洁自己的屁股，有那么多闻所未闻的方法，有那么多形容词来形容男人的性器官，那么多法子可以把你的敌人抓来剥皮，圣维克多（Saint Victor）修道院收藏那么多没有用的书，蛇有那样许许多多种类，卡冈都亚会打那么多种牌，下那么多种棋（而且，只有天晓得他怎么有那么多时间玩那些游戏）：同花、爱情、第一、西洋棋、野兽、狐狸雷纳德、来福、方块、王牌、乳牛、猛戳不饶、摸彩、一百、机会、不出声、铜板、三骰、薄命女子、桌子、小谎话、尼维尼、过十、东倒西歪、三十一、成双成对、王后的游戏、三牌戏、奇数或偶数、双陆棋、三百、长桌子、倒霉鬼、倒地、地狱里的最后一对、蟾蜍的身体、红酒、不得不做、傲慢阴沉、女士或跳棋、蓝斯克内特（佣兵）、快快收割、杜鹃、第一第二、吹气、拿到的人说话、小刀记号、钥匙、一无所取而丢掉、搭弹珠、结婚、偶数或奇数、狂欢或寒鸦、铜板的十字还是反面、意见、球状关节、谁做一个、做另一个、象牙球、撞球、接二连三、突击、象牙束、猫头鹰、塔罗牌、迷兔子、赢的人输、再拉一点点、他上当了、慢吞吞的猪、酷刑、马加塔饼、双手脱皮、号角、中了、公牛戴花、荣誉、侏儒猫头鹰、边捏边笑、戳我搔我、九柱戏、不穿鞋的傻瓜、连拍带丢、平碗、我定下来、拐弯抹角、胡子伯爵、无赖和流氓、老模子、流口水、神秘的槽子、熄灭、傻瓜头、说三道四、深灰黑斑马、滥扣球、竖起开动、丢掉这骚货、砸饭碗、马赛无花果、我心所欲、叫绰号、晕头转向、棒棒和洞洞、灯心草束、

阿德里安·凡·乌特列希特，
家禽饲养场，
17世纪，
巴黎，
卢浮宫

苏西·盖伯利克，
向性，
1972，
华盛顿特区，史密森尼，
美国艺术博物馆

扁他、活剥狐皮、短棍子、开叉、旋转双轮马车、颤音夫人、揪住我的淑女、捉迷藏，你们都藏好了吗？卖猫、吹炭、站岗、再婚、一片空白、判生判死判官、小偷、拿掉熨斗的炉子、鼻勒、假小丑、监牢的铁条、燧石、九颗石头、吃坚果、撒手、樱桃坑、找圣迹、搓稻米、捏人不笑、鞭式陀螺、韭菜、抛陀螺、踢屁股、壁炉精怪、松轮马车、哦真奇妙、桶箍子、脏兮兮、母猪、出尔反尔、肚子对肚子、鞭后庭、大山谷、长扫帚、枝枝丫丫、圣科斯姆、我仰慕你、套环游戏、我就爱这个、色迷迷、我带你打盹、贪吃鬼、四旬斋轻轻过去、莫理斯舞、双杈橡树、弱智、捆绑、搜身带蹦跳、狼尾巴、吻屁股、鼻子顶后庭、野母马、乔迪、我的长枪给我、犁夫罕得、好嘴皮、邋遢女人、赌棍郎中、剪羊毛、死畜生、爬梯子、比利、桦木、死公猪、乱七八糟、咸大便、好宝贝、漂亮鸽子、公牛莫敌、绿巾盖顶、计中计、大笨牛、少九、不自量力、蒙眼捉迷藏、过渡、垮桥、包庇、锒铛入狱、大肥臀、白屁股、耙灰客的巢、痛揍他、嘿前进、苹果、梨、梅、无花果、枪响砰砰、蟾蜍、芥末皮、蟋蟀、死书虫、大棍子、故态复萌、杰克和盒子、小汉推车、戳他前进、王后、交易、敲脑袋、头和点、康瓦尔红嘴鸦、葡萄树的拥抱、鹤舞、砍砍切切、卷线杆、上上下下、鼻子调情、琼安·汤姆森、筛布、云雀、燕麦种子、弹指。

这是“为清单而清单”的诗学之始，为了对清单之爱而开的清单，对过度的清单之爱而开的清单。

只有一股对“贪多过度”的偏好，才能解释，为什么吉姆巴地斯达·巴西耳（Giambattista Basile）这位巴洛克寓言家会有下述这样的做法：在其《故事中的故事，给儿童的娱乐》（*The Tale of Tales or the Entertainment for Little Ones*）里，七兄弟为了他们那个姊妹的过失，被变成七只鸽子，巴西耳写他们勃然大怒，责骂这个姊妹，这场责骂，读起来不折不扣是鸟类名称如连珠炮般冒出来的清单：“你是不是吃了猫的脑子，才把我们给你的吩咐整个给忘了？看看我们，我们变成了鸟，变成鸢、鹰、隼的利爪的猎物！看看我们，我们变成秧鸡、鹬、金翅雀、啄木鸟、松鸦、猫头鹰、喜鹊、穴鸟、秃鼻鸦、椋鸟、山鹬、公鸡、母鸡和小鸡、火鸡、山乌、鸫鸟、苍头燕雀、山雀、鹪鹩、田凫、红雀、绿翅雀、交喙鸟、鹟鸟、云雀、千鸟、鱼狗、鹡鸰、知更鸟、小红雀、麻雀、鸭子、田鸫、斑鸠、红腹灰雀的同伴！”

伯顿（Burton）也是出于对贪多过度的偏好，才会在形容一个丑女的时候，不厌其烦，堆起那些数目不成比例的描写用词和侮辱语句。在其史诗《阿多尼斯》第十章第一三六至一三八行里，马里诺也是出于贪多务得，写出洪流般倾泻而下的诗句，来描写种种人工的产物：

“举目四顾，星盘和历书，陷阱，锉刀，撬锁器，笼子，疯人院，短袍，护壳和麻袋，迷宫，垂线尺和水平仪，骰子，纸牌，球，棋盘和棋子和响板和滑车和木钻，卷轮，卷轴，滑索，钟，蒸馏器，醒酒器，风箱和坩埚，瞧，还有装满了风的袋子和水泡，鼓胀的肥皂泡，烟塔，荨麻叶，南瓜花，绿色的和黄色的羽毛，蜘蛛，金龟子，蟋蟀，蚂蚁，黄蜂，蚊子，萤火虫和飞蛾，老鼠，猫，蚕，以及数不清千奇百怪的种种装置和动物；你所看到的凡此种种物事，以及其他阵容巨大的所有奇异幻象，全都出自人类别出心裁的智巧、幻想，以及疯狂而变幻多端的狂乱心智。有磨坊，活动的翼板，滑车，绞盘，以及各色各样的轮子；其他东西则有的形状像鱼，有的形状像鸟，随人脑之个个不同而变化无穷。”

也是出于对贪多过度的嗜好，雨果为了形容共和会议巨大无比的规模，而笔锋爆发，以至于涌出一页又一页的名字，原本可能是一份档案记录的文字，变成一场令人晕头转向的经验。最后，关于贪多过度的修辞，有个接近“修辞”的例子可见于吉卜林给他儿子的那封信。

谈到这里，我们面对两股趋势，这两股趋势都可见于清单的历史之中，在现代和后现代文学里又更为明显。有一种清单过度但连贯，这种清单虽然贪多而过度，清单上的物件之间却有亲属或血缘关系；另外一种清单，这种清单在原则上并没有一定要长得过度的必要，却刻意将彼此看来没有任何关系的事物集合在一块，也由于里面的事物之间太没有关系了，因此这类清单被称为混乱的枚举[1]。

索尔・斯坦伯格，
《纽约客》封面，
1969年10月18日号，

[1] 请参考斯皮策（Leo Spitzer），《现代诗中混乱的枚举》（*La enumeracion caotica en la poesia moderna,* Buonos Aires, Faculdad de Filosofia y Letras, 1945）。

Oct. 18, 1969 Price 50 cents

THE NEW YORKER

拉伯雷

《巨人传》第三部（1546）第二十六章
班努赫鸠如何向约翰神父请教

班努赫鸠听了特里帕先生的话，心中的确非常烦恼，因此，他经过小村落艾米斯，在抓抓摸摸左耳之中，对约翰神父说完话之后，他对神父说，亲爱的先生，让我高兴快活一点吧，我的脑袋一团糊涂不管用了，听完这个该死的蠢蛋这番话，我完全摸不着头脑。听好：

成熟
涂油
果决
铅色
出
包心菜似的
节节瘤瘤
蓬乱
有礼
被收买
所有格
肥沃
可欲
刚大
嘘嘘
填饱
椭圆
整齐
有斑点
遁世
普通
铺石精细
雄赳赳
气昂昂
阿拉伯人似的
停驻
快速
像绑住的灰狗
巨大
熊似的
手工
分隔
策骑
绝对
父祖之名
光滑
强壮
伦敦腔
包了尿布
双生
水银光泽
有污点
土耳其
强健
主人
燃烧
开胃
去籽
钉入
救兵
精壮
急迫
不容小觑
欺骗
英俊
和蔼
挤奶
敏捷
难忘
幸运
摸得到
突起
黄杨木
适当
怪异
锡板
悲剧
冷酷
不羁
通俗闹剧
陈腐
上钩
消化
橘褐色
研究过
活跃
刺绣
包含
活力
呆滞
胀大
威严
插入
欢快
修道院
市民
生动
微妙
抹粉
动形词
捶打
变黑檀色
坦白
冲撞
巴西化
洗练
激动
有组织
扑粉牛肉
通常
过得去
积极
纤细
树干
饶过
匀称苗条
愤怒
大胆
多汁
紧凑

小彼得·布鲁盖尔，
婚宴，
1568，
根特（比利时），
艺术博物馆

好色
捣乱
蒙在鼓里
贪吃
湿粘
肥胖
闩子
新造的
高价
喷鼻息
改进
必要
偷窃
痛打
颤摇
发声
以手填充
起起落落

打仗
难以克服
魁梧
随和
乱摸
煽动
可畏
乱七八糟
沃德箱
有利可图
汹涌
保护
值得注意
堆起
眨眼
多肌肉
填满
能够

从属
男子气概
演算
讽刺
懒散
气味强烈
回响
薄膜
恶作剧
痉挛
强大
开心
补酒
孪生
大败
刚烈
喋喋不休

维尔贝克家族，**可怖的婚宴**，16 世纪，私人收藏

拉伯雷

《巨人传》第二部（1532—1534）第十六章
班努赫鸠的特质和情况

班努赫鸠中等身材，不太高也不太矮，鼻子微钩，像剃刀柄。那时他约莫三十五岁，机灵如铅刀镀金，惯会撞骗混世，长相相当倜傥，人模人样，只除有点好色，而且天生一种叫做“缺钱就无比痛苦”的病，不过，他有六十三招伎俩以应不时，其中最光明正大也最常用的是偷、顺手牵羊和诓骗，因为他是个邪恶淫荡的坏蛋、骗子、醉鬼、装疯家、浪子，要说巴黎有哪个非常不检又堕落的家伙，他便是。除此之外，他是天下最好最有德之人；他时时计上心来，千方百计对巡警和守夜人恶作剧。

有一次，他聚集三四个特别会使坏的恶棍和闹事的小子，入夜后叫他们喝个烂醉，然后把他们带到圣日内维耶，或纳瓦拉学院附近，等夜警来到那里（他把剑搁到地上，耳朵凑上去，听到剑颤抖，就是夜警已到的确征），大伙人弄来一辆水肥车，七手八脚把水肥车滚下坡，压得那些夜警人仰马翻，然后从反方向逃走，因为他不到两天就把巴黎所有大街小巷和转角都搞熟了。

另一次是大庭广众，他在夜警通过之处摆一串火药，在他们通过时点燃，眼看他们落荒而逃的模样，为之大乐，心想圣安东尼的火烧上他们的腿了。至于那些可怜的艺术大师，他最爱修理了。在街上碰到他们，他一定拿他们玩些把戏，在他们帽顶放一条大便，在他们背上别上狐狸尾巴或兔耳朵，或其他下作玩笑。有一天他们被召去草料街（在索邦）集会，他做个波尔波尼萨蛋塔，材料脏不可言，用了好多蒜、印度香料、海狸油和非常温热的狗粪，把这些东西拿到痘疮脓包和恶疾脓水混成的汁里浸泡调味，大清早拿去涂满路上，就是鬼也受不了，臭得那些人吐不停，呕出肠肚，仿佛剥了狐狸皮似的，十或十二人得瘟疫而死，十四人得麻风，十八人浑身长虱子，七加二十人得梅毒，他才不管人家死活呢。他袍子底下惯常藏条鞭子，碰到小厮给他们主人带酒，就狠抽他们，叫他们快滚。他外套里有六个加二十个以上小口袋，都经常装满；一个装铅水，和一把锋利如手套工的顶针，他用来割人钱包的小刀；一个装辛辣的东西，用来洒人的眼睛；一个装牛蒡籽，上面插着小鸟或阉鸡羽毛，丢到正经人家的袍子或帽子上，并且时常做些漂亮的角，让他们戴着走遍全城，有的戴一辈子，变王八而不自知。他也经常在女人的法国帽子后面拴上男人那话儿模样的东西。有个口袋装着小小的角状东西，向圣英诺森那些乞丐借来的，里面是跳蚤和虱子，他用小茎或鹅毛笔弹到俏丽的贵妇脖子里，甚至在教堂里也干这事，因为他从来不坐唱诗班那边人看到的地方，总是坐在女人群里，望弥撒、晚祷、听道时都如此。有个口袋装满钩子扣子，经常把座位相近的男女钩搭成一对，尤其是身穿红薄绸的女人，她们起身离去时，长袍一定扯破。有个口袋装塞满火绒的爆竹、火柴和打火石等起火所需的东西。有个口袋装两面或三面聚光取火镜，照得男男女女气疯，在教堂里令他们面容失色；他说，在弥撒里疯疯癫癫的女人和屁股软绵绵的女人没啥差别。

有个口袋装许多针线，用来玩千百样小奸小坏。有一回，有一个头发花白的托钵僧在王宫进门的大厅为官儿们做弥撒，他帮他穿法袍，却将法袍缝在他的教士服和衬衫上，随即溜走，官儿们就来望弥撒；弥撒结束，托钵僧要脱法袍，结果连着他的教士服和衬衫也往上扯起来，因为全都紧紧缝在一块，他肩膀以下的好景观就这样现世，连同他那件好东西，各位可以想见，那可不是小玩意儿。托钵僧还在扯扯脱脱，一看自己，赶紧背对大家，一位法官大人又说话了，怎么，这位神父可是要我们亲他屁股？请圣安东尼的火代我们亲吧！从此有令，神父们不得当众脱衣，脱衣只能在法袍室；尤其不得在女人面前，以免引诱她们心生邪念。有人就问，修士们的那话儿怎么长那么大？班努赫鸠有其妙解，说，就如阿里亚科在他的《假设》所言，驴子耳朵大，是因为它们的妈妈没给它们头上戴睡帽，同理，修士那话儿或子孙堂这么长，是因为他们不穿有裆裤，因此那东西没阻碍，挂在那里摆呀摆，能长多长就长多长，垂到膝盖，像女人用的主祷文念珠，至于东西这么大，是因为它不断晃荡，身上的体液往下降。照法律家的看法，晃荡和不断的动是产生吸引力的原因。

有个口袋装痒粉，叫明矾，碰到他认为最美最端庄的女人，就撒一点到她们背里，她们痒不住，有的当众脱衣，有的像踩在火炭上的公鸡般跳舞，有的像鼓槌在鼓上活蹦乱敲，有的满街奔命。他追上去，对那些脱衣的，他上前关心，彬彬有礼，风度翩翩用他的披风包住她们。

有个口袋里藏个装满老油的小皮革瓶子，看见身穿华丽新衣的男女，他假意看看摸摸，把最要命的地方弄油抹脏糟蹋，嘴里说着，真是好布，这绸料真好、真美，先生；你这是新袍子呢，太太；主赐你快乐，保佑你发达！说着，那只手搁到人家肩膀上，将那邪恶的污渍烙在他们灵魂、身体和名声上，魔鬼自己也洗不掉。临走，他还要说，夫人，小心别跌倒，你跟前有个又大又脏的坑，踩进去身上可要弄脏的。

有个口袋装满细磨成粉的大戟草，他在粉里放一条从王宫女裁缝身上偷来的精美手帕，他在她胸口放只虱子，说要帮她抓虱子，就从她奶子上偷走帕子。每当置身女士群中，他闲扯引得她们谈骨编蕾丝的精细做工，伸手摸上人家胸脯，问道，这件呢，是法兰德斯来的，还是海诺特的？说着拉出他那条手帕，说，瞧，看看这是富提南还是芳塔拉比亚，边说边把帕子凑到她们鼻子底下猛抖，害她们喷嚏几个钟头不断，他则放屁如马，女人往往大笑问道，你是不是放屁，班努赫鸠？没有没有，太太，你们用鼻子演奏音乐，我只是为各位伴奏。有个口袋装一把锁撬、钳子、铁夹、钩柄等等铁器，没有他打不开的门和钱柜。

拉伯雷

《巨人传》第一部（1532—1534）第十三章
格朗古昔如何从卡冈都亚发明擦屁股的方法得知儿子是奇才

大约第五年末了，格朗古昔征服卡纳利人归来看儿子卡冈都亚。他满心喜悦，如此父亲看见如此儿子，当然如此：他把儿子又亲又抱，用孩子气的问题问他各种事情，和他以及他的保姆们痛快喝酒，并且一本正经问她们有没有用心把他照顾得干净香甜。卡冈都亚回答说，他这方面挺上道，全国找不到比他干净的男孩子。怎么说？格朗古昔问道。卡冈都亚答道，经过漫长的经验，我找出一个擦屁股的法子，从古以来最高贵、最优越、最方便的法子。什么法子？怎么做法？我这就跟你说，卡冈都亚答道。我有一回用一个贵妇的丝绒面纱，觉得挺好的，因为丝绒柔软又肉感，屁股舒服。另一次用她们的头巾，也舒服。又有一次用她们的围巾，之后用她们的耳盖子，深红缎子做的，但上面缀着好些金属片（圆圆的东西，天杀的），狠狠把我的屁股都给刮光了。但愿圣安东尼的火烧烂做那些金属片的金匠和戴那些耳盖的女人的肠肚！我擦屁股改用一个侍童的帽子，上面像瑞士人那样插根羽毛的那种，才止了疼。

后来有一回我在一处矮树丛后面大便，看见一只三月猫，就用它擦屁股，结果它爪子真利，把我的会阴抓个稀烂。第二天我用我妈熏过阿拉伯安息香、充满绝顶香味的手套擦屁股，擦好了伤。之后我用紫苏叶擦，用茴香、莳萝、牛藤草、玫瑰、葫芦叶、甜菜、油菜、葡萄树叶、锦葵、玄参（花托绯红色）、莴苣和菠菜叶擦。这些对我的腿都大有好处。之后我用香菜、荨麻、紫草擦，结果得了伦巴底痢疾，我用我的裤裆擦，才算治好。之后，我擦屁股用床单、被子、窗帘、垫子、壁挂、绿毯子、桌巾、围兜、手帕、粗布，这一切，我觉得都比狗长了癣叫人搔还快活。格朗古昔说，是这样啊，不过，你认为哪样擦屁股法最好？我就快说到了，卡冈都亚说，你马上就会听到结果，明白这事的奥妙。我还用干草、麦秆、盖屋顶的茅草、亚麻、羊毛、纸，不过，

你的屁股用纸擦，
睪丸一定脏呀呀。

怎么，格朗古昔说，小坏蛋，你是不是喝了酒，说话押起韵来了？没错没错，父王，卡冈都亚答道，我挺会押韵，押到鼻子伤风嘴走音。您听听这个茅坑诗：

出个恭来，
屙个屎，
放个屁来，
屎落坑
水门放开
八方溅
射些大便
人人沾：
脏不堪问，
大呼小叫，
臭不可闻，
圣安东尼的火烧你骨头
要是你
走之前
不把你的脏后门
擦个遍。

还有呢，要不要听？要听，要听，格朗古昔说。于是卡冈都亚接下去，

一首叠句诗。

昨儿大便忽自问
肛门仿佛缺什么
屎条气味真那个
浑身熏得臭难闻

吟游书生形象

LOS ORRELIS.

Núm. 49.

Barcelona: Imprenta de Llorens, Palma de Sta. Catalina, 6.

巴望哪个先生行行好
将我苦等的她带给我!

在我大便时
我会掰开她玉门
凑上我的这支棍
她用手指塞好
我臭巴巴的脏屁眼
在我大便时

再说我啥事都不懂吧！圣母在上，这些诗也不是我自己作的，而是从这位贵妇嘴里听来，三不五时在脑子里念呀念的。

言归正传吧，格朗古昔说。什么正传，卡冈都亚问，大便吗？不是，格朗古昔说，是擦屁股。不过，卡冈都亚说，这件事我要是说得你哑口无言，你愿不愿请一桶不列颠葡萄酒？没问题，当然，格朗古昔说。

屁股不脏不臭，就不用擦，人如果不大便，屁股就不脏臭，所以我们得先大便，才擦屁股。好小子，格朗古昔说，真是好聪明，过不久我要封你一个笑林博士，因为，老天，你的才智大过你的年龄。好，继续申论你的擦屁股学吧，我以我这把胡子发誓，莫说一桶，我给你六十桶正牌不列顿酒，不是不列颠生产的，而是道地维隆货。后来，卡冈都亚说，我用方巾擦屁股，用枕头，用拖鞋，用皮袋，用篓子，但篓子擦屁股真要命，之后用帽子。帽子，你要知道，有的修剪过，有的粗毛，有的是绒面，有的用绸，有的是缎子，其中以粗毛帽最好，因为擦粪非常干净利落。

后来我用母鸡、公鸡，用小母鸡、小牛皮、兔子、鸽子、鸬鹚、公事包、猎户帽、修女布帽、

驯鹰师的饵鸟。结论我要说，我要坚持，所有屁股擦、屁眼擦、卫生纸、屁股巾、肛门清洁帕、擦屁裤里，世上没有哪样东西比得上鹅脖子，你把它脖子塞到你腿间的时候，软毛那么细柔。我人格保证，你的屁眼快适美妙，它软毛那么细，脖子恰到好处的热度又很容易从那里传入肠肚，甚至传到心肺和脑袋。别以为极乐世界里英雄和神仙们幸福是因为吃兰花、仙食仙果或琼浆玉液；根据我的判断，他们幸福是因为他们用鹅脖子擦屁股，将它的头塞在两腿之间，这也是苏格兰那位别名斯高特斯的约翰大师的高见。

拉伯雷

《巨人传》第二部（1532—1534）第五十六章
特勒美修会的男女如何穿着

修会成立之初，女人的装束随她们自己的喜好，但后来依照她们的自由意志改变如下。她们穿深红色或紫色深染的长筒袜，高及膝盖以上三英寸，带着美丽的斜纹，刺绣滚边，是罕见的剪裁功夫。袜带和手镯同色，缠在膝盖上方和下方。鞋子、素面鞋、拖鞋是红、紫或红紫色，像龙虾般镂空或做锯齿边。

罩衫外面穿纯丝羽纱的裙子：上面是斑纹或绸料的大环裙，白、红、黄褐、灰色，或者不拘颜色。绸料的衬裙上，是另一件织布或薄织物做的裙子，细金和针工交织，依个人眼光而定，或按照温度，外套是绸、斜纹布或丝绒，以及外套是橘色、黄褐、绿、灰、蓝、黄、鲜红、深红、白色等等，料子是金、布或其他，加上反针或刺绣，以及穿这些时是否节日等等场合而定。

她们配合季节穿长袍，金色布，银滚边；或红缎子，金旋花；或带斑纹，或塔夫绸，白、蓝、黑、黄褐色的丝哔叽、丝质大环裙、丝绒、银布、银织物、金色布、金线、绣花丝绒，绣花绸缎，带金箔或压金线，加各种不同的图案。

夏天有些日子不穿袍子，穿轻质的斗篷，有的用前面说的那些材料，有些像莫雷斯科毛毡，紫色丝绒带金银滚边，或带结棱纹，金色绣工，处处饰以印度珍珠。她们总是帽上别着羽毛，和腕套同色，装饰漂亮，缀着闪亮的金坠子。冬天，穿绸缎长袍，如上所述，颜色应有尽有，衬里是狼、斑点山猫、黑斑鼹鼠的毛皮，卡拉布利亚无足鸟的皮，黑貂皮，以及其他各色价值难估的毛皮。珠串、指环、手镯、领子、颈圈、项链全是宝石，像红玉、红宝石、钻石、蓝宝石、祖母绿、绿松石、柘榴石、玛瑙、绿柱石，和绝佳的珍珠云母。头饰也随一年四季而异。冬天是法国式；春天，西班牙式；夏天，托斯卡尼式，但圣日和礼拜天是法国式，她们认为法国式更尊荣，和妇女的贞淑衣装也更相称。

男人衣着自具样式。长筒袜是羊毛或哔叽布，白、黑、猩红或其他深染的颜色。及膝短裤是丝绒，与袜子同色或相近，依各人喜好而或绣或裁。紧身上衣是金布、银布、丝绒、缎子、斜纹布、塔夫绸等等，颜色如上述，裁、绣、剪工俱臻完美。带子是同色丝布，坠子精细镀金。外套和无袖短上衣是金色、银色布，金布、织布或绣丝绒，各随所好。长袍和女士的一样贵重。腰带是丝，和紧身上衣同色。人人佩剑，剑柄镀金，剑鞘和短裤同为紫色，鞘头是金的，由金匠精心打造。短剑亦然。他们的帽子或圆帽是黑绒，饰以珠宝或金钮，帽上插白羽，缀以多排金片，金片末端悬着更透亮的红宝石、祖母绿、钻石等等，男士和女士灵犀相通，到每天衣着相同的地步。

为免差错，每晨有指定的男子告诉他们女士当天会穿什么，因为一切以女士为准。衣服如此精致，打扮如此富丽，你别以为这些男女在这件事花掉多少时间；主管衣着事宜的人每天早晨把一切准备妥善，女舍的衣着主管也灵巧之至，因此人人马上从头到脚穿着停当。为了方便如此穿着，特勒美树林边盖一排房子，有半里格长，非常整洁，里面住着金匠、宝石匠、珠宝匠、刺绣师傅、裁缝、金线师、织绒师傅、织锦工、装潢工，个个当行本色，为这些快乐的新派修士和修女服务。

乔万尼和贞提尔·贝里尼，
圣马可在亚历山大讲道，
约 1507，
米兰，
布雷拉艺廊

拉伯雷

《巨人传》第四部（1552）第六十四章

蛇，蛇

我眼睛擦亮了，吉姆纳斯特说。我已经破了斋了，尤斯提尼斯说，以下这些东西这一整天都不必担心沾到我的口水了。

匕首蛇
黑色摇腿蝇
多莫多索拉人
两头蛇
西班牙蝇
螯蜂
阿尼鲁杜特蛇
牛身猪头鳞背兽
龙
龙蛇
角蛇
毛虫
酐
几内亚毒蛇
鳄鱼
鳞斑蛇
蟾蜍
五肘尺龙
梦魇
疯狗
星穴
蝎子
蒺藜草
亚拉拉蝮蛇
独眼巨人
小红蛇
蜘蛛
公羊
法老王的老鼠
星蜥蜴
蛇
海兔
角蛉
双舌毒蛇
四脚蛇
痔
水陆两栖蛇
有足蛇
蛇蜥
蝎狮
艾虎
绿蛇
蟒蛇
吸血水蛇
鸡蛇
鼠蛇
沙漠角蛇
鼩鼠
蝾螈
臭鱼
盲蛇蜥
喷毒匕首蛇
牡马
陡鱼
吸血蝇
蝎子
指骨
天蛾幼虫
蜈蚣
飞蜥
塔兰托毒蛛
松树虫
盲蚯蚓
聋匕首蛇
长脚蜘蛛
蚯蚓
蚂蟥
土蜘蛛
盐毒蛇
蝰蛇
腐蛇

艾尔伯特·瑟巴，
蛇和蜥蜴，
《主要与稀有自然事物精确描述大典》插图，
阿姆斯特丹，约 1740

拉伯雷

《巨人传》第一部（1532—1534）

第二十七章

“听好，先生们，你们这些爱喝酒的，跟我来吧，老天爷；要是谁不来救葡萄还能尝到半滴酒，就请圣安东尼把我当柴烧。天，这是教会的财产呢。哈，不行，门都没有。绝对不行，英格兰的圣托马斯还不惜为教会财产送命呢；我要是也为这事送命，我可不是也成圣徒？一定的。不过我可不会为这事送命，我只会送别人的命，送他们回老家。”

他说着，边扯下他的僧袍扔开，抓起十字架的直杆，那是山梨树的木芯做的，长如标枪，圆圆盈握，隐约刻着百合，差不多漫漶磨光了。他就这样身穿长摆上衣，教士服斜扭胸前，手挥十字架的直杆当棒子或棍子，迅快凶猛地杀向敌人，他们不成秩序，没有军旗，无人吹号或打鼓，忙着采收葡萄，短号、队旗、旗手全都把行头搁在墙边：鼓手将鼓的一端敲掉来装葡萄，号手全身大串大串的葡萄，总之，阵脚大乱，秩序全无。他蛮攻过去，没有警告，像杀猪般把他们闹个人仰马翻，左刺右击，像古代击剑般所向无敌，杀得他们脑浆迸裂，胳臂粉碎，两腿不全，两腋和肋骨破裂。其他人有的脖子骨头脱节，皮肉变形，脸上伤口喷血，双颊塌陷，下巴歪扭，他们东倒西歪，像牧草在割草工所到之处倒下。他打坏他们的腰胯，打断他们的背脊，打碎他们的股骨，敲碎鼻梁，打脱眼珠，打裂下颚，撕裂下颌，牙齿打陷到喉咙里，打散肩胛骨和琵琶骨，打烂胫骨，打开腿肉，害他们脚踝发炎，打得他们坐骨脱节，膝盖脱臼，打碎肩膀大腿。他把他们整得太惨了，浓密的玉米在农夫的连枷底下也不曾像人的四肢百骸在他无情的棒下这样血肉纷飞。谁想躲入浓密的葡萄藤里，他扑上去，痛击他的脊背，像狗一般撕他。谁想逃，他叫他大脑的人字连合片片飞散，那部位在后脑勺。谁想爬进树里以为安全，他撕裂他的会阴，从屁眼里刺进去。哪个老相识大叫，老友，约翰神父，饶命饶命，我投降！他就说，你不管怎么样都是得投降的，把你的灵魂交给地狱魔鬼吧，然后突然给他们无数次敲、击、打、轰，警告冥王说这些人来了。谁胆敢抵抗，他就教他们看他本事，二话不说，当下刺穿他胸脯，穿心而入。其他人，他东砍西斩，只听他们肋骨底下一声闷响，他将他们的肠胃给翻过来，他们登时毙命。有的被他刺在横膈膜上，然后再一击，打在肚脐上，肚破肠流。有的被他从睾丸部位刺进去，体内没有一处肠肚脏腑不见识他的猛爆。这是见所未见的恐怖场面。有人哀叫圣巴比，有的叫圣乔治，有人叫圣母尼土奇，有的喊救苦救难圣母，救命救命！有的喊古诺、洛雷托、佳音圣母，圣母马利亚。有的发誓去圣詹姆斯朝圣，有的向尚贝里的圣帕许愿，那手帕三个月后烧得一丝一线也没留。有人对圣卡杜因、尚提的圣尤特洛皮斯发誓，有的请圣梅斯美、孔代的圣马旦、席内的圣克洛尧发慈悲。有的来不及开口就死掉，有人说着话死掉，有人边死边说话。有的没命大叫，我要忏悔，要告解，求主垂怜、在主内，叫太大声了，修道院长和所有僧人跑出来，看到死伤那么可怜，就为一些人做了告解，小修士则全跑到约翰那里，问他需要什么帮助。他答说，割断他摔到地上的那些人的喉咙吧。

雨果

《九三年》（1874）第二部第三卷

大会

观看会议的人完全忘了大厅。观赏戏剧的人忘记了剧院。没什么比这更奇怪，同时又更崇高。一群英雄，一堆懦夫；山上的野兽，沼泽里的爬虫。在那里，所有战斗者，今天的鬼，聚集着，你推我挤，争吵，彼此威胁，打架，过他们的人生。一场泰坦大会！

右边是吉戎地，思想家军团；左边是山岳党，一群竞技员。这里可能见到接下巴士底狱钥匙的布里索；统治马赛的巴巴洛；完全控制布雷斯特部队，驻扎在弗堡·圣·马索的克维雷甘；刚索内，他确立议会代表高于将军的地位；高德，那个带来恶兆的人，皇后有一天晚上在杜乐丽花园让他看熟睡中的太子：高德吻了那孩子的额头，然后砍掉孩子的爹的头；多变叵测的塞勒斯，他告发山岳党和奥地利的阴谋；席勒里，跛脚的右派，以及库松，半身不遂的左派；洛斯—杜倍赫，他被一个记者叫“无赖”，邀那个记者吃饭，说，“喏，‘无赖’只不过是个和你意见不同的人罢了”；拉保—圣—艾提安，他的1790年年鉴这么开头：“革命结束了”；基尼特，加速路易十六覆亡的人之一；冉森教派信徒卡缪，他汇编神职人员民事组织法，相信巴黎助祭的奇迹，每天晚上在钉在他房间墙上一尊七英尺高的基督像前五体投地；教士弗榭，他和卡米尔·德穆兰是促成7月14日攻占巴士底狱的重要人物；伊斯纳德，在布伦斯维克威胁“我们要将巴黎付之一炬”时，他跟着说“巴黎会被毁灭”；雅各·杜邦，他第一个宣称自己是“无神论者”，罗伯斯庇尔回复他说“无神论是贵族玩意”；朗儒伊奈，一个严肃、明智而勇敢的不列颠人；杜科斯，波伊克特—丰弗雷德的欧里阿尔；雷贝克奇，巴巴洛的彼拉季斯，他为了罗伯斯庇尔尚未被送上断头台而递辞呈；里秀德，反对永远的阶级区分；拉索斯，他有“不知感恩的民族会吃苦头”的狠话，到了自己要上断头台，傲然对山岳党丢下这句话：“我们因为这个民族沉睡而送命；等它醒来，就轮到你们”；比洛托，他废除国君不容违反论，无意中打造了砍自己的斧头和把自己处死的断头台；查尔斯·维拉特，他抗言“我不会在刀斧之下投票”，以此为盾，保护自己的良知；洛维，《弗布拉斯》的作者，最后在皇宫花园重操书店旧业，洛朵伊丝卡相伴；莫雷尔，《巴黎风物志》作者，他说过“1月21日，每个法国国王都摸摸自己脖子”；记者卡拉，他在断头台对刽子手说“死真气人，我还想看接下来是什么”；维吉，自称梅库恩—艾—罗瓦第二大队士兵，受到公共法庭威胁时大叫“我提议，这些法庭一开口，我们就退出，拿刀进军凡尔赛”；命中注定要饿死的布索，和死在自己刀下的瓦拉兹；被自己口袋里那本《贺拉斯》败露身份，死在柏格—拉—雷恩（当时叫柏格—克加里克）的康多塞；在1792年受人民景仰但1794年被狼吃掉的培提翁；以及其他二十人：庞代库朗、马尔柏斯、里东、圣马丹、参加过汉诺威战争而且翻译尤维纳利斯的杜索尔克斯；布瓦洛、加狄恩、曼维尔、杜普兰提耶、拉卡兹、安帝波尔，以及最重要的巴尔纳夫式人物，人称维尼佑。

另一边，安东—路易—雷昂·贝特朗、雷斯特普—博书、勒萨日、高梅尔、福洛雷·德·圣—约斯特，二十三岁，苍白脸、低额头、眼睛深而神秘，给人沉重忧郁的印象；莫兰·德·席翁维尔，德国人叫他Feuer-Teufel：火魔；莫兰·德·杜艾，制定《嫌疑法》的罪魁祸首；索布拉尼，第一个牧月的暴动之后，巴黎人要他当将军；勒邦，原是教士，洒圣水手现在拿刀子；比劳—瓦伦，预见未来的行政，仲裁人取代法官；发明共和历的法布尔·代格朗汀，和《马赛曲》的作者鲁热·德·利尔，两人后来再无与此相比的灵感；说过“一个死国王也是人”的巴黎公社检察官曼纽尔；前进特里普斯达、纽斯达、史皮尔，并且目睹普鲁士军队败逃的古戎；拉克鲁瓦，律师变将军，8月10日前六天受封为圣路易骑士；富雷隆·塞西特，富雷隆·左伊之子；鲁斯，拼命寻找铁橱，定要来一场伟大的共和式自杀，在共和国死亡那天自尽；福榭，魔鬼的灵魂，尸体的脸；康波拉，杜歇老爷的朋友，后者曾对吉奥坦说，“你属于斐扬派，但你女儿属于雅各宾派”；雅戈，有人怜悯狱囚赤身裸体，他悍然答说：“监狱就是石头做的衣服”；雅沃格，亵渎圣丹尼坟墓的可怕家伙；欧塞兰，自己是放逐官，却在自己家中收留被放逐的贯里夫人；邦达波尔，主持国民会议，却对法制委员打信号叫他们鼓掌或异议；凯拉里欧小姐的丈夫侯贝，他写说“罗伯斯庇尔和马拉都不上我家；罗伯斯庇尔喜欢什么时候来都欢迎，马拉永远不欢迎”；加朗—库隆，西班牙干预路易十六受审之事，他倨傲要求国民会议不应纡尊读一个国王为另一个国王求情的信；格雷瓜主教，早年身为原始教会的一员，后来在帝国时期自弃共和原则；阿马尔，他说“整个地球谴责路易十六，我们该请谁来裁判？那些行星”；侯耶，他在1月21日反对炮轰新桥，说“一个国王的脑袋落地时，声音不该比任何其他人的要大”；舍尼耶，诗人安德烈的兄弟；瓦迪耶，拿枪抵住法制委员者之一；塔尼，他曾对莫莫洛说：“我要马拉和罗伯斯庇尔在我面前拥抱。”“你住哪？”“夏朗顿，”莫莫洛答道，“你要是说别处，我会很惊讶”；勒尚德，法国大革命的屠夫，如同普来德是英国革命的屠夫。他叫朗儒伊奈“来受屠宰吧”，后者答说“请你先通过一道命令说我是牛”；科洛·德布瓦，愁惨的喜剧演员，戴有两张嘴的面具，一张说“是”，一张说“不是”，一面赞成，一面指责，在南特中伤卡里耶，在里昂奉奇里耶为神，送罗伯斯庇尔上断头台，送马拉进万神殿；杰尼休，主张谁如果佩着刻有“路易十六殉道”字样的牌子，都该处死；雷纳德·波登，主动留宿儒拉山老人；水手托普桑、律师戈比洛、商人劳里安·勒宽特、医生杜恩、雕刻家瑟尚、艺术家大卫、约瑟·艾加里特，以及其他人：勒宽特·普拉沃，要求以正式行政命令宣布马拉“发疯”；侯贝·林代，做了那只章鱼，它的头是公安委员会，它以两万一千条手臂（革命委员会）抱住法国；勒波夫，吉黑—杜普赫在其《假爱国者的圣诞节》里写下这么一句：

“勒波夫看见雷尚德，大吼一声。”

托马斯·潘恩那个善意的美国人；安纳查西斯·克鲁兹，百万富翁，德国男爵，虽是无神论者，却行事诚实，而且追随艾贝尔；杜普雷的朋友，正直的雷巴；洛维尔，我们偶尔会碰到的一种人，为邪恶而沉溺于邪恶，比我们所想象的更常见的一种玩票者；夏里耶，一心想和贵族拉关系；残忍的塔里安，纯粹出于对热月9日之爱而催生当天之事；康巴塞列，律师，后来变亲王；卡利耶，律师，后来变老虎；曾大叫“我要求信号枪第一优先”的拉普兰奇；杜里欧，他希望革命法庭的陪审团员大声表决；波登·德·洛瓦，刺激咸邦向他挑战、指斥潘恩，自己又被艾贝尔告发；法尧，建议派一支纵火大军到旺代省；塔沃，4月13日在吉戎地和山岳党之间担任调人；维米耶，建议吉戎地和山岳党的领袖应该抓去充军；把自己关在梅恩斯的鲁贝尔；坐骑在索木尔死于他胯下的波波特；吉姆贝托和夏德—班维里耶，榭堡和拉洛雪大军的指挥官；主持康卡尔中队的勒加邦提耶；洛贝约，拉斯达特等着他中伏；普利尔·德·拉·马恩，佩着他原先的少校徽章；勒瓦瑟·德·拉·沙斯，只说一个字，诱使圣阿曼大队指挥官瑟朗自杀；里维尚、莫尔、贝纳·德·桑特、查尔·里夏、勒基约，以及挺立所有人之上，人称丹东的米哈波。两边都不属于，却令大家畏怖的，是罗伯斯庇尔。

……

低伏着的，是可能高贵的沮丧，和令人不能不鄙视的害怕。在这一切激情、英雄气概、崇拜、愤怒底下，可以看见郁暗而无名的人群。会议里的群众叫平原派，由飘浮分子构成：怀疑、犹豫、退却、一时在不信任中彼此监视的人。山岳和吉戎地是精选的少数，平凡人是多数。平原的代表是席艾耶，其人天生才智深，充满叵测的计划。他停在第三阶段，从未升到人民这个层次。有些心天生中途而止。席艾耶叫罗伯斯庇尔“老虎”，后者叫他“鼹鼠”。他是哲学家，虽无智慧，却知明哲。他是廷臣，而非革命的仆人。他拎起铲子到战神广场和人民一块工作，和亚历山大·德·布马歇用同一辆推车。他催别人卖力做他自己从来不做的劳动。他对吉戎地党人说：“将大炮摆在自己这边。”有些哲学家天生是角力家，和康多塞一样加入维尼奥的党，或像卡米拉·德莫兰那样加入丹东的党。有哲学家自爱生命，属于此类者追随席艾耶。

最好的酒桶也有糟粕。比平原更下的是沼泽派，其僵滞丑陋难看，因为其中透露彻底的利己主义。胆怯者发抖，静静期待。最可怜莫过于此。极度羞辱，却不觉可耻，掩饰自己的气愤，如奴隶般活着，心中暗造反，犬儒又恐惧，他们有懦夫特有的那种疲于奔命；他们心中偏向吉戎地，却选择山岳党；最后结果取决于他们的时候，他们跑到胜利的一边；他们把路易十六交给维尼尧，把丹东交给罗伯斯庇尔，把罗伯斯庇尔交给塔里安。他们在马拉在世时公审他，在他死后奉他为神。他们党同每个主张，然后突然背弃。他们似乎有推撞不坚定者的本能。他们拥护一个主张，是因为明白那个主张是强势的，因此他们将任何动摇的迹象视同叛国。他们是多数，是权力，是害怕。这就是卑劣之勇的来源，于是而有5月31日、芽月11日、热月9日等悲剧：侏儒解开了巨人的结。

……

这些激烈的人之间还可以找到梦想家。各色各样的乌托邦，从允许断头台的好战型，到希望废止死刑的温和型都有；一个东西是幽灵或天使，取决于你从王位那边还是从人民这边看它。渴望争吵的人和自足于沉思和平之梦的人对看。加诺的脑子创造十四支大军，尚·代布里脑子里转着一个普世民主联盟的图式。在这愤怒的雄辩、这些雷吼的叫声中，有些人保持一种成果丰富的沉默。拉卡纳安静，一心想他的全国公共教育制度；郎提纳没说话，全神想他的小学计划；赫维里耶—勒波安静，梦想哲学应该享有宗教的尊严。其他人忙比较次要的事和日常生活的细节。吉登—莫沃有兴趣改善医院的卫生；曼因想废止现行的奴隶制；尚—邦—圣安德烈想禁止以欠债为捕人囚人的理由；洛姆对夏倍的建议有兴趣；科勒—富斯提耶想成立解剖学的陈列柜和自然史博物馆；基约玛投入内河航运，并想在斯凯尔河建水坝。这些人为技艺而疯狂，甚至为此而近乎成为偏执狂；1月21日，国王的头掉在革命广场之时，瓦塞的代表贝沙德出门看圣拉撒路发现的一幅鲁本斯绘画。艺术家、演说家、先知、丹东之类巨人、天真如克鲁兹、格斗士和哲学家，致力同一个目标：进步。没有什么能使他们气馁。国民公会伟大在于努力发现“不可能”里有多少现实。一端是罗伯斯庇尔，双目凝注于法，另一端是雍多利，目注责任，同样专心。

吉卜林

《报答与仙女》(1910)

如果

当周围所有人都失去清醒
并责怪你，如果你能保持清醒；
当所有人都怀疑你，如果你能
信任自己，
但也给他们怀疑的余地；
如果你能等待且不厌等待，
或者被谎言诬枉而不说谎，
或者遭人仇恨而不仇恨人，
但也不一副死老实相，也不
言语装聪明；
如果你能梦想，但不把梦
变成你的主人；
如果你能思想，而不把思想
当成你的目标；
如果你遭遇胜利和灾难
而能一体看待这两个骗子；
如果你受得了听见
你说的真相
被无赖扭曲去欺骗蠢人，
或者看着你死生以赴之事
破灭，而能
弯腰用破坏的工具重建它们；
如果你把你所赢
都堆起来
冒险孤注一掷，
输了，而能从头再来
并且绝口不提你的损失；
如果你能强迫你早已失去的
心、勇气和精力
供你发挥，
而能在万念俱灰，只剩意志
对它们说"撑着点"时撑下来；
如果你和群众说话
仍能保住你的美德，
或者和国王同行
而不失你的平常心；
如果敌人和挚爱友人都难伤你；
如果所有人都算数，但不过于算数；
你能以六十秒的跑步
来填满你气不过的那一分钟，那么
大地和其中的一切都是你的，
而且——更重要的——你将会成人，
孩子。

页 274—275：
雅克·路易·大卫，
网球场宣言，
18 世纪，
巴黎，
卡纳瓦雷博物馆

页 276—277：
华尔特·基尔特，
前生的宁静，
1941，
纽约，
现代艺术博物馆

Quirt

第十六章

过度而连贯

格里美尔豪森（Grimmelshausen）的长篇小说《痴儿历险记》（*Simplicissimus*）里的巫婆事件，**歌德**在《浮士德》第一部里描写瓦尔普吉斯之夜，或者**戈蒂耶**（Gautier）在《阿尔伯特》（*Albertus*）里目录似的列举那些女巫和恶魔，都是可怕的景象，几位作者写起这些都不厌其盛，多多益善，我们在一场妖巫狂欢会中预料会碰到的每一样物事，在这些章节里都丰富逾常。**柏内提**（Dom Pernety）在其著作中完全狂热似的，极尽详细，列举炼金术士用来描写第一物质的所有用语，详尽到我们几乎忍不住要将那些篇幅归于“混乱的清单”这个大类底下：但是，这位17世纪的炼金名家却又有个条理，亦即他自设限制，只记载当时现存的术语，“现存”因此成为他将那些语词聚合起来的理据。当然，我们免不了要疑心，他这么做的时候，他这种难以自休、不知节制之中油然感受到一种“文学”性的、夸张的快感——不然的话，他开列的清单纯粹就是一份“实用”清单，只是由于过度丰富而变得不切实际。简而言之，这位神秘学家骚动不宁的心也许是一团混乱的，但他所列清单无论多么贪多过度，都不能说混乱。

漫无节制与条理连贯还是能够得兼的，两者成功融合的最好例子，或许是**左拉**（Zola）的小说《穆雷教士的过失》，对巴拉杜（Paradou）花园里那些花的描述。一个比较混乱的例子，则似乎可见于**洛特雷阿蒙**所做的枚举，我们在这本书里提供了一段引文，以见一斑。不过，他的枚举虽然偏向混乱，但其中有一股烦躁不快的气息笼罩着这位诗人不喜欢的所有事物，这气息似乎赋予整份清单一种统一，虽然是十分偏执的一种统一。从另一方面来说，**罗兰·巴特**（Roland Barthes）那段文字，则由于文中列举的全是巴特喜欢的事物，而成其连贯条理。

勒内·马格里特，
戈尔康德，
1953，
休斯敦，
曼尼尔收藏

丹尼尔·史波里，
匈牙利餐饮，
取自《陷阱图像》系列，
1963，
巴黎，
国家现代艺术博物馆，蓬皮杜中心

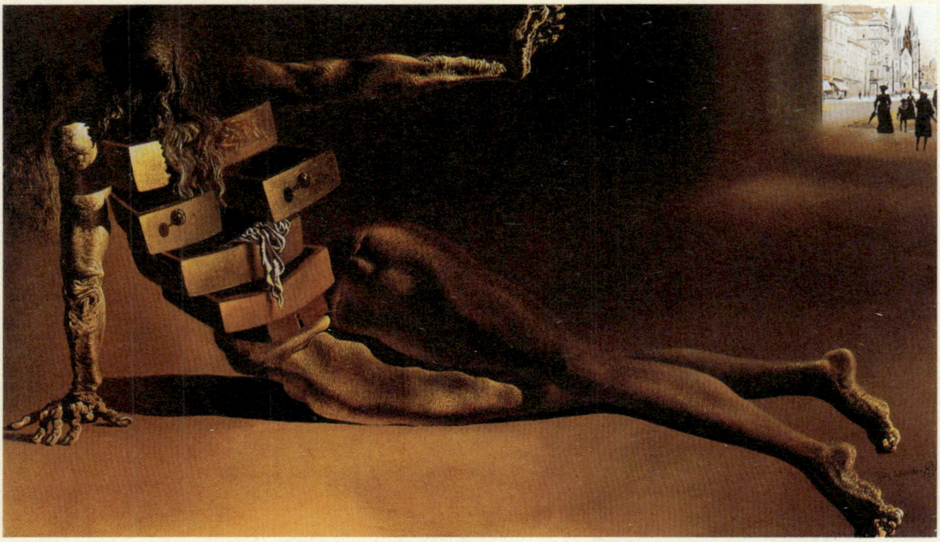

萨尔瓦多·达利，
拟人化的柜橱，
1936，
杜塞道夫，
北莱茵—西发里亚美术馆

有人则在混乱的枚举和意识流之间看出关系来：实质上，所谓的内心独白的例子，特别是乔伊斯作品中所见的例子，本来纯粹是彼此之间完全不相统属的成分的集合，这些例子之所以没有变成这样的集合，是由于我们把它变成连贯的整体：因为我们假定那些成分是从同一位角色的意识中一个接一个浮现出来，而且我们并不要求作者时时解释这些成分的组合方式。以下这个取自《尤利西斯》的例子，算不算"混乱"清单的例子？

"他目注那群牲畜，在银色的热气中模模糊糊。镀银的扑粉的橄榄树。安静的漫长的日子：正在修剪正在成熟。橄榄装在罐子里吧，哦？我还有一点从安德鲁斯留下来的。莫莉把它们吐出来。现在知道它们的味道了。橘子包在薄纸中装在板条箱里。香橼也是。纳闷可怜的西特伦在圣凯文的游行里是不是还活着。以及带着西塔拉琴的马斯提安斯基。我们当初度过的愉快夜晚。莫莉坐在西特伦的藤椅里。握起来感觉挺好，清清凉凉的蜡般的水果，握在手里，举到鼻孔前，闻那香味。就像那样，浓重、甘甜、野性的香味。永远一样，年复一年。莫伊塞尔告诉我，它们能卖到很好的价钱。阿尔布特斯街：愉快的街道，愉快的旧日时光。想必毫无缺点，他说。老远一路来此：西班牙，直布罗陀，地中海，黎凡特。板条箱子在贾法的码头区一列排开，有个老兄用一个本子点数它们，一身脏兮兮工作服的工人搬运它们。有个似曾相识的老包出现。你好？他没看见。交情止于点头的家伙是有点无趣的。他的背影像那个挪威船长。今天不知道会不会碰到他。洒水车。向雨挑衅。在地上如同在天上。”

如果我们将这段独白视为一个整体来考量，那么，这“局部”的混乱印象就会消失：我们面对的场景是，某个上午，主角布鲁姆的心灵对一连串外在刺激产生反应，一系列思维充塞了他的内心。

我们继续从乔伊斯的作品取例好了。上文提过，《尤利西斯》写到布鲁姆的抽屉。这抽屉里的物件关系到另外一个不同的清单要点：基本上，这份清单有不厌精细的写实意味，记载的是在一个抽屉里所可能看到的东西。我们只有一件事看不到。这件事是，作者为什么决定如此不惜篇幅，绵长胪列那些拉七杂八的东西，除非他根本就是以这整件事的漫无连贯为乐，并且要别人也以此为乐。我们为什么应该援引这份清单，将之置于“混乱的枚举”项下，原因就在这里。从另一方面来说，我们认为我们征引的**品钦**（Pynchon）那段文字，其内容是比较连贯的，因为他给自己一个范围，关上布鲁姆的抽屉，只检视桌面上的物事。

表面上看来是贪多过度，但实际上相反，一点儿也不混乱，有个不错的例子是**克洛斯基**（Claude Closky）三十二页的《隐士》（*Marabout*）：在这些篇幅里，作者排列词项，或者说，简短的语段，每个词项或语段的字头都接续前一个词项结尾的音节。我们只能结论说，这样的疯狂里寓含着方法条理，以及，从所指的观点视之，这份清单是混乱的，从能指的观点看，却不混乱。

佩雷克（Georges Perec）写他在巴黎圣舒尔皮斯广场（Place Saint-Sulpice）度过一天，将此一日所见种种列出一份清单，这份清单的特点到底是过度而有条理，还是过度又混乱，实在难说。这位作者将一切记下来，巨细靡遗：事件、时间，以及他在广场上的哪个方位看到事件。这么一份单子，只可能是随机形成的，而且紊乱无序，因为当天广场里必定有成千上万件其他事件发生，这些事件，佩雷克既没有留意，也没有写下来；然而，从另一方面来说，这份单子的内容只包含他留意到的事物，因此，这份单子的同质性非常高。佩雷克的《我记得》(*Je me souviens*),也可以归入过度而有条理与过度又混乱之间的范畴,因为此作是混乱的,但全书却自有一种规律,也就是说,其中列出的每件事物都是作者回想而记起来的。

还有一部作品,我们也可以拿来归类于过度但有条理的清单,那就是多布林(Alfred Döblin)在其《柏林亚历山大广场》(*Berlin Alexanderplatz*)里描写屠宰场:在原则上,做法应该是条理井然描写一个场所,以及这场所里发生的作业,但作者深入细节,加上数字资料、血,以及成群惊恐的小猪,这一切集合在一块,密密麻麻,令你很难体会这个场所的形态,以及那么多活动里到底有什么逻辑秩序。多布林笔下的屠宰场十分恐怖,因为里面聚集了大量特殊事件,这些特殊事件相当吓人,令读者目瞪口呆,使任何可能的秩序都解体,消解于混乱无序和疯狂的兽性残忍之中——而且预言似的暗示未来的屠宰场。

1991 年在瑞士瓦莱邦(Canton Valais)去世的波坦斯基(Boltanski),以及 1885 年至 1995 年之间参加威尼斯双年展的艺术家,他们所列的那些单子虽然贪多过度,但我们没有办法不将之界定为连贯的清单。安妮特·梅莎格(Annette Messager)所列的一些单子看来烦乱,但也自有其条理。

然后,有一种清单,由于开单子的人心怀过度的愤怒、怨恨和敌意,各种侮辱用语倾泻堆积,难以自休,而变得一团混乱。有个典型例子是策兰(Céline),他有一份清单,一阵谩骂丑诋喷涌而出,只是这回并非针对犹太人,而是针对苏联:“病!巴哒病!他们痛苦万分!全身肿胀!老天爷!……四亿八千七百万!那些牵涉的哥萨克学家!这个?这个?那个?在斯洛文尼亚所有的下疳里!这个!从斯拉夫哥特的波罗的海,到白色的黑色公海?怎么了?巴尔干半岛!全身黏涎,像黄瓜般腐烂!……臭不可闻的洒粪车!老鼠屎!我才不在乎这屁事……我他 XX 的才不在乎呢!我走人,真了不起!一团牛粪!好大堆!窝瓦洛诺夫!……鞑靼一样的蒙古症患者!……史达哈诺为邪斯!阿尔斯力可夫!四十万俄里的……盖着一层粪便的大草原的柴比斯—拉里登皮!……我在这里碰到所有维苏威之母!洪水!……感染霉菌的擦屁纸!……沙皇的夜壶,你肮脏邪门的屁眼!……史达鄙林!弗隆屎斯基!那话儿硬不起来的人渣!……跨贝利亚!……”

赫曼·德·夫里斯,
《艾申瑙经》:“一与多”,
2002,
洛桑,
州立艺术博物馆

one many one many one many one many
many one many one many one many one
one many one many one many one many
many one many one many one many one
one many one many one many one many
many one many one many one many one
one many one many one many one many
many one many one many one many one
one many one many one many one many
many one many one many one many one
one many one many one many one many
many one many one many one many one
one many one many one many one many
many one many one many one many one
one many one many one many one many
many one many one many one many one
one many one many one many one many
many one many one many one many one
one many one many one many one many
many one many one many one many one
one many one many one many one many
many one many one many one many one
one many one many one many one many
many one many one many one many one
one many one many one many one many
many one many one many one many one
one many one many one many one many
many one many one many one many one
one many one many one many one many
many one many one many one many one
one many one many one many one many
many one many one many one many one
one many one many one many one many
many one many one many one many one
one many one many one many one many
many one many one many one many one
one many one many one many one many
many one many one many one many one

Brevière

这么一份清单，应该值得在这里原文照引。说来奇怪，其内容气息像极了漫画《丁丁历险记》（*Tintin*）中那位哈达克船长（Captain Haddock）的暴怒开骂：

"Dine! Paradine! Crèvent! Boursouflent! Ventre dieu! ... 487 millions! D'empalafiés cosacologues! Quid? Quid? Quod? Dans tous les chancres de Slavie! Quid? De Baltique slavigote en Blanche Altramer noire? Quam? Balkans! Visqueux! Ratagan! De concombres! ... Mornes! Roteux! De ratamerde! Je m'en pourfentre! ... Je m'en pourfoutre! Gigantement! Je m'envole! Coloquinte! ... Barbatoliers? Immensément! Volgaronoff! ... Mongomoleux Tartaronesques! ... Stakhanoviciants! ... Culodovitch! ... Quatre cent mille verstes myriamètres! De steppes de condachiures, de peaux de Zébis-Laridon! ... Ventre Poultre! Je m'en gratte tous les Vésuves! ... Déluges! ... Fongueux de margachiante! ... Pour vos tout sales pots fiottés d'entzarinavés! ... Stabiline! Vorokchiots! Surplus Déconfits! ... Transbériel! ..."

最后，在我所有小说里，我都是个清单迷，因此，希望读者允许我在这本书中摘录我自己的作品。其中一份清单，是成群流浪者的名字，都取自可靠的历史记录（因此是连贯的清单），不过，我把它放到我的作品里，纯粹是为了声音的快感，以及我个人对大杂烩的癖好。另外一份清单，有一条河叫做桑姆巴提庸（Sambatyon），根据犹太传说，这条河里流的不是水，而是石头，为了呈现这条河，我在老普林尼的著作里查到好几百种矿物的名称，接着快快乐乐想象所有可能、所有想象得到的石头在河里流动，让它们绵延流入魔鬼峡（Devil's Gorge）。我写此峡，灵感也很清楚，是来自伊瓜苏瀑布（Falls of Iguazu）。

格兰维尔（尚·伊纳司·伊西多尔·格拉德），
为巴尔扎克《动物的自我刻画：动物的表里生活》中的《两兽之爱》所作插画，
巴黎，Hetzel 出版，1868，
私人收藏

汉斯·雅各·克里斯托弗·冯·格里美尔豪森

《痴儿历险记》(1669)II，16

他们都走了之后，我独自走进房间，思索我要拿什么，以及我该从何找起。我心中想着这件事，跨坐到一张长凳子上。我才一坐下，长凳就载着我射出窗户。我先前将我的书包和我的毛瑟枪搁到地板上，这时就没带走，权当魔法油脂的代价好了。坐下，飞走，降落，几乎三合一。至少我觉得我当下就被带到有一大群人的地方(当然，也有可能是我吓慌了，记不起那段旅程花了多少时间)。

那些人都在跳一种奇怪的舞，在那之前，以及从那时以来，我都不曾看过的一种舞。他们手拉手，排成好一圈，一圈套一圈，像美之三女神般，也就是说，脸朝外。最内圈大概有七到八人，次内圈大概是其两倍人数，再外一圈的人数比它们加起来还多，以此类推，一直到最外圈，这最外圈有两百多人。一圈从右向左跳，另一圈就从左向右跳，使我既没办法明确看出到底有几圈，也没办法看清他们是围着什么跳舞。他们所有人的脑袋转来转去，又好玩，又怪异。

那音乐和舞蹈同样奇怪。我觉得，跳舞的每个人都各自唱他或她自己的歌，于是产生了一种十分怪异的和声。我骑的板凳降落在靠近乐师之处，乐师们站在圈子外面。他们有些人不是拿管子、笛子或萧姆管，而是吹草蛇、毒蛇和发光的虫。其他乐师抱着猫，往猫背吹气，抚弄猫尾巴，产生类似风笛的声音。有些人则以弦在马的头骨上拉锯，仿佛那是最精致的小提琴似的，有人把牛的骨架当竖琴，就是你在屠宰场可以看见的那种牛骨架，甚至有个人腋下夹一只母狗，弄它的尾巴，手指玩牠的乳房。从头到尾，魔鬼帮用他们的鼻子吹号，树林回响着他们的喧嚣。跳舞一结束，群魔就开始大呼小叫，咆哮乱吼，尖叫，跺脚，横冲直撞，仿佛全都疯了一般。你可以想象我多么惊恐。

在这片嘈杂中，一个男人向我走来。他腋下挟着一只巨大的蟾蜍，少说也有一只小鼓那么大；它的五脏六腑都被从屁股拉出来，从嘴巴塞回去，我感到恶心极了，几乎要呕吐。“来吧，西木，”他说，“我知道你精通鲁特琴，为我们弹个好曲子吧。”

雅克·卡洛，
圣安东尼受试探，
17世纪，
南锡，
罗伦历史博物馆

歌德

《浮士德》

瓦尔普吉斯之夜（1773—1774）

浮士德，梅菲斯托，磷火，
交互轮唱。

魔法、梦、异象之境
好像在我们面前展开。
为了你的信誉，你得带好路！
此去一定要一路平坦
顺利通过这愈来愈长的荒路。
……
呜呼！嘘嘘！啷咸！
是枭，是鸟，是凫，
都醒了，在大声呼啸？
什么东西在那边树丛里乱窜？
会是蝾螈吗？
胖胖的肚子，长长的脚？
树根树藤如蛇一般
从岩石和沙地爬出来，
举目皆是，在我们周围
生出巨指，捕捉我们，
阻挠我们；又厚又黑的节瘤，
触角突出，惊吓行人。
田鼠成群，颜色斑驳，
在苔藓和树瘤之间出没！
还有萤火虫，在漆黑中
成群发光，我们晕头转向。
但我只是胡乱疑猜——
我们是不是停住了？
一切好像天旋地转，
岩石和树都做鬼脸，
迷雾中的光在涨大，增多。
……
浮士德。多奇怪，在幽暗之中
好像有微光闪亮！
连幽暗的深谷
也有光摇曳！
这里烟滚着，雾吐着；
隔着云蒸闪烁，
然后如火流般窜起。
你们看，底下的山谷，
一条巨流，几百条沟渠，
困在这里，然后冲破一切，
奔流下山。那边
星火如雨，在我们眼前飙射
如金色的如云沙尘起落。
更远处，上方熊熊的火光
燃遍整个岩壁上下。
……
梅菲斯托。一定要抓紧岩石
的老筋骨，牢牢抓住！
否则你会摔下幽暗的深谷。
雨雾渐浓渐黯。
听，森林冲撞的巨响！
鸱枭惊惧狂飞而出；
支柱碎裂，
听，那些长青宫殿在摇晃！
枝干在扭绞折断！
枝丫在摩擦呻吟！
树根在怪叫悲吼！
它们在恐怖的混乱中
倒下，发出如雷声响，
而在堆满树尸的深峡幽谷里
暴风雨呼啸嘶吼。
听到我们头上那些声音没有？
近在我们四周，远在我们背后？
整座山，上下左右
回响着魔歌。
……
女巫（合唱）。众女巫
上到布洛肯山顶，
草梗黄，作物绿。
她们响应熟悉的召唤，
乌里安大人坐上头。
我们越过石头和树干前去：
女巫，她——以及——公山羊。

汉斯·巴尔东·格里恩（画派），
巫魔会，
1510，
私人收藏

IGNIS.
AERIS.
AQVÆ.
TERRÆ.
VWIWV
TINCTVR.
COAGVLATION.
DISTILLATION.
PVTREFACTION.
SOLVTION.
SVBLIMATION.
CALTINATION.

卡巴拉：艺术与自然之镜，
《炼金术》图版，
奥古斯堡，1615

堂·安东—约瑟·柏内提

《神话——炼金术词典》(1758)

炼金术基本质料名称

硫磺作用于盐，使之胶合并赋之以形状；盐作用于硫磺，分解之，并使之腐坏；两者等量合一，成为黏性、辛辣的水，此即一切自然与人工之prima materia：基本质料。

以下是炼金哲学家所说他们使用的原料的名称。本书解释了其中大量的名称，因为如莫里诺斯和莱孟德斯·鲁勒斯所言，炼金术的整个奥秘在于理解这些名称。有些名称源自希腊，有的源出希伯来，有的来自阿拉伯文，但大都来自拉丁文或法文。

精髓、钢、醋、浓醋、哲学家之醋、燃烧的水、氮水、尿水、混沌之水、法术之水、冥河之水、春水、血水、滑石水、生命之水、多叶之水、重水、沉重的水、第一水、纯化之水、干水、单纯的水、繁星水、粘水、亚当、亚达内、亚德洛普、亚夫洛普、羔羊、阿格列斯塔、艾巴提斯特、阿拉塔、铜之阿尔巴、树、哲学家树、月亮之树、金属树、太阳树、阿比拉、阿波拉克、阿契斯特、阿查里特、阿科菲尔、阿冷布洛斯、阿库法、阿鲁姆、阿马格洛、阿洛西尼、阿洛安、阿鲁代、阿鲁西、阿瑟纳、阿松、阿马格拉、阿米札德、阿纳克隆、阿纳斯隆与阿纳特隆、阿纳杜尔、安洛吉诺斯、灵魂、元素之魂、世界的灵魂、土星的灵魂、锑、土星某些部分的锑、安提巴、热烈之水、鹰、哲学家之鹰、飞鹰、阿雷马洛斯、凝固水银、银、水银、阿吉里安、空气、阿尼斯或札尼奇、砷、阿斯马塞奇、阿斯提玛、阿提玛德、阿夫卡弗、隼、阿左克、阿左斯、蓝天、沐浴、国君之浴、太阳之浴、黛安娜之浴、蒸汽浴、双锅炉水浴、善、广布之善、白、黑之白、硼砂、波提萨或邦萨、青铜、烧青铜、不可燃青铜、黑青铜、奶油、镉、墨丘利手杖、牛犊胃内膜乳、亚美尼亚母狗、该隐、石灰、生石灰、康巴尔、红水银、壁炉、骆驼、田野、癌、狗、混沌、卡斯帕、卡斯帕切亚、灰烬、酒石灰烬、熔合灰烬、不可燃灰烬、黑灰烬、塞努斯、一切金属之匙、工作之匙、结合、干、天堂、哲学家的天堂、中天、孔雀尾、铁丹、霍乱、金胶、同伴、比较、堆肥、构成、保存、包含、内容、王冠、白体、杂体、反体、污体、不完美之体、不合之体、混体、黑体、硫磺酊、大鸦、受折磨之物、邪物、水晶、坩埚、太阳之心、土星之心、剥除、十二月、平均设计、奶油之香甜、龙、巴比伦龙、高飞龙、冲天龙、金丹、元素、不死药、胚胎、雌雄同体、野猪粪、金属之精、夏、白埃塞藻、幼发拉底河、夏娃、白色阶段的真质、隼、法沃纽斯、女性、女淫者、凤凰、酵母、升华酵母、铁、胆汁、神佑的火之子、尼罗河之子、日与月之子、土星幼子、好青铜、太阳花、冷静、源、国君之源、形式、人形、弟兄、蛇兄、贤者的溶解水银、果实、太阳树之果、白烟、黄烟、红烟、火、火水、人造火、鞭炮、火对自然、腐蚀性与非腐蚀性之火、灯火、灰烬之火、沙之火、不自然之火、液态之火、自然之火、湿火、大作真质的固定部分、公鸡、冰、蛋黄、约旦、日光、Jumis、白橡胶、红橡胶、金橡胶、红精质、Granusae、Gur、深红色的贤者水银、哲学家之红硫、雷纳湖的海德拉、地狱、无限、淡而无味、冬、虹膜、露滴、干的湖床、沸滚的湖、鹰泪、Laton、乳、处女之乳、木头、金木头、Lignum Vitae（生命之木）、狮子、红狮、绿狮、植物性的烈酒、植物碱液、光、铅之光、鲁西弗、月、多叶之月、狼、母亲、一切金属之母、黄金之母、磁铁、邪、右手、左手、海、大理石、火星、阳性、咖啡壶质量、物质、物质之质、一切形式之质、月亮物质、上午、三阶之药、精神之药、忧郁、水银、动物之月经、矿物之月经、植物之月经、日中、小宇宙、蜂蜜、矿、金矿、牧师、衡量、死亡、痛苦死亡、天然、雾、敌人、比黑更黑的黑、鱼眼、西方、油、战神马尔斯之油、不可燃之油、红油、橄榄、黑色阶段的精质、阴影、太阳的阴影、东方、黄金、东方之金、喙金、珊瑚金、橡胶金、多叶之金、罗马黄金、父亲、万物之唯一父亲、绵羊、人的头发、危险、石头、动物之石、燃烧的石头、不是石头的石头、本书章节中所知的石头、哲学家之石、印度石、印拉德明石、金属石、矿物石、红石、星石、植物石、铅、铅白、哲学家之铅、母鸡、粉、灰烬粉之萃取物、监狱、春天、妓女、赫摩吉尼斯鸡、点、死者之纯粹、第五自然、第五元素、一切金属之根、月光线、日光线、金枝、白色以前的精质、稀珍、国君、居住、小麻雀、荆棘中的玫瑰、马头鱼、胭脂、红宝石、露水、五月的露水、沙、硝、蝾螈、盐水、海洋盐水、加盐、阿卡利盐、阿米沙狄尔盐、尿盐、朝圣客之盐、盐中之盐、温斯曼之盐、月之盐、混合盐、太阳之盐、蘑菇之唾液、月之唾液、不可燃之唾液、珍贵的唾液、血、龙血、狮血、蝾螈之血、性灵之血、人血、肥皂、圣哲的肥皂、土星、石榴糖浆、精质、龙血、学校的秘密、种子、小路、石棺、黄昏、红胶、白色阶段的点金石、蛇、有翼之蛇、自食其尾之蛇、卡德莫斯蛇、无翼之蛇、仆人、逃走的仆人、红色仆人、Seth、万石之主、史美拉撒、哲学家之苏打、太阳、日食、太阳的国度、解集合、挥发性的溶液、姊妹、蛇的姊妹、长姊、长矛、剑、哲学家的精液、金属性的精液、水银精子、万物的精子、生精、熟精、慈悲之精、建构之精、透彻之精、宇宙精神、光辉、四海的光辉、太阳的光辉、尸体之尘土、新娘、月的唾液、沼泽、封闭之星、鸵鸟的胃、太阳之汗、红质、牙垢、地狱的牙垢、红色阶段的哲学家之金、薄暮、土、硬土、大地之土、受天谴之土、坟墓之地、多叶之地、肥地、丰饶之地、腐烂之地、残余之地、红土、处女土、第三、大鸦之头、死鸦之头、白质、哲学家的朱庇特、红色阶段的完美贤者之石、隐士之酊、金属之酊、火炬、公牛、雪片、赫米斯的鸟、湿度、燃烧之湿、白色之湿、心灵根本湿的联合、油腻、人、卵、哲学家之卵、童尿、蒸汽、花瓶、哲学家的罐子、密封之罐、精疲力竭的老妇、老年、毒、会染色的毒、艾奇尼德丝之毒、致命之毒、维纳斯、风、维德吉里斯、金属杖、处女、硫酸、罗马硫酸、红硫酸、玻璃、维斯曼的葡萄园、白葡萄酒、红葡萄酒、蝮蛇、悍妇、星星的美德、矿物之德、秘术、生命、狐狸、白质、红硫、深红色精质、白色精质、锌、白色贤者石、贤者之石的白色阶段、神硫、金属硫、硫之本然、不可燃之硫、红硫、札恩硫、臻于深红色的哲学家之石。

看哲学家所用以教人的材料，可知其人是否真的哲学家。使用一种以上材料（亦即，各种性质不同的材料）以构成其汞的哲学家，是错的。世界只有一种材料，到处可见，而且存在于每一件东西之中……

戈蒂耶

《艾柏特斯，或灵魂与罪孽》(1833)

蝙蝠与猫头鹰、鱼鹰和秃鹰、大猫头鹰
和有着暗褐色、亮如火焰的眼睛的大鸟；
各种尚不知名的怪物，有钩喙的
吸血蝙蝠、食尸鬼、蚜虫、鸟身人面兽、
吸血鬼，以及狼人、邪恶的幽灵、
长毛象和利维坦、鳄鱼和
巨蟒，怒叫、龇牙、嘶吼、狂笑、
吱吱叫，蜂拥、闪烁、
高飞、低爬、蹦跳，
遍地布满，天空蔽暗。比较慢的
是那些上气不接下气的扫帚，
她用她满是瘤节的手指拉住马勒，
“就是这儿，”老太婆叫道。
这地方由一把火焰照亮，一种蓝光
灼热投射。那是
森林深处一个空旷之处。男巫
身穿长袍，女巫赤裸，骑着
山羊，从世界的四个角落
沿着四条路同时抵达。
研究秘学的人、四面八方的
浮士德、每种仪式的智者、黑脸
吉卜赛、红发的法师、密宗家、
算命师、黑如墨水，和哮喘般
气息不接的诠释学家：他们
没有一个缺席。
解剖室里保存的骨架，
填充动物、怪物、从酒精浴中取出
而仍滴着酒精的胎儿、残障和
瘸子；舌头外吐做鬼脸的
濒死之人；砍下来的头，一脸死白，
脖子一圈红，举一只手扶着
快落地的脑袋；历来被处死的
每个人（恐怖血淋淋的一群）；
没有手，黑纱蒙面的杀父之徒；
成群穿着含硫磺罩衫的异端；
破轮子上浑身挫伤淤青的
狼狈之徒；淹死的人，
皮肉带着大理石花纹：
一个恐怖至极的场面！

马克西米里安・伦兹，
郁金香，
1914，
维也纳，
私人收藏

左拉

《穆雷教士的过失》(1875)第二部第七章

一丛白杨和柳树的深处，有一个大洞，粗糙崎岖的岩石从上方掉到一处低地，低地有几条小溪流，在石头之间涓涓而流，形成这个洞。由于植物茂密，这个洞窟从外面完全看不到。底下，一排一排蜀葵以红、黄、紫、白色的花构成密网，挡住入口，其秆茎藏在巨大的青铜绿色的荨麻之间，这些荨麻不知不觉散发着剧毒。上方是大片爬藤；茉莉长满星星般的香花；紫藤长着纤细蕾丝似的叶子；茂密的常春藤，像涂上亮漆的金属；柔软的忍冬，长满淡淡的、珊瑚状的花；多情的铁线莲，伸出它们长满白色鹭毛的手臂。所有这些之间，交缠着更细长的植物，将它们更密切纠结，织成一张芳香的巨网。旱金莲，光裸，绿皮，大张着红金色的嘴巴；深红色的蔓藤坚硬如编绳，此起彼落点燃闪烁的火花；旋花植物展开它们的心形叶子，以数以千计的小铃子响起纤柔色彩的钟声；香豌豆，像成群寻觅停歇之处的蝴蝶，合起黄褐色或玫瑰红的翅膀，准备随第一阵微风再度飞扬；多叶植物淋浴般洒了一身的花，一片蓬乱，像女巨人在激情高潮时刻甩起头，头发浓密，香水四散。

"我从来不敢去那么暗的地方，"阿尔娱细声对塞吉说……

他们漫步花田，随心所至，脚下踩过可爱的小植物，它们曾夹道整齐生长，现在到处蔓生。他们走过高及踝部、轻柔如丝的捕蝇草，丛丛如绸的石竹，蓝绒一般，而且点缀着忧郁眼睛的勿忘我。他们挤入巨大的木樨草，草高及膝，像洗香水浴；他们转向，行过一片铃兰，因为要避开紫罗兰，那些紫罗兰看来好纤细，他们不忍伤害。但他们随即惊见四面八方全是紫罗兰，于是他们细心轻步，从它们的清新香气上走过，吸入春潮的气息。紫罗兰之后，是大群半边莲，像间杂着淡紫色的绿毛线般铺开。轻柔如星的球花、蓝杯子盘的粉蝶花、黄十字架般的肥皂草、白色和黄色的萝卜花，编成片片丰富织锦，不断延伸，织出奢华的质地，这对年轻人首次一块散步，享受之余，不知疲倦。但紫罗兰不曾再出现；他们周围那些真实的紫罗兰海，在他们脚下发出无比香味，在他们背后发出叶底小花气息的紫罗兰。

阿尔娱和塞吉完全忘我。几千种更高贵的植物在周遭的树篱中出现，圈住他们快乐穿行的小径。小径左拐右折，迷宫般穿过密林。有开着丛丛天蓝色花的藿香；鲜艳朱红色的猴面花；高贵的福禄花，红的紫的，伸起花秆子给微风旋转；花细如发的亚麻；菊花，像金色的满月，发出白、紫、玫瑰红的光。这对年轻人克服路上一切障碍，在绿墙之间前进。右边，是苗条的白藓，披着雪般的花的排草，和灰色的大琉璃草，每个小小的花杯里闪着一滴露水。左边是各种耧斗草；白、淡红、深紫，仿佛吊丧的近黑色，花从高高的花茎下垂，编褶成黑纱一般。他们再前进，树篱变了。巨大的飞燕草伸起花秆，叶子之间是黄褐色的金鱼草，蛾蝶花挺起稀少的叶子和摇曳的花，像硫磺色泼上胭脂色的蝴蝶翅膀。风铃草的蓝铃子高高摇晃，有的在高高的日光兰之上。巨大的茴香，令人想到身穿蕾丝衣服的仕女撑开海绿绸做的阳伞。然后突然前面无路。下方，深红的金丝草，花瓣硬直的罗丹萨，带着巨大十字架的山字草，像个野蛮修会的标志。更上是玫瑰色蝇子草、黄色马先蒿、白色科林斯草、兔尾草，绿花和周围的鲜亮颜色相反。这一切之上，是洋地黄和蓝鲁冰花，苗条的柱子形成一种深红和天蓝的东方圆顶；顶上，像高挺的浅黑铜圆顶，是蓖麻的微红叶子……

他们走遍其他坳地。野苋菜举着可怕的冠顶，阿尔娱不敢碰，它们像流血的巨大毛虫。各种颜色的香脂，有麦秆色、桃花色、红白、亚麻灰，种子荚迸裂。一处毁坏的喷泉，长出灿烂的康乃馨。白色的长在满布苔藓的池缘，掉落的在大理石裂缝间集锦；从前喷水的狮嘴大剌剌长出一株巨大的红丁香，破狮子仿佛在吐血。近处一口湖，湖上曾见天鹅，现在变成紫丁香林，底下是颜色纤美的萱草和马鞭草，香气扑鼻。

“我们还没看完一半的花呢，”阿尔嫔自豪地说。“再过去，花好大，我藏在里面就像松鸡钻进玉米田。”

他们往那边去，走下一些宽台阶，沿阶倒下的瓮里摇曳着紫火般的鸢尾花。沿阶都是石竹，有如液态黄金，两侧是枝状吊灯似的蓟，青铜绿，扭曲如鸟的头，怪异又雅致如中国香炉。破败的扶手之间是垂盆草，一把把淡绿色，斑驳发霉。下完台阶，又一片花坛，上面点缀着大如橡树的黄杨，过去曾细心修剪成球、金字塔或八边形柱子，现在举目滋蔓，一片凌乱的绿，间或透见几块蓝天。

阿尔嫔带塞吉前往一个像花园坟场的地方。山萝卜在致哀，罂粟列队，充满死亡的气味，披展着沉重又狂艳的花。伤心的银莲花成群聚集，像感染温度般苍白。结实的曼陀罗伸展紫色的角，厌世的昆虫在那里吸要命的毒。金盏菊以足以窒息的叶子埋住它们已散发腐味的花。还有其他忧郁的花：多肉而锈红的陆莲花、风信子，和死于自己香气的晚香玉。瓜叶菊倒不惹眼，穿着紫色和白色袁袍子挤成一团。在这愁惨之地，仍站着一个肢体不全的大理石丘比特，微笑着，裸体上布满地衣，过去持弓的手掉在荨麻之间。

阿尔嫔和塞吉通过茂密、高及腰部的牡丹，经过时白花掉散，雪白花瓣落在手上像雷阵雨的雨滴。红的花瓣则红着脸微笑，令他们不安。然后是一畦吊钟花，无数茂盛的钟令他们欣喜。之后是紫色的婆婆纳和天竺葵，炽烈如火盆，一阵风来，扇得更旺。他们通过高唐菖蒲，高如芦苇，花在天光之下有如猛燃的火炬。他们陷入向日葵森林，秆茎粗如阿尔嫔的腰，叶子大如婴儿床，星状的脸明耀如太阳。他们进入杜鹃森林，无数的花完全遮掉枝叶，举目只见巨大的花束和轻柔的花萼。

“来吧，还没到尽头呢，”阿尔嫔叫道，“我们再往前去。”

但塞吉止步。他们在倾圮的列柱之间，有些柱子倒在樱草花和常春花之间，令人想坐上去。再过去，仍然站立的柱子之间，繁花盛绽。大片郁金香，明亮如上漆瓷器；荷包花，点点深红和金黄；百日菊，像大雏菊；矮牵牛，白棉布般的花瓣里，红肌透亮；还有他们不认识的各种花在阳光下铺展，和绿叶相互辉映。

“怎么看也是看不完的，”塞吉微笑摇手说，“坐在这里也挺好的，全是香气。”

近旁是香水花，香草气息轻柔弥漫。他们坐在一根倒下的柱子上，周遭是漂亮的百合花。他们走了一个多小时，从玫瑰漫步到百合。在香甜的忍冬、麝香般的紫罗兰、散发着温暖亲吻气息的马鞭草、在肉感激情中喘气的晚香玉之后，百合提供他们一个宁静安详的角落。百合花茎细长，在他们周围升起如凉亭，用雪白的花杯为他们遮阴，只有它们细细的雌蕊在发亮。他们坐着，像未婚夫妻在一座纯净的塔里；一个外界穿不透的象牙塔，在里面，他们的爱仍然完美纯真。

页 300：
欧仁·德拉克洛瓦，
花之宴，
1848—1849，
纽约，
大都会艺术博物馆

页 301：
特雷利斯窗，**特伦罕厅花园**，
取自 E. 艾德维诺·布鲁克《**英国的花园**》，
1857，
巴黎，
装饰艺术图书馆

洛特雷阿蒙

《诗I》（1846—1870）

马尔多罗之歌

人睡着才会做梦。有些文字像梦的文字，生命之空无、尘世的街道、或许介系词、没摆正的三脚架，将这冷冷的恍惚之诗注入你灵魂，像那腐烂之诗。从文字到观念只是差一步而已。

各种干扰、各种焦虑、各种堕落、死亡、物理或道德秩序的例外、否定的精神、残暴、意志的幻觉、酷刑、毁灭、疯狂、眼泪、不满足、奴役、深思的想象、小说、出乎意料而一定不可做的事、观察某个已死幻觉的尸体的那只神秘秃鹰的化学性、早熟而胎死腹中的经验、有跳蚤壳的隐晦事物、可怕的骄傲固执、深度不省人事的接种、丧礼演说、妒忌、背叛、暴政、不虔诚、懊恼、苦涩、侵略性的长篇抨击、精神异常、脾脏、理性的恐惧、奇怪的忧虑、读者宁愿没有感觉、扮鬼脸、精神官能症、背水一战的逻辑强力采取的残忍路径、夸张、缺乏诚恳、讨厌的东西、陈腔滥调、郁黯、沮丧、比谋杀更糟的分娩、激情、巡回法院小说家集团、悲剧、颂、闹剧、永远都在的极端、理性被嘘下台而嘘者无事、湿母鸡的气味、变钝的味觉、青蛙、章鱼、鲨鱼、沙漠热风、一切天眼通、斜视、夜间的、麻药、梦游者、泥泞、会说话的海豹、模棱两可、肺结核、间歇性的、春药、贫血、独眼、阴阳人、杂种、白化症、鸡奸者、水族馆和胡须女现象、无语沮丧的醉酒时刻、幻想、辛辣、怪物、令人丧气的三段论法、粪便、一切没头没脑像小儿的东西、荒凉、思想的马疯木、洒上香水的下疳、山茶花般的大腿、一个滚下虚无斜坡而以欢悦的叫声鄙蔑自己的作家的罪疚、懊悔、伪善、那些在其难以知觉的磨子里磨你的模糊透视法、吐在神圣箴言上的清醒口水、毒悄悄发生作用时给人的快感、克伦威尔和莫班小姐和小仲马那样的白痴前言、衰老、阳痿、亵渎、窒息、痉挛、愤怒，在这些恶臭的停尸间前（我不好意思说名字），终于该是反抗侮辱我们、霸道地要我们屈服之物的时候了。

你正在不断地被逼疯，并且困在自我主义和自尊用粗糙的技术建造的阴影陷阱里。

克劳德·克洛斯基

MARABOUT（1996）

Marabout, bout de ficelle, selle de cheval, cheval de course, course à terre, Terre de Feu, feu follet, lait de chèvre, chèvrefeuille, feuilleton, tonton Jules, Jules César, z'haricot, Ricoré, Rémuzat, musarder, désinvolte, volte-face, facétie, cigarette, arrêté, théorie, rideaux verts, vers l'avant, avant-garde, garde-manger, géomètre, mettre au clou, clouer le bec, bec à l'oie, lois pénales, Nal Délice, Lisses de France, France Loisirs, zirconite, Nintendo, Daumesnil, Nilgiri, richissime, symétrie trilogie, Giraudy, Digitsoft, Soft and Co, Cogistel, Téléfleurs, Fleurs du mal, mal acquis, quiproquo, Conesco, Coppola, la bomme cause, cause toujours, jour de fête, fête des meres, mercantile, antelope, l'opéra, rabat-joie, joyeuse Pâques, pack de bière, bière anglaise, glaise en sac, sac à main, main dans le sac, saccharose, rose fluo, Fluogum, gomina, minaret, raie au beurre, beurre d;anchois, choix des armes, arme à gauche, gauche caviar, caviardé, Art Déco, codeine, in situ, tu l'as dit, dix mille balles, balle perdue, du bidon, Dombrowski, Ski Open, peine de mort, Morrison, Sonatec, Technofi, fiche tricot, C, Martin Jean, Jean Gabin, Bengali, Lipari, Paris-Turf, Turf-Infos, faux jeton, tomber pile, pile Wonder, wonderfull, full contact, tact exquis, Kit et Kat, catogan, gant de crin, craint la pluie, pluie des mois, moitié prix, pris en faute,faute de quoi, quoi au juste? Juste Prix, prise de sang, sans payer, payez-vous, Vougécourt, court-métrage, tragédie, edifice, fils de pute, Puttelange, Langeron, Ronsenac, Nacqueville, Villetaneuse, Neusanir, Niradeth, dettes de jeu, jeu de prince, Prince de Galles, galibot, beau discours, course de fond, fond la caisse, qu'est-ce qu'il pleut, pleut des cordes, corde au cou, coup de pot, pauvre petit, petit joint, joint de culasse, Las Vegas, gazpacho, chopping board, bores to death, death duty, duty-free, fruit séché, Chez Omar, Mario Bross, brosse de peintre, peintre abstrait, très profound, font la paire, perceoreille, Rayon Vert, Vert en Ville, Ville-sur-Saulx, sauter le pas, paprika, case en moins, moins de seize ans, enkysté, Stephen King, King Kali, Ali Khan, canular, larme à l'œil, l'œil crevé, Vélasquez, kézako? Cosinus, Nussenbaum, baume au cœur, cœur fidèle, Fidèlio, Liora Fleurs, fleur de l'âge, l'âge idiot, Dioptigel, Gel Première, première fois, foie de morue, rue au pain, pince de crabe, crabotage, Agence A, Apollo, Logasoft, Softelec, Electro, trop petit, petit trot, tropical, calotin, teint ambré, bréviligne, Ligne Roset, Rosenthal, talons plats, plat pays, Pays-

Bas, Banespa, spadassin, Saint-Vincent, sans répit, pisser le sang, sans façon, sont partout, Touring-club, Club 17, 7 sur 7, 707, cent septa ns, en vitesse, test sanguine, gain de cause, cause prude.

托马斯·品钦

《万有引力之虹》(1973)

整个ETO一定到处是这样的小隔间;隔间只有三面用防火板做的灰暗墙壁,没有自己的屋顶。坦提维和一个美国同事共用一间,是史洛斯洛普中尉。他们的桌子互成直角,因此除非转向九十度,否则目光不会接触。坦提维的桌子整洁,史洛斯洛普的乱七八糟,从1942年以来就不曾清理到看得见原来的木头。他的东西大致变成一层一层,像官僚系统的包皮垢,不断向底下渗落,有数以百万计红色和褐色的卷状细小橡皮擦、铅笔屑、从打字机色带落下的细小黑垃圾、正在分解的图书馆糨糊、磨成粉的阿司匹林。然后是零零散散的回纹针、烟屁股、揉皱的香烟包、散落的火柴棒、大头针、笔芯,以及用剩的铅笔,各种颜色都有,包括罕见的黄褐色和淡紫色,还有木制咖啡匙、他母亲娜兰远从麻州寄给他的Thayer公司赤榆润喉片,零碎的胶带、线、粉笔……这些上面是一层被忘掉的备忘录、好些本浅黄色的空白配给单、电话号码、尚未回复的信、散碎的复写纸,随手为几十首歌涂下的四弦琴伴奏和弦,包括《大兵强尼在爱尔兰找到一朵玫瑰》("他有些和弦的确轻快活泼,"坦提维在报告中说,"他是一种美国的乔治·弗姆比,如果你能想象的话",但布洛特决定不想象)、一个Kreml护发油的空瓶子,各种拼图游戏遗失的片段,有些可以看出是一个魏玛猎狗的琥珀色左眼、一件长袍的绿绒褶片、一片远方云朵的暗灰色纹路、某种爆炸形成的橘色雨云(或许是日落)、一座飞行堡垒表面的铆钉、一个嘟着嘴的海报女郎的大腿内侧……几本老旧的G-2《每周情报提要》、一条断掉的四弦琴弦、几盒各种颜色的自粘纸星星、手电筒的碎片、一盒Nugget鞋油的盖子,史洛斯洛普不时用来当镜子端详自己、无数ACHTUNG图书馆那里拿来的参考书:一本德文术语字典、一本《F.O.专用手册》、《市镇计划》,以及《世界新闻》,除非它带夹子或被扔掉,否则常有一本《世界新闻》,史洛斯洛普是忠实读者。

乔治·佩雷克

《尝试描写巴黎一些场所》
圣舒尔皮斯广场,第一天

日期:1974年10月18日
时间:上午10时30分
地点:烟草酒吧,圣舒尔皮斯
天气:冷而干。天空灰色。
几片阳光。

可见事物的清单初稿:
——几个字母,几个字:KLM(在一个过路客所携信封上),一个代表Parking的大写P,"Hôtel Récamier"、" St-Raphaël"、"l'épargne à la dérive"(1)、"Taxis tête de station"(2)、"Rue du Vieux-Colombier"、"Brasserie-bar la Fontaine Saint-Sulpice"、"P ELF"、"Parc Saint-Sulpice"。
——几个传统标志:停车库P字底下两支箭,一支稍微往下指,一支指向波拿巴路(卢森堡那边),和至少四个"勿入"牌子(第五个映在咖啡馆的镜子里)。
——几个号码:86(在86路公车车头,终站站名圣杰曼德佩上方)、1(旧哥伦比耶路1号门牌)、6(在广场上,说明我们置身巴黎第六区)。
——几句一闪而过的标语:"De l'aubobus, je regarde Paris"
——小块土壤:一堆砾石和沙
——几颗石头:人行道旁、喷水池、教堂边、一些住家周围
——几许沥青
——几栋树:(带叶,叶多变黄)
——相当大片天空(约为我视界六分之一)
——鸽群,突然降落在广场中央的交通分隔岛上,在教堂和喷水池之间)
——几辆汽车(清单待列)
——几个人
——某种腊肠狗
——几块面包(长条)
——几片生菜(卷曲?)伸出一个购物篮轨迹:
96路通往蒙马特车站
84路通往香贝赫门
70路通往海耶姆博士广场、Maison de l'O. R. T. F. 4(Office de Radiodiffusion Télévision Française:国家广播和电视总部)
86通往圣杰曼德佩
Exigez le Roquefort Société le vrai dans son ovale vert
水不从喷泉喷出来。
几只鸽子站在其中一口喷水池的池缘上。

马路中央分隔岛上有几把长凳:双人座,单背。从我所在之处,我数到六把。四把是空的。第六把上,三个游民做着常见的手势(直接从瓶子喝些红色的东西)。

ARTS
DE LA CURIOSITÉ
des Arts

63 路通往犬舍门
86 路通往圣杰曼德佩
Nettoyer c'est bien ne pas salir c'estmieux
一辆德国游览车
一辆 Brinks 装甲车
87 路通往战神广场
84 路通往香贝赫门
颜色：红（一辆菲亚特、一件洋装，圣拉斐尔、“非请勿入”牌子）
一个蓝色手提包
绿鞋子
一件绿雨衣
一辆蓝色计程车
一部蓝色的二马力摩托车
70 路通往海耶姆博士广场、Maison de l'O. R. T. F.
一辆绿色的 Citroën Méhari
86 路通往圣杰曼德佩
Danone：优酪乳和甜点
Exigez le Roquefort Société le vrai dans son ovale vert
大多数人至少有一只手忙着：
他们拎提包、抓着小包包、购物篮、
拐杖、用绳子牵狗、拉着孩子的手。
一辆卡车运送金属桶装的啤酒
（Kanterbraü，Maître Kanter 啤酒）
86 路通往圣杰曼德佩
63 路通往犬舍门
一辆双层 Cityrama 巴士
一辆蓝色马塞蒂斯卡车
一辆棕色 Printemps Brummell 卡车
84 路通往香贝赫门
87 路通往战神广场
70 路通往海耶姆博士广场、通往 Maison de l'O. R. T. F.
96 通往蒙马特车站
Darty Réal
63 路通往犬舍门
Casimir maître traiteur. Trasports Charpentier.
Berth France S.A.R.L.
LeGoff tirage à bière
96 路通往蒙马特车站
一辆驾驶训练班的车子
从旧哥伦比耶路驶来，
一辆 84 路转向波拿巴路（向卢森堡而去）
Walon déménagements
FernandCarrascossa déménagements
批发马铃薯

好像有个日本人从一辆观光巴士
对我拍照。
一个老人拿着半条面包，一个女人
拿着一盒金字塔状的甜点。
86 路通往圣曼德（没有转向波拿巴路，而是驶下旧哥伦比耶路）
63 路通往犬舍门
87 路通往战神广场
70 路通往海耶姆博士广场，
Maison de l'O. R. T. F.
从旧哥伦比耶路驶来，
一辆 84 路转向波拿巴路（驶往卢森堡）
一辆巴士，空无一人
更多日本人，在另一辆巴士上
86 路通往圣杰曼德佩
Braun reproductions d'art
宁静片刻（疲倦了？）
打住。

罗莎·克兰（安德烈·罗吉），
波纳德的调色盘，
1930，
巴黎，
国家现代艺术博物馆，
蓬皮杜中心

乔治·佩雷克

我记得（1978）

我记得所有位数总和为九的数字都能
被九除尽（我有时候
花整个下午检查……）
我记得曾有一段时间难得看到
不卷裤脚的长裤。
我记得普洛菲里欧·鲁比洛沙
（杜鲁吉洛的女婿？）
我记得 Caran d'Ache 是
俄文“铅笔”（Karandach?）的
法文音译。
我记得两家康特勒斯卡普酒店
Le cheval d'or（金马）和
Le cheval vert（绿马）。
我记得 Bob Azzam 和他的乐团
演奏的 Chérie je t'aime，chérie je t'adore
（雪莉我爱你，亲爱的我仰慕你，此曲
又名 Moustapha）。
我记得我看的第一部电影，主角杰里·
路易斯和狄恩·马丁，片名
《水手小心》

我记得我花时间——我想，是我高中三年级时——改善三间屋子的电力、瓦斯和水，所有管线都不要交错（你只要是在二度空间里，就没有办法；这是拓扑学最基本的例子之一，就像柯尼斯堡的桥，或扑克牌的颜色）。

我记得：
该说“Six et quatre font tonze”，
还是“Six et qatre font honze”？
以及：
亨利四世的白马是什么颜色?
我记得《异乡人》男主角的名字是
Antoine (?) Meursault：已经有很多人
指出，从来没有谁记得他的名字。
我记得市集里的棉花糖。
我记得 Baiser 牌口红，
“让你乐在亲吻的口红”。
我记得撞太重会破裂的赤陶弹珠，
和玛瑙弹珠，以及有些里面
太少气泡的玻璃弹珠。

我记得前轮驱动的 Gang。

我记得 Three Stooges，和 Bud Abbott
和 Lou Costello；和 Bob Hope、
Dorothy Lamour，和 Bing Crosby；和
Red Skelton。
我记得 Sidney Bechet 写过一出
歌剧——还是芭蕾？——名叫 La nuit est
une sorcière（夜是个女巫）。

我记得 Hermès 手提包，扣环
小小的。

我记得《读者文摘》的
“丰富你的字汇”专栏。
我记得 Burma 牌珠宝（不过，不是
也有个叫 Murat 的珠宝系列吗？）
我记得：
Lundi matin
L'Empereur，sa femme et le P'tit Prince
Sont venus chez moi
Pour me serrer la pince
Comme j'étais parti
Le P'tit Prince a dit:
Puisque c'est ainsi nous reviendrons mardi.
等等。
我记得：
Pourquoi les filles du Nord sont-elle précoes？
Parce-que le concerto en sol mineur.
我记得老师说，
“Nabuchadnazar，都要写成两个音节！”
学生回答，“都要：都，一杠，
要。”
我记得“Mon pin ballot dans mon culot”。
……
我记得 Ivan Labibine Osouzoff 和
Yamamoto Kakapoté，和 Harry Cover。

让·杜布菲，
公寓房子，
1946，
纽约，
大都会艺术博物馆

我记得萨特为《法国晚报》写过一系列以古巴为题的文章，标题是“Ouragan sur le sucre”（蔗糖引起的飓风）。

我记得 Bourvil。
我记得 Bourvil 一出短剧，他再三说“酒精，不行，锈水，可以！”用这句短语结束他模拟演说的每一段。
我记得 Pas si bête，和 Madame Husson 的 Rosier。

我记得 Wakouwa 玩具“天才狗”。
我记得有一艘反潜巡防舰名叫 Georges Leygues。

我记得我学会 caput 衍生出来的一大堆字时，我多快乐：capitaine、capot、chef、chete、caboche、capitale、Capitole、chapitre、caporal……

罗兰·巴特

《罗兰·巴特论罗兰·巴特》(1975)

J'AIME, JE N'AIME PAS——我喜欢,我不喜欢

我喜欢:沙拉、肉桂、起司、甘椒、杏仁糖、新剪的草味(为什么哪个有“鼻子”的人不做这样的香水)、玫瑰、牡丹、薰衣草、香槟、轻抱的政治信念、格伦·古尔德、太冷的啤酒、扁扁的枕头、吐司、哈瓦那雪茄、韩德尔、慢慢走路、梨子、白桃子、樱桃、颜色、手表、所有种类的写字笔、餐后甜点、粗盐、写实主义小说、钢琴、咖啡、波洛克、托姆布雷、所有浪漫音乐、萨特、布莱希特、维恩、傅立叶、艾森斯坦、火车、美多克红酒、有零钱、《布瓦德和贝居谢》、穿凉鞋走在法国西南部的巷道里、从L博士的家看到的阿杜尔河湾弯道、马克斯兄弟、上午七点钟离开萨拉曼卡时的山脉,等等。

我不喜欢:白色的松鼠犬、穿休闲裤的女人、天竺葵、草莓、大键琴、米罗、重言式逻辑、卡通影片、阿图·鲁宾斯坦、别墅、下午、萨蒂、巴尔托克、维瓦第、打电话、儿童合唱团、肖邦的协奏曲、勃艮第的布朗勒舞和文艺复兴时代的舞蹈、风琴、他的小号和定音鼓、政治—性的、场景、创制、忠实、晚上和我不认识的人主动为伍,等等。

我喜欢,我不喜欢:这对谁都无关紧要;这显然没有意义。然而这一切都意味着:我的身体和你的不一样。因此,在这无政府的品位和厌恶泡沫,在一种倦怠的模糊里,逐渐出现一种身体之谜的形影,需要串通或恼怒。从这里开始身体的恫吓,别人必须自由地忍受我,保持沉默和礼貌,面对他们和我并不相通的乐趣或拒斥。(一只苍蝇惹烦我,我杀死它:什么惹烦你,你就杀死。我如果没杀那只苍蝇,那是出于纯粹的自由主义;我是自由主义,为了不要成为杀手。)

阿尔弗雷德·多布林

《柏林亚历山大广场》(1929)

人和野兽下场一样;野兽会死,人也会死

柏林的屠宰房。在这个城市的东北部,从艾登纳街过塔尔街过兰斯柏格巷,到戈登组斯街,沿着环行铁路,都是屠宰场、牲畜饲养场的房子、大厅和畜棚。

它们面积47.88英亩,等于118.31公顷。兰斯柏格巷后面那些结构不算,总共投入27,083,492(德国)马克兴建,其中牲畜场占7,682,844马克,屠宰房占19,410,648马克。

牲畜场、屠宰房和批发肉市,形成一个密不可分的经济整体。行政主管是负责牲畜场和屠宰场的市府委员会,成员是两个市府行政人员、一个区办公室的人员、十一名议员,以及三个市民代表。整个组织有二百五十八个雇员,其中有兽医、督察、打印员、兽医助手、督察助手、常设雇员和劳工。1900年10月4日的流程条例:一套“总规则”管制牲畜的驱赶、饲料的交运、收费等级、市场费、屠宰费、猪肉市场撤除饲料槽的费用。

沿着艾登纳街,是脏灰色的墙,墙顶是有倒钩的铁丝。外面的树光裸无叶,时值冬天,树汁都跑进根部,在那里等待春天。屠宰车轻轻悄悄驶来,黄色红色的轮子,车前是昂首阔步的马。一匹骨瘦如柴的马跟在车后,人行道上有人喊一声“艾美儿”,他们开始讨价还价,五十马克,我们八人玩一轮,马转向,抖一抖,啃起一棵树来,车夫把它扯开,五十马克一轮,奥图,不然拉倒。人行道上那个人拍拍马:好吧!

黄色的行政总部,一座纪念战争罹难者的方尖塔。右边和左边都是玻璃顶的长廊,这些是畜棚和候宰间。外面是黑色的招牌:柏林批发屠宰联盟,公司。未经授权,不得张贴任何文件。董事会。

长廊里有门,是黑色的开口,动物从

彼得·布莱克,
杜乐丽花园,
2004

SOPIANAE
MULTIFILTER
FRAMBO
6. Place
Saint-Germain-des-Prés
75006 PARIS
45. 48. 55. 25
LES DEUX MAGOTS
152497
RÉUNION
DES MUSÉES NATIONAUX
ENTRÉE
PLEIN TARIF
3631A
arôme cassis
arôme cassis
32'
628226A
LE CARROUSEL
Maison CAMPION
BON POUR 1 TOUR
non remboursable
LE CARROUSEL

这些开口赶过去，二十六、二十七、二十八号。牲畜廊、猪肉间、屠宰间：动物的死刑法庭，挥舞着刀斧，你们不会活着离开这里了。近旁就是宁静的街道，史特拉斯曼街、里比希街、普洛斯考尔街，以及民众在那里漫步的公共花园。他们的住处舒适相近，有人生病了，喉咙痛，医师就跑着赶到。

不过，另一方面，环行铁路的铁轨延伸十英里的距离。牲畜从外地运来，羊、猪、牛，从东普鲁士、波米拉尼亚、布兰登堡、西普鲁士运来。它们在它们的围栏上咩咩叫哞哞叫。猪低吼，猛嗅地上，不知道自己正在去什么地方，而后面有人拿着棍子赶它们。它们在畜棚里躺下来，又白又肥，一只紧接一只，打鼾、睡觉。它们先被赶了好一段时间，然后在车厢里颠簸，现在它们置身之处没有震动了，只是石板冷冷的。它们醒过来，又彼此紧贴。它们躺在那里，一只叠一只。两只在打架，彼此撞脑袋，互相咬脖子和耳朵，转圈圈，吼叫，然后偶尔十分安静，只管你咬我我咬你。其中一只心生怯意，爬过其他猪的身体，它的对手跟着它爬，一阵咆哮，底下众猪翻了翻身，这两只重重落地，你追我逐。

一个身穿亚麻布工作服的男人缓步行过走廊，猪圈打开，他进入，拿着一根棍子站在动物之间；然后，门一开，它们就往外冲，尖叫，低吼，狂嘶。它们沿着走廊猛挤。经过中庭，在畜棚之间，他赶着它们，这些好笑的东西，好玩的肥臀，好玩的小尾巴，背上红红绿绿的纹路。有身轻可爱的小猪，有那一片脏污，嗅一嗅，往前跑，抓抓地吧，还剩几分钟呢？没错，别管那么多，赶快嗅嗅抓抓吧。你们就要被宰了，就在这儿，瞧瞧屠宰房吧，屠宰房。老房子还是有的，但这里有新式房子，亮亮的，红砖砌的，从外面看，你会以为是一个锁匠作坊，一个机器铺子、办公室，或制图室。我要走另一条路，亲爱的小猪们，因为我是人，我走这道门，我们在里面再见。

推一下门，它回弹，扇去又扇回。哇，好多蒸汽。他们在蒸什么？像在洗澡，那么多蒸汽，猪们正在洗土耳其浴吧，也许。你简直看不见你走在什么地方。眼镜整个雾糊糊的。你可以全身脱光，用汗逼出你的风湿病，光是白兰地还不够，拖鞋喀啦喀啦来去。什么也看不到，蒸汽太浓了。但噪音连续不断，尖叫声、喷鼻息声、吧嗒吧嗒声，人你呼我应的声音，工具摔落的声音，猛盖盖子的声音。这里有猪，它们从那边进来，从侧门进来。这浓密的白气！它们，猪，在这里，有的挂起来，已经死了，被切开，差不多可以供人好好吃一顿。一个男子正在用一条水管喷洗切成两半的白色猪体。猪体挂在铁柱子上，头朝下；有的猪还是全猪，腿锁在柱顶的十字杠上，死动物一筹莫展，也跑不动。砍下来的猪脚成堆搁着。两个男人共扛一个东西在雾中现身，铁杠上一只猪，五脏六腑掏掉了，身体剖开。他们将铁杠举起，两头穿到环子里。它的许多同志也挂在那里晃啊晃的，眼睛瞪着石板。

你在雾中行走。石板有沟纹，潮湿，满是血。铁柱之间是一排排脏腑掏空的动物。后面那边一定是猪圈，有叭啪声、叭嗒声、尖叫声、嘶吼声、嘎嘎声、咕噜声。蒸汽锅和大桶子送出蒸汽。死去的动物被放到滚水里烫，提出来，非常白，一个男人拿一把刀子刮表皮，动物这就更白了，整个松弛，像洗过一次挺累的澡，又像经过一场手术或按摩，一排排躺着，在长凳上或长板上，穿着新的白衬衫，十分安静，吃饱喝足的那种平静。它们全都侧躺，有些身上看得到两排乳头，母猪挺多乳头，它们一定是多产的动物。但它们全都有一个直线的红色切口，从喉咙往下一直到身体中央。

又是砰的一声，后面一扇门打开，蒸汽消失，他们又赶进来一群猪，你们跑那里，我从正面的滑门走进，有趣的红润的东西，有趣的火腿，有趣的卷尾巴，背上有各种颜色的条纹，它们在新的猪里嗅嗅闻闻。新圈和旧圈一样冷，但地板也有湿湿的东西，某种未知的东西，某种红色的润滑。它们用它们的口鼻嗅嗅闻闻。

一个面容苍白的年轻人，金发溜亮，嘴里叼根雪茄。看，他就是来料理你们的人。别生他的气，他只是做官方派给他的差事。他必须找你们解决行政事务。他一身打扮只有长筒靴、长裤、衬衫和吊裤带，靴子高过膝盖。那是他的上班服，他从嘴里摘掉雪茄，搁到墙上一个架子上，从角落里拿起一把长斧。那是他职位尊严的象征，他起立高于你们的象征，就像一个刑警的铜徽。他即将向你们霍霍而来。年轻人拎起一根木杆子，举到他肩膀的高度，对着一群咕噜咕噜叫的小猪，杆子底下，小猪们用鼻子在地板上摩着，嗅着，仿佛没事一般。年轻人走着，朝下看，找着，找着。喏，一只小猪跑到他脚前，喏，又一只。年轻人手脚快，他已弄清情况，斧头"咻"的一声砍下，钝面落在它们之间，击中一只接一只的脑袋。了不得的一刻！有的四脚乱踢，有的全身拧扭，有的左摇右晃，有的没知觉了，歪躺在那里。那些脚和脑袋在做什么？可问题不是猪，而是腿，你可以说是那些腿自己在行动。而且有两个男人已经开始从烫猪间那边望过来；轮到他们了，他们拉起通往屠宰间的滑门，拖出动物，他们在石头上磨利他们长长的杀猪刀，膝盖着地，唰，唰，把刀子刺入喉咙，一划，在喉咙里划出一道非常长的裂口，动物张开如袋子，很深的切口，动物身体抽搐，踢腿，拼命挣扎，失去知觉，只是失去知觉，还有下文，它尖叫，好，现在要割喉咙的血管了。它全无知觉，我们现在已踏入形而上学，踏入神学，我的孩子，你不再行走在大地上了，我们现在是漫步云端。盆子快拿过来，暗色的温热的血流进去，泡泡和泡沫流进盆子，赶快搅拌。血在身体里凝固，形成栓塞，止住创口。现在，血离开身体，还是会凝固。像一个孩子，躺在手术台上，一声声哭喊妈妈，妈妈，可是叫妈妈没用，妈妈不在这儿，面罩底下，它在乙醚中窒息，它不断叫喊，一直到再也喊不出来：妈妈。刀刃过处，血管，左边，右边。赶快搅拌。对了。好，抽搐停了。这下你安静了。我们上完生理学和神学，接下来是物理学。

膝盖着地的男子起身。他膝盖酸痛。猪还得烫、拿掉五脏六腑、切开来，必须一步一步来。老板，脑满肠肥，在蒸汽里来回踱步，喷着烟斗，不时瞥瞥膛开腹剖的猪。回旋门边的墙上贴了一张海报：年度舞会，牲畜运输商第一部门，萨包、富利德桑，科恩姆巴赫管弦乐团。外面则是拳击赛海报，日耳曼尼亚厅，乔塞街一一〇号。门票一块半到十马克，四场资格赛。

牲畜市场的供应量：一千三百九十九头公牛、两千七百只小牛、四千六百五十四头羊、一万八千八百六十四只猪。市场情况：优质公牛坚挺，其余平静。小牛坚挺，羊平静，猪开市坚挺，尾市走弱。

风刮过车道，下着雨。几名男子赶着一大群长了角的牲畜进场，牲畜们叫着。动物们彼此紧靠，停下来，然后跑错方向，人拿着棍子驱赶它们。乱军之中，一只公牛跳到一只乳牛身上，乳牛左闪右躲，公牛不放，再三要骑到它身上。

一只巨大的白色公牛被赶入屠宰长廊。这儿没有蒸汽，没有那种集合猪群的猪圈。那只又大又壮的动物，那头公牛，在诸人驱赶之下独自进廊。它面对处处血渍的屠宰廊，切断的骨头，以及四处张挂的牛，有切成两半的，有大卸八块的。它被棍子戳戳刺刺，赶到屠夫面前。为了叫它安静立定，他用斧面给它后腿一拍。一个赶猪人揪住它脖子下方，公牛站立片刻，然后屈服，出奇安详，仿佛同意了，心甘情愿，它看了那一切，领悟这是它的命运，它无可奈何。或许它认为那个赶猪人是在爱抚它，它看起来那么友善。这只动物顺着赶猪人双臂一拉之势，脑袋往一边斜倾，嘴巴朝上。

这时屠夫站在它背后，铁锤高举。别回头看！那个强壮老兄双掌紧握高举的铁锤就在你后面，

就在你顶上，然后：霍的一声，下来了！一个强壮男子的肌肉力量，像铁楔子般打入它脖子！一秒之后——铁锤尚未提起——动物的四条腿弹一下，整具沉重的身体仿佛猛然飞起。然后，这只野兽仿佛没脚似的，重重的身体落到地上，痉挛的腿撑不住，它侧躺下去。刽子手从它左边绕到右边，先猛击脑袋，然后太阳穴，算他好心，用力极大：你不会再醒来了。然后，他旁边一个男子摘掉嘴里的雪茄，擤擤鼻子，磨磨刀子，那刀子有半把剑长，跪在动物脑袋后面；动物的腿已经不再抽搐，只有短促的痉挛将它的下半身来回一甩一甩。屠夫在地上找东西，用刀之前，他先叫准备盆子接血。在一颗强壮的心脏搏动之下，血仍在牛体内循环，未受多少干扰。当然，脊柱是碎裂了，但血仍兀自在血管里流着。肺呼吸着，肠胃动着。现在他用刀，血将会喷出，我都看到了，血流粗如你的胳臂，暗黑色、美丽、奔腾的血。然后这快乐的一群将会离开房子，来宾跳着舞到外面，一阵骚乱，一切消失：快乐的牧场、温暖的马厩、芳香的饲料，一切消失，变成一个空空的洞、黑暗，一个新宇宙浮现！哈哈！突然，我们看见一个买下这房子的先生，新街道正在展开、更好的商业条件，拆毁一切。他们把大盆子拿过来，往他挤过去，这只巨大的动物高踢后腿。刀子从咽喉近旁之处刺入它脖子，仔细找到血管，血管由厚硬的皮保护，防卫坚强。现在开了，喷泻而出，热热，源源而至的暗色东西，暗红色，那血咕嘟咕嘟冒出，越过刀子，越过屠夫的胳臂，奔腾的血，热热的血，客人来了，转变持续，你的血从太阳来，太阳藏在你身体里，现在又喷涌而出。动物费力喘气，简直就是窒息，巨大的恼怒，它猛喷鼻息，发出低吼。没错，它正在散架，腰窝剧烈起伏，其中一个上前帮它。要石头掉落，就推它一把。一个男子跳到动物上面，跳到它身上，用两只脚站在上面，跳一跳，踩它身体，血应该会喷更快，全都喷出来。喷鼻息的声音更大了，一种拉得很长的喘息，喘着，后腿自卫，已经只能轻踢。那些腿微微颤抖。生命逐渐随鼻息消失，呼吸逐渐轻缓。后半身重重倾倒。那是大地，他是重力。男子往上一跳。底下，另一个男子已经准备翻牛脖子的皮。

翁贝托·艾柯

《玫瑰的名字》(1980)

萨尔瓦多浪游世界，乞讨、偷盗、装病、帮某个领主工作一段时间，然后又上山或上路。从他告诉我的故事，我想见他置身成群流浪人之间，那些年里，我目睹愈来愈多那类人一帮帮一伙伙浪迹欧洲各地：假僧侣、江湖郎中、骗徒、游民、衣衫褴褛的人、麻风病患者、瘸子、卖艺人、老弱或生病的佣兵、从异教徒手中逃得一命但已万念俱灰的流浪犹太人、疯子、逃犯、被驱逐出境的人、一只耳朵被割掉的作奸犯科之徒、鸡奸者，以及流动工匠、织工、补锅匠、修椅匠、磨刀匠、编篮匠、石匠，还有形形色色的无赖、伪币制造者、流氓、诈赌为生之徒、混混、欺负弱小的恶霸、恶棍、诈欺之流、不良青少年、买卖圣职和中饱公款的修士和教士、靠别人轻信过日子的人、伪造教皇诏书和教皇印玺之徒、兜售赦罪券的贩子、赖在教堂门口的假半身不遂患者、从修道院逃出来流浪的人、圣物贩卖者、赎罪券贩子、占卜的和算命的、和亡灵通话的法师、信仰治疗师、到处找人施舍之徒、各种通奸犯、用欺骗和暴力败坏修女和处女之流，假装水肿、癫痫、痔疮、痛风、烂疮和忧郁成疯的人。有人在身上抹灰泥，装扮成无可救药的溃疡，有人将自己嘴巴塞满红色的东西，假装肺痨，又有无赖假装肢体不便，拄着拐杖，模仿癫痫、疥癣、淋巴肿、肿病，系着绷带、涂着红色酊剂、手上有铁剂、头上绑着布条，浑身恶臭溜进教堂，突然在广场晕倒，口角流涎，双目暴突，鼻孔喷出用黑莓汁和朱红料调制的血，吓得周遭的人想起神父告诫人要施舍行善，给他们食物或银钱：要和饥饿的人分享你的面包，带无家可归的人到你家的火炉边，我们探视基督，我们给基督地方住，我们给基督衣服穿，因为正如水清涤火，慈善清涤我们的罪。

我在这里叙述的这些事情之后许久，我在多瑙河沿岸看见许多，而且现在还看见一些这类郎中，他们有名字，而且可以再细分无数种类，就像魔鬼。

那就像流过世界道路上的泥泞，其中混杂着诚信的教士、不断寻找牺牲品的异端，和制造不和谐的煽动家。

页 312—313：
英国画派，
屠户的店面，
19 世纪，
私人收藏

页 314—315：
法兰德斯画派，
瞎子，
1643，
巴塞尔，
艺术博物馆

页 318—319：
伊夫·唐吉，
圆弧的繁增，
1954，
纽约，
现代艺术博物馆

翁贝托·艾柯

《波多里诺》（2000）

他们前进之际，先是听见一个远处的声音，然后是一种噼啪暴响，愈来愈清晰可闻，仿佛有人从峰顶丢下一大堆圆石和石砾，雪崩似的挟着泥土和碎石，轰隆而下。然后，他们看见一阵尘土，像雾或霾；不过，一大团湿气会使太阳光变暗，这雾霾却发出无数闪光，仿佛太阳光射在一片不断飞舞的矿物原子上。

拉比所罗门首先领悟。“是桑姆巴提庸，”他叫道，“我们接近目标了！”

的确，那就是石河，他们来到河岸上，嘈杂声震耳欲聋，他们几乎听不见彼此说话。眼前是一条壮观的岩石和土块之河，不断地流，在漫无形状的大量石流中可以分辨各样石板，利如刀，宽如墓碑，当中并且有砾石、化石、尖峰和危岩。

凝灰石的碎片以相同速度移动，仿佛被强风驱使，它们翻涌滚动，巨大的断层在上面滑，然后，当冲力减少，它们形成溪流般的碎片，小石块现在是圆的，仿佛在大石之间滑行时被磨圆，它们蹦起来，落回去，发出刺耳的声音，被夹在它们自己形成的下落石潮里，磨挤碰撞。在这彼此迭撞的矿物之中、之上，激起阵阵沙烟、白垩、火山砾、浮石、尘流。

到处是碎片喷洒和煤片纷飞，落在岸上，这些旅人必须掩脸，才不会割伤。

……

他们策马六天，目睹河床变窄，先是变成一条溪流，然后变成小溪，但他们第五天才到达河源。在那之前有两天，他们看见地平线上毫无间断的高山脉俯临他们，几乎使他们看不见天空，他们挤在愈来愈窄的隘道里，没有出口，只见高高的天下一大片只有些微亮度的云啃着那些峰顶。

有个裂缝，像两山之间一道伤口，由此裂缝，他们看见桑姆巴提庸如泉源般冒出：砂岩滚动，凝灰岩汩汩而出，污石滴落，碎石滴答，土块咕噜，泥石泛滥，黏土如雨，全都逐渐化成一条石流，开始它前往某个无垠沙海之旅。

……

走了五天和闷热如同白天的夜晚后，他们才明白，那不断搅动之潮正在改变，流速加快，其中看得见几股石流，像激湍似的，把玄武岩碎片像稻草般拖着跑，远处则听见雷声……然后，愈来愈冲动，桑姆巴提庸分成无数小细流，在山坡之间渗透，像手指插入泥块；有时一个波浪被岩窟吞掉，然后，从一个看来不通的岩口大吼而出，怒奔谷底。突然，在他们由于河岸不可行而绕一个大凹曲之后，在花岗岩旋风摧击之下，他们来到一个高地之顶，看见底下的桑姆巴提庸已被仿佛是地狱的无底洞掩灭。

许多瀑布从排列如同半圆剧场的岩檐冲进一个无底漩涡，吐不完的花岗岩，沥青潮汐，明矾洄流，片岩喷涌，雄黄撞击两岸。那漩涡往天空喷射，但在有如从塔顶下望的人眼中，射得并不高，阳光在那些硅滴上形成一道巨大彩虹，而由于各滴各依其性质来反射阳光，这彩虹的颜色远多于暴风雨后天空通常出现的那些彩虹，而且似乎要永远放光不消释。

像赤铁矿和辰砂发红，一种如同钢的黑光，雌黄碎片的奔窜，从黄色到鲜橙色，青蓝，煅烧壳的白，孔雀石绿化，密陀僧褪化成番红花色，绿色泥土的喷发，变成金尘，再转成多层次的靛和紫，那是青铜粉的胜利，铅白的紫化，山达脂的爆燃，镀银黏土做的长椅，雪花石膏的透明。

在那铿锵叮当之中，人声再大都听不见，而这些旅人也不想说话。他们见证桑姆巴提庸消失于地里时发出的死亡之痛，它想把它周围的一切拖着走，死命抓住那些石头，却只显出它的无力。

Legen Sie Ihr Geld in dada an!
dada
Komm
nf
Die
ant
He, he, Sie junger Mann
Dada ist keine Kunstrichtung
Die große
dada
Tretet dada bei.
DADA i S

第十七章

混乱的枚举

接下来，我们要谈混乱的枚举。在这里，我们很乐意介绍一种内容完全庞杂的异质清单。前文已经提过，这类清单的早期例子可见于拉伯雷的作品，不过，我们还可以找到更早出现的先例。有一个例子是出自中世纪初期，即僧侣的玩笑，叫做**塞普利亚诺斯的晚餐**（Coena Cypriani），在一场晚餐的过程中，许多《圣经》上的角色人物涉入一些极端荒谬的行事。追究此作究竟是不是真正出自圣塞普利亚诺斯之手（他是公元3世纪的人），或者，此作有无可能是数百年之后的人写的，并无意义。这件作品是不是具备协助记忆的功能，也就是说，协助年轻的僧人记诵《圣经》故事，以及这件作品是否纯为娱乐消遣之用，也不得而知（有人认为这是游戏之作，或者讽刺的仿作）。事实是，作品里的一连串事件在当时的读者看来必定并无荒谬之处，因为每个角色所做的事，在某一层次上都将该角色连接于《圣经》里的记载。不过，在今天的读者眼里，其中的清单看来颇富混乱的乐趣，令人想起电影《天下大乱》（*Hellzapoppin*）（这部片子可能就是由此作得到灵感，谁知道呢）。

混乱的枚举有个重要的例子，这件例子预启超现实主义者作品里那些令人不安的清单，这个例子就是**兰波**（Rimbaud）的名诗《醉舟》（*Bateau Ivre*）。事实上，关于兰波，值得注意的是连缀式枚举和不连缀枚举之间的识别[1]。连缀式的枚举，我们在本书里征引许多作品为例。连缀式的枚举将许多不一样的事物捉置一处，给予整个集合一种连贯，这连贯在于，它们是同一个人的眼睛所见，或者，它们被放在同一个脉络里考量；反过来说，不连缀的枚举，表现的是一种破碎离析，一种精神分裂症，一个人知道他得到的是一批彼此异质的印象，

汉娜·霍克，
用达达菜刀切过德国最后一个魏玛啤酒肚文化时代，1919，
柏林，
柏林国家博物馆，国家画廊

却没有能够赋予那些印象任何统一。前面提过斯皮策的文章，他就是从不连缀的枚举获得灵感，产生“混乱的枚举”这个概念。事实上，他还从兰波的作品《彩图集》（*Illuminations*）里援引诗句为例：

树林里有一只鸟，它的歌令你止步，令你脸红。
有一个钟，这钟是不鸣的。
有一处沼泽，里面有白色野兽的巢。
有一座下降的教堂和一个上升的湖。
有一辆小小的马车丢弃在草丛，或者
冲下小径，还饰着缎带。
有一团身穿戏服的小演员
被从树林边缘瞥见在路上。
最后，当你又饿又渴，有人
载你出去。[2]

文学上，例子不可胜数，难以选择。拉丁美洲文学里可以找到许许多多混乱的清单，为了避免没完没了的开列清单的例子，我们要自我限制一下，只摘录**聂鲁达**（Neruda）一段文字[3]，作为示例。我们不能不提**普雷维尔**，而且一定要从**卡尔维诺**的作品摘一段例子。我们摘引的卡尔维诺例子是他的“宇宙连环图”（Cosmicomic）幻想，他想象地球表面是由陨石的碎屑随机形成，在这想象的过程中，作者自己频频将其清单定义为一种“荒谬的大杂烩”，并且提示我们：“做这样的想象，我乐在其中，我想象这些彼此极不协调的物件之间有某种神秘的纽带将它们维系在一起，不过，这是什么性质的纽带，我也只能猜测。”

在《你是顶尖的！》（*You are the Top!*）这件作品里，科尔·波特（Cole Porter）赋予他所爱许多属性，乍看之下，我们很难想象，到底有什么神秘的纽带将这些属性连在一起：“你是顶尖的！——你是罗马竞技场。——你是顶尖的！——你是卢浮宫。——你是施特劳斯一首交响曲里的一个旋律——你是班德尔（Bendel）圆帽，——莎士比

梳子、发夹和其他梳妆用具，
庞贝出土，
1世纪，
那不勒斯，
国家考古博物馆

亚的一首十四行诗，——你是米老鼠。——你是尼罗河，——你是比萨斜塔……”

拿波特这首歌，和**布勒东**（André Breton）对他女人的赞美，以及**巴雷斯特里尼**（Balestini）对里奇蒙小姐的称赞比较一下，十分有趣。从这样的一种比较，我们可以看出以所指为基础的清单，和以能指为基础的清单之间的对立。非常明显的是，在巴雷斯特里尼，最重要的是头韵，他为了成全那些头韵，甚至不惜自己杜撰不属于意大利文的形容词，波特和布勒东的作品则另外有个用意，就是要唤起精确的意象，波特唤起的意象完全是超现实的，布勒东唤起的意象则出之以一种比较容易接近的“音乐”风格。

这两位作者所做的枚举虽然大多具备不容置疑的连贯条理，但他们还是拥有资格，足以进入混乱枚举的大师之列（而且两人向来经常被援引为混乱枚举之例）。我们这本书并且收入**加达**（Gadda）和**阿尔巴西诺**（Arbasino）的作品，读者可以参考。加达列举卡文纳吉（Cavenaghi）家中的布置摆设，以及克普洛街（Via Kepler）一场火灾里发生的事；以卡文纳吉家的布置而言，你会说，这个家的摆设真是混乱，你还会说，那场火灾引起的事情真的好混乱；不过，说它们混乱，都只是譬喻，因为那些布置摆设全都包含在那栋房子里，而且非常可能真有其事，至于克普洛街火灾过程中发生的事件，那些事件发生的秩序也明确井然。至于阿尔巴西诺，他描写了根据推断是真实的地方、人物和事件（某个教会人员拜访这户人家），而且是根据编年式的事件顺序来呈现。不过，在这些例子里，引起读者注意的是作者那种胃口旺盛、多多益善的目光，这目光有如一种语言上的贪食症，将原本并非混乱的事情变混乱。总而言之，这两位作者（阿尔巴西诺向来高举加达为他向往的模范）都是将秩序“混乱化”的高手。

辛波丝卡那首诗《生日》（*Birthday*）的情况与此类似，诗中像清单一般列举的事物其实都存在于这个世界上，但我们的生活里有一种奇妙的混沌，这份清单的构思方式，就是要赞美这混沌。

本章的结尾，我们要提到内容互不协调的清单的最伟大例子（如果这清单能化繁为简的话），也就是一部叫做《天朝仁学广览》（*Celestial Emporium of Benevolent Knowledge*）的中国百科全书里的那份动物清单，这份清单由博尔赫斯（Borges）杜撰，后来福柯

罗伯特·劳森伯格，
无题，
1964，
私人收藏

贾科莫·巴拉，
少女在阳台上跑，
1912，
米兰，
现代艺术画廊

（Michel Foucault）在其著作《词与物：人文科学考古学》（*Les mots et les choses*）里援引为例子；根据这份清单，动物区分为以下种类：（a）属于皇帝的、（b）涂上香料的、（c）经过训练的、（d）乳猪、（e）人鱼、（f）传说中的、（g）流浪狗、（h）包括于本分类中的、（i）像发疯般发抖的、（j）不可胜数的、（k）以非常细的骆驼毛笔画的、（l）诸如此类、（m）刚打破花瓶的、（n）远看像苍蝇的[4]。

细思一下有条理的过度和混乱的枚举，我们就明白，与古代的清单相较之下，后来的清单已有不同的改变。我们谈过，荷马所以诉诸清单，是因为他觉得自己没有那么多字词、舌头和嘴巴，这个“难以言喻”的传统主导了上下数百年文学作品里的清单。然而，仔细看看乔伊斯或博尔赫斯笔下的清单，我们可以清楚看出，他们所以开清单，并不是因为他们计穷，不晓得要如何说他们想说的事情。他们以开清单的方式来说他们要说的话，是出于他们对过度的喜爱，是出于骄傲，以及对文字的贪婪，还有，对多元、无限的知识——快乐的知识——的贪求。清单成为将世界重新洗牌的一种方式，差不多就像把特沙乌洛的想法付诸实践，亦即累积属性，以便引出彼此遥不相及的事物之间的新关系，而且对一般人的常识所接受的关系加以质疑。未来主义、立体主义、达达主义、超现实主义，或新写实主义各以不同的方式启动形式的崩溃，混乱的清单就是这崩溃的模式之一。

页 328—329：
维洛尼塞（保罗·卡里亚利），
迦南的婚宴，
1563，
巴黎，
卢浮宫

[1] 请参考舒曼（Detlev W. Schumann）的文章《惠特曼、里尔克、维弗尔作品中的枚举风格及其意义》（*Enumerative Style and Its Significance in Whitman, Rilke, Werfel*），刊登于《现代语言季刊》（*Modern Language Quarterly*, June, 1942）。

[2] *Enfance III*, Paris, Gallimard, Bibliothèque de la Pléiade, 1972.

[3] 关于聂鲁达，请看阿隆索（A. Alonso）著作《聂鲁达的诗与风格》（*Poésia y estilo de Pable Neruda*, Buenos Aires, 1940，斯皮策那本书第23页援引），书中有一章“零散的碎片和异质的物件”（Disjecta membra y objetos heterogéneos）谈到“不相统属的枚举”（enumeraciones desarticulatas）。

[4] 请参考*Enquêtes*，收入*Œuvres complètes I*（Paris, Gallimard），“七星文库”（Bibliothèque de la Pléiade），1993。

《塞普利亚诺斯的晚餐》

（5至6世纪）

有个国王，名叫约尔，
在东方，在加利利的迦南
庆祝自己结婚，邀请
许多人出席他的婚宴。
所罗门备席，
众宾俱至。
首先就座的是：
亚当，前排中央，
夏娃在花瓣上，
该隐在犁上，
亚伯在奶桶上，
挪亚在方舟上，
雅弗在砖上，
亚伯拉罕在树下，
以撒在祭坛上，
雅各在一块石头上，
罗得在门附近，
摩西在一巨石上，
厄里亚在兽皮上，
但以理在法官椅上，多比亚
在床上，
约瑟在谷桶上，
便雅悯在一个麻袋上，
大卫在一个土堆上，
约翰坐地上，
法老王坐沙上，
拉撒路在桌上，
耶稣在井边，撒迦利亚在枫树上，
马太在凳子上，利百加在瓮上，
喇合在麻絮上，路得在禾秆上，
太克拉在窗台上，
苏珊娜在花园里，
押沙龙在树枝之间，
犹大坐在钱袋上，
彼得坐在桌边，
詹姆斯在网子上，
参逊坐在柱子上，
拉结坐在她的包包上，
保罗站在那里等着，
以扫在那里咕哝，
约伯在发牢骚，
他是唯一坐在粪堆里的人。

麦克斯·恩斯特，
三十三个少女追蝴蝶，
1958，
马德里，
提森·波涅米萨博物馆

亚瑟·兰波

醉舟（1871）

我看着闪电撕裂天空，
看着水柱，和冒气的暗流，
以及黎明如鸽群展翅而起——
我看过人只在梦中看见的
事物！
我看见太阳带着神秘的恐怖变暗
穿过紫雾闪烁；
波浪抖动它们的百叶窗
下坠如远古戏剧中的演员。
我梦过绿色的夜和闪亮炫目的
雪，
徐缓的亲吻在大海眼中升起，
不知名的液体流动，磷光旋律
的蓝黄色觉醒！
好几个月，我看着海水的激涌，
如歇斯底里的牛群攻击礁石；
我从来不认为玛丽光亮的脚
能止住气息凶猛的浪！
我撞上（你知道吗？）不可思议的
佛罗里达
在繁花之间看见
披着人皮的黑豹的眼睛！彩虹
羁勒着地平线下的蓝色马群。
在恶臭的沼泽中我看过巨大的残骸：
一只海兽在芦苇里腐烂！
水在宁静中散碎
在远处化成白沫！
冰河、银色太阳、珍珠浪、起火的天空，
巨蛇搁浅而被臭虫饱餐，
从枝叶纠缠的树上
掉落深暗的水湾，在黑色香水中沐浴！
我要给孩子们看看
这些鱼
在蓝色波浪中发亮，唱歌的金黄色鱼——
花的泡沫呵护我的源流
轻柔的风使我添翼。
有时候，受尽极区和各道带之苦，
海在呜咽的歌声中轻摇我，
带给我有黄色茎柄的影花——
我不动如女人，跪着……
几乎像一个岛，我悬浮着
贪婪、金眼的鸟，它们的粪，
它们的尖叫，
我漂流着。在脆弱的缆绳间
溺死的人，眼睛仍往上瞪着，
沉下去长眠。
我，迷失的小船，涡旋的残骸，
被暴风雨抛入鸟飞不到的上空
——汉莎同盟所有的商船和战舰
都钓不起我满饮海水的身躯。
自由高翔，追着紫雾，
射过苍穹，一堵变轻的墙
濡满诗人的灵感，
太阳的地衣，和蓝天的鼻涕。
失落的枝干在海马群中旋转，
浑身覆满电的动物，
永恒的七月击打着
闪耀的天空和它火热的漏斗。
听见怪物吼叫而颤抖，
发情的巨兽在厚重的漩涡里，
我，永远织着那不动的蔚蓝，
想念欧洲和它古老的城墙！

萨尔瓦多·达利，
西班牙，
1938，
鹿特丹，
波吉曼斯·凡·贝宁根博物馆

巴勃鲁·聂鲁达

费德里科·加西亚·洛尔迦颂（1936）

我如果能将市镇厅塞满煤灰
并且啜泣着拆下那些时钟，
那将是为了看见
夏天带着它破裂的嘴唇，
许多人身穿濒死的衣服，
许多带着感伤的光辉的地区，
许多死掉的犁和罂粟，
许多掘墓人和骑马人，
许多染着血污的星球和地图，
许多满身灰烬的秃鹫，
许多蒙面人拖着
被大大的刀子刺穿的少女，
根、血管、医院、
水泉、蚂蚁，
夜带着床，上面
一个骑兵在蜘蛛群中垂死，
一朵仇恨和大头针的玫瑰，
一艘泛黄的船，
一个带着孩子的多风之日，
我和奥利维里欧、诺拉、
文森·亚力山德勒、德里亚、
马鲁卡、马瓦·马利纳、马利亚·
路易沙，和拉尔科，
金发人、拉斐尔·乌加特、
科塔波斯、拉斐尔·艾尔柏提、
卡洛斯、贝贝、马诺洛·艾托拉奇尔、
莫里纳里、
罗沙里斯、康查·曼德斯
以及我记不得的其他人，
来到你家。
来，让我为你加冕，健康和蝴蝶的
青春，纯粹的青春，
如同永远自由的黑色闪光，
而只有你知我知，
岩石之间已经再无一人的
时候，
我们就坦诚简单说吧：
诗如果不是写给露水，复有何用？
费德里科，
你看见世界，那些街道，
醋，
车站里的告别，
当烟升起它断然的轮子
朝向只有一些
分离、石头、铁道之处。
到处
都有那么多人提问题。
有那浑身是血的盲人，和
发怒的，和
丧气的，
和狼狈的家伙、棘刺树、
背后有人羡慕的土匪。
人生就是如此，费德里科，这些
就是我的友谊能献给你的东西，
一个忧郁而男子气的男人的友谊。
你自己已经知道许多事情，
其他的，你会慢慢知道。

詹姆斯·恩索尔，
被面具包围的艺术家画像，
1899，
爱知县小牧市，
梅纳德艺术博物馆

普雷维尔

尝试描写法国巴黎一场化装晚会（1931）

那些一派虔诚的……
那些十分富丽的……
那些像出席就职典礼的
那些听信一切的
那些相信自己相信的
那些乌鸦般呱呱叫的
那些戴羽毛的
那些细嚼慢咽的
那些像安德洛玛奇的
那些像无畏舰一般的
那些写字用大写的
那些唱歌有板有眼的
那些逢迎巴结的
那些大腹便便的
那些老是眼睛低垂的
那些会切鸡的
那些脑袋里光秃秃的
那些把死人立起来的
那些上刺刀的
那些把大炮给小孩子的
那些不浮也不沉的
那些没有把猴子误为人的
那些没有把人误为猴子的
那些空有巨翼而飞不起来的
那些做梦在万里长城上
摆碎瓶子的
那些吃羊肉时
装起狼面孔的
那些偷了蛋
而不敢煮的
那些上白朗峰四千八百一十公尺，
三百公尺埃菲尔铁塔，
胸围二十五公分
而引以为自豪的
那些吸法国的奶的
那些忙着、偷着、为我们报仇的，
所有那些大刺刺进入艾丽舍敲碎
那些石头的，等等的人，所有那些
急着赶着的，因为有一场大化装
晚会，人人都想随性而为。
有个陶制人头烟斗，有个英国海军
上将头；有臭弹般的头，有贯利菲的
头，有头痛的动物的头，奥古斯特·
孔德的头，鲁热·德·利尔的头，
圣泰瑞瑟的头，猪头肉冻般的头，
主教阁下的头和奶酪商的头。
有几个人，为博世人一笑，
肩膀上顶着迷人的小牛脸，那些脸
好美，好难过，耳里插着小小的
绿草，像海藻在岩穴里，
没人注意。
……一位有着一张死人脸的母亲，笑着把自己有着一张孤儿脸的女儿，带给一位世交的外交官老友看，老友露出一张索雷洋脸。
气氛实在真的很愉快，且品位甚高，因而当总统大人带着一张威武的哥伦布鸡蛋脸现身时，现场热络得近乎失控。
……阳光照耀每个人，它不照耀监狱里，不照耀在矿坑里工作的人
刮鱼鳞的人
吃劣肉的人
做发夹的人
烧吹出空酒瓶，让别人能盛满酒来喝的人
用自己的刀子切面包的人
假期在工厂里度过的人
不知道该说什么的人
挤牛奶却不喝奶的人
去看牙医时不睡着的人
在地铁里狂咳的人
在狭窄地下室做原子笔，让别人能在露天场所写说“一切都好”的人
满腹委屈却无法发声的人
有工作的人
没有工作的人
找工作的人
不想找工作的人
喂马喝水的人
看着自己的狗死的人
几乎一星期才能吃到每天该吃的面包的人
冬天去教堂里取暖的人
被教堂管理员轰去外面取暖的人
停滞不前的人
想温饱以求生的人
交通迁移困难的人
望着塞纳河悠流的人
被聘请、被感谢、被夸耀、被贬损、被操纵、被搜身、被打昏的人
摁指印的人
被莫名从队伍中叫出来并枪毙的人
被游街示众的人
无法在世上立足的人
从来没见过海的人
因为摘整亚麻而身上有亚麻味的人
没有自来水的人
投身海天之际的人
在雪地上撒盐以换取极微薄薪水的人
比别人更快老衰的人
不屈身捡图钉的人
因为想到接下来的星期一、星期二、星期三、星期四、星期五、星期六和星期天下午，而在星期天下午感到穷极无聊的人

普雷维尔

附随（1949）

一个纯金老头子以及一支服丧的手表
一位悲戚的皇后以及一个英国男人
还有一些讨和平的人以及一些守护渔海的人
一名饱满的轻骑兵以及一只夺命火鸡
一尾咖啡蛇以及一座眼镜磨坊
一个猎绳人以及一个舞头者
一位浪沫大元帅以及一支退休的船笛
一个身穿深黑西装的小孩子以及一位穿着连身衫的士绅
一位被吊起来的作曲家以及一个乐声悠扬的待宰猎物
一位良知捡拾者以及一位烟蒂领袖
一位戈里尼的烫熨师傅以及一位剪刀手海军司令
一名孟加拉小修女以及一头圣文生德保禄虎
一位陶瓷教授以及一位哲学补缀师傅
一位圆桌查表员以及巴黎瓦斯公司的武士们
一道圣海莲娜烤鸭以及一客橙汁拿破仑
一位萨摩塔斯的管理员以及一座墓园的胜利雕像
一个人丁众多家庭的拖轮船以及一位远洋父亲
一位前列腺院士以及一个肿大的法兰西学院
一匹挂名的大马以及一位马戏团的大主教
一位木十字检票员以及一名公车上的合唱团小成员
一名哭闹的外科医师以及一个牙医孩童还有牡蛎教团总会长以及一位耶稣会剥壳工

普雷维尔

打谷机（1946）

打谷机来了
打谷机走了

他们敲打了鼓
他们拍打了地毯
他们拧了衣物
他们把它晾吊起来
他们把它熨平
他们拌打了奶油，又把它打翻
他们也打了打他们的孩子
他们响了铃铛
他们宰了猪
他们烘烤了咖啡
他们劈了木柴
他们砸破了鸡蛋
他们烹炸了小牛肉和豆子
他们烧煎了兰姆酒蛋卷
他们切开了雌火鸡
他们扭断了母鸡的脖子
他们剥了兔子的皮
他们把大酒桶开肠破肚
他们借酒浇愁
他们破了门和女人的屁股
他们互助彼此一臂之力
他们互踹彼此几脚出气
他们翻了桌子
他们扯掉桌巾
他们更放浪形骸
他们笑得岔气窒息又折腰
他们打破了装着冰水的玻璃水瓶
他们打翻了翻掉了的奶油
他们抓了那些女生
他们把她们推进山沟里
他们碰了一鼻子灰
他们到处游荡
他们跺脚
跺脚又鼓掌
他们喊又叫，他们唱
他们舞跳
他们在关收着麦子的谷仓四周舞跳
关收在那里头的麦子已磨碎疲惫挫败受尽打击

伊塔洛·卡尔维诺

陨石（1968）

根据最晚近的理论，当初地球是又小又冷的一团，逐渐吸取陨石和流星尘而变大。

早先，我们自我欺骗，以为我们能保持它（地球）干干净净（老Qfwfq继续说道），因为它好小，可以天天扫扫抹抹。当然，有好多东西落在它上面：你会以为地球那样绕着轨道转，纯是为了拣拾飘过太空的那些尘埃和垃圾。现在一切不同了，有了一层大气，你仰望天空，说，“哦，好清晰，好纯净”；可是你真该看看，这颗行星跟着自己的轨道，跑进那些流星云里，那种无法脱身的景象。那是一种像樟脑的白尘，小小的粒子碰到什么都沾上去，有时留下更大的结晶银，仿佛一块玻璃粉碎了，从空中如雨而下。其间还有更大的砾石，是其他行星系统飞散出来的碎片，吃了梨子吐掉的核，水龙头，艾奥尼亚柱头，过期的《前锋论坛报》（*Herald Tribune*）和 Paese Sera：宇宙肇造又毁灭，但同样的东西永远在那里一再循环。地球由于既小又灵敏（那时候，它运行比现在快多了），躲过了很多东西：我们看见有个东西从太空深处朝我们而来，轻飞如鸟，结果是一只袜子；我们也看过一个东西带着轻微的音调飞行，是一架平台钢琴；这些玩意和我们以不到半公尺的距离错身而过，继续前进，它们的轨迹没有和我们相擦。然后，它们消失（也许是永远消失）在我们背后黑暗、空荡的虚空里。……那些是我们得以沉思的短暂时刻，但从来不曾持久。我们每天上午都早起，却发现我们的几小时睡眠中，地球又重新被那些碎屑覆盖。“动作快，Qfwfq，我们一刻也不能白耗，”Xha经常这么对我大叫，一边塞给我扫帚，于是，在黎明开始将细细、光秃的地平线照亮时，我就动手干我每天必做的活。干这活的时候，我处处碰到成堆的碎片和垃圾；天愈来愈亮，我察觉到那半透明的尘障盖住这星球本来亮亮的地面。我每动一次扫帚，都尽量多扫，扫进我拖着走的桶子或袋子，但我经常先停下来检视夜来出现的这些奇怪东西：公牛的头，一棵仙人掌，一只手推车的轮子，一个金块，一具电影放映机。我把它们拿在手里试试斤两，吸吮被仙人掌刺伤的手指，做白日梦，想象这林林总总的物件之间有什么关联，而且一定要找出那关联。……在我照顾的这个半球里，有时我没有把件件东西都马上扔掉，特别是比较重的物件，我把它们全堆在一个角落里，收集起来，以后可以推一部手推车回来。因此，有时东西到处成堆：毯子，沙堆，各种版本的《古兰经》，油井，乱七八糟的东西。当然，Xha一定不会同意我这么做，但我相当自得其乐，看着这些高堆耸立在地平线上。有时候，我把我集成的堆子留到第二天（地球后来变很大，Xha没有办法一天绕完），次晨都惊见又有那么多新东西粘在原有的东西上。……就这样一点一滴增加，地球成为大家现在熟悉的模样。那些小东西形成的流星雨持续到今天，不断增加新细节：有窗子、帐篷、电话线网，将本来无物的空间充满，搭凑在一起，像交通标志、方尖碑、酒吧、烟草店、教堂的半圆形殿、洪水、牙医办公室，一幅《信使周刊》的封面上，一个猎人咬一只狮子。肤浅的细节到最后都有点过分，像蝴蝶翅膀里的色素，另外还有些不协调的成分，像克什米尔一场战争；我总是有个感觉，还有些东西该来而未来：也许是克纽斯·奈维乌斯一些土星诗，来填补两首残诗之间的空隙，或者去氧核糖核酸在染色体里的变化公式，这样，图像就完满无缺了……

安德烈·布勒东

自由的结合（1931）

我女人的头发，树丛起火
思绪，炎夏的闪电
腰，沙漏
我女人，钳在老虎牙齿间的水獭
我女人，嘴是花结和
最鲜亮的花束
牙齿，白鼠在白土上留下的
足迹
舌头，如琥珀和玻璃的平滑
我女人的舌头，被刀刺的圣饼
舌头，眼睛张张闭闭的
洋娃娃
舌头，不可思议的舌头
我女人的睫毛，小孩书写的笔画
眉毛，燕巢的边缘
我女人的太阳穴，温室屋顶的
石板
和窗玻璃上的水气
我女人的肩膀，香槟
从海豚在冰下的头涌出的水泉
我女人的手腕，火柴
我女人的手指，机缘和红心A
新割的干草
我女人的腋窝，貂和山毛榉
圣约翰之夜
女贞和天使鱼的巢
胳膊，海泡石和水闸
小麦和磨坊的结合
我女人的腿，火箭
动作如钟表和令人绝望
我女人的腿肚有接骨木的髓
我女人的脚，大写字母
钥匙鸣响，麻雀饮酒
我女人的脖子，大麦珠串
我女人的喉咙，黄金山谷
床上的约会，甚至在
夜之胸脯的激流里
我女人的胸脯，海里的鼹鼠丘
我女人的胸脯，红宝石坩埚
露珠下的玫瑰的幽灵
我女人的肚子，每天展开的扇子
还有巨大的爪子
我女人的背，鸟的垂直飞行
灵动如水银
明亮如光
颈背，圆滚的石头和
浸湿的白垩
和我们刚喝过的玻璃杯碎片
我女人的腰髋，吊篮
又如吊灯和箭羽
以及白孔雀的羽干
微妙摇曳
我女人的屁股，砂岩和石棉
我女人的屁股，天鹅的背
我女人的屁股，春天
我女人的性，唐菖蒲
我女人的性，砂矿和鸭嘴兽
我女人的性，海藻和古早的糖果
我女人的性，明净如镜
我女人的眼睛，多泪
紫罗兰色的甲胄和磁针
我女人的眼睛，热带草原
我女人的眼睛，有狱中可喝的水
我女人的眼睛，时时在斧头下的
木头
眼睛，水平仪土和气和火

火球之雨，
取自卡米伊·弗拉马利翁《世界末日》插画，
巴黎，1894

保罗·德尔沃，
卫城，1966，
巴黎，
国家现代艺术博物馆，蓬皮杜中心

巴雷斯特里尼

里希蒙小姐多美啊（1974—1977）

Oh comme elle est bartavelle
Balancelle bagatelle attelle
Ascensionnelle artificielle arteriélle
Comme elle est aquarelle
Mademoiselle Richmond

oh comme elle est anticonstitutionnelle
Annuelle aisselle airelle
Aguelle actuelle accidentelle
Comme elle est voyelle
Mademoiselle Richmond

oh comme elle est visuelle
virtuelle violoncelle villanelle
vervelle vermicelli varicelle
comme elle est vaisselle
Mademoiselle Richmond

oh comme elle est usuelle
universelle unisexuelle unipersonnelle
tutelle truelle trimestrielle
comme elle est temporelle
Mademoiselle Richmond

oh comme elle est traditionelle
touselle tourterelle tourelle
torrentielle tonnelle textuelle
comme elle est temporelle
Mademoiselle Richmond

oh comme elle est tarentelle
surelle surnaturelle superficielle
substantielle spirituelle spinelle
comme elle est soutanelle
Mademoiselle Richmond

oh comme elle est solennelle
soldanelle sexuelle séquelle
sentinelle sensuelle sensationnelle
comme elle est sempiternelle
Mademoiselle Richmond

oh comme elle est semestrielle
semelle selle sauterelle
sautelle sarcelle saltarelle
comme elle est sacramentelle
Mademoiselle Richmond

oh comme elle est ruelle
rondelle rituelle ritournelle
ridelle ribambelle révérencielle
comme elle est réelle
Mademoiselle Richmond

oh comme elle est rebelle
rationnelle radicelle querelle
quenelle pucelle prunelle
comme elle est providentielle
Mademoiselle Richmond

oh comme elle est proportionnelle
professionnelle présidentielle préjudicielle
poutrelle poubelle potentielle
comme elle est ponctuelle
Mademoiselle Richmond

oh comme elle est pommelle
polichinelle plurielle pimprenelle
piloselle pestilentielle personnelle
comme elle est perpétuelle
Mademoiselle Richmond

oh comme elle est péronnelle
penitentielle pelle pédicelle
paumelle paternelle patelle
comme elle est pastourelle
Mademoiselle Richmond

oh comme elle est passionnelle
péasserelle partielle parcelle
originelle ombelle oiselle
comme elle est officielle
Mademoiselle Richmond

oh comme elle est ocelle
occasionnelle nouvelle noctuelle
nivelle nielle naturelle
comme elle est nacelle
Mademoiselle Richmond

卡洛·埃米利奥·加达

《阿达吉萨》（1944）

卡文纳吉家的宅子

……整栋房子天翻地覆：凳子、枕头、小桌子、床，起居室里所有小东西，沙发，口鼻部摊开、爪子卷曲（那些爪子一被踩到，就刮地板）的北极熊毛皮，小茶几，薄饼，鲁奇亚诺的摇木马，曾祖父卡文纳吉那座摆在螺旋状柱子上老是颤巍巍的石膏胸像；一包包夹心糖，钱币，老爷钟，一罐罐烈酒腌渍的樱桃，满是干栗子的便斗，奶奶珀妲诺妮做蕾丝的垫子，卷起的毯子，床下跑出来的拖鞋大军，家里所有遗忘和记得的东西。

阿尔贝托·阿尔巴西诺

《意大利的弟兄们》（1963）

主教的午餐集会

早先，我没有受邀请去吃午餐，只喝咖啡。但斐迪南多前一天晚上打电话给安东尼奥，要他带我一块。于是，午后准一时十五分，我们抵达欧普兰迪尼宫。小小的方庭长满无花果树和蕨、木兰花、天堂棕榈、矮种大戟，一座巨大雕塑的臂、手、指都点向一个荫凉的升降梯，梯子覆满藤蔓和繁复的细工镶嵌。非常贵，二十五里拉，里面有个祷告台，放满镀金的中国式小摆设。梯子在倒数第二层停一下，再上顶层，到达阁楼上面的屋顶。从有拱顶的敞廊，可以看到一列夹竹桃和一对小塔，塔顶是金色公鸡，仿如莫斯科那些塔。平台上有帐幕和长凳，全是翠绿的织锦，螺旋和贝壳图案，马蹄以爵床环饰。红漆门上有两个巨大优美的狮头，佩着鼻环，竖起的耳朵之间是一把西特恩琴。

内里的陈设活生生出自日落大道：地板是斑马皮；黑白条纹的墙饰，就像锡耶纳的大教堂，也加上金色和白色条纹；白色长椅，其长如船；巨大的镀金灯罩。我们走过装满填充狗头的玻璃柜，18世纪理发师为客人洗头的盆子，拿破仑时代的铜制暖床器；一个大理石面的台子（大理石有四指厚！），大大的黑色大理石加农炮弹之间是密密麻麻的红色方尖碑；蛋白石和线丝工艺品，摆在灯光暗暗的展示柜里，玻璃上的加泰罗尼亚和西西里还愿画，有如在圣物室里，一幅接一幅挂着。

有新哥特式壁龛，里面是威廉·莫里斯织锦真迹，又满是不合季节的水仙花和郁金香，摆在蓝色玻璃花瓶里，垂着长如胡须的白根。摩尔式桌子，镶珍珠母，桌上整齐叠着《时代》和《纽约客》，还有几本黄页电话簿。到处是可笑的尼龙垫子，人造水獭和粗尾羊的毛皮做的，带着穗边。甚至有个角落全是杜根托装饰：铸铁做的卫兵徽章；普罗旺斯柜子，饰以圣马狄纳在萨丁尼亚人之间的故事景象，以及圣马莉尼拉接受银雨的像，金叶背景，红珊瑚框，她位于两个捐献者之间，斐迪南说两人长相酷似阿西比亚德斯和塔里兰。围着餐厅的玻璃墙外有个抢眼的温室，像剧院舞台的侧翼，里面有巨大的多肉植物和仙人掌，看起来像那些发了狂，逃过园丁目光，将他吞噬的日本树丛。“各色各类：茇茇草、凤仙花、多勒罗沙、含羞、永远忠诚、萝藦，而一品红顶上站着布雷特小姐那只鹦鹉。”有破裂的柱子，山形墙的碎片，散布在砂砾上。“最后一道碑文纪念1928年查尔斯顿和和狐步之间的伟大战役。”在泛蓝的阴影中，一切看来都是瓷做的。小松鼠和白老鼠玩。第三起居室（原是桑莫塞红衣主教的礼拜堂）背后，是个大炉床，有颜色鲜亮的维耶特里瓷砖；前面是一张巨大的维多利亚—莎士比亚沙发，针绣图案装饰；沙发上方是一具一米半高、嘴含烟斗的吉吉鼠雕像，外覆不织布毡。“万维泰利的画今天出借，可惜。”（没错，有一面墙半空着。）主人哲马特神父和克洛斯特斯神父上前；双双含笑；两人都散发修脸后涂上的好闻化妆水；两人都是剪得短短的白金发；两人法袍底下都是宽阔的肩膀，和洁白的衣领。哲马特神父是斐迪南的朋友，而且想必比较年长；他已有资格在纽扣和袖口使用紫色，显示他扎实的经历。裘里欧和斐迪南已在那里，活像两个小鬼，戴着他们昨晚看3D电影《真实绿森林》时拿到的红绿塑胶眼镜。他们领我们到平台，从那里看屋大维门廊和犹太会堂、马西流斯剧院、马泰宫、台伯岛和卡庇托山，十分壮观。人人就座，人手一杯红橙色的鸡尾酒，我们被介绍给桑塔切奇里亚红衣主教；然后介绍给伊吉杜尔主教，他也是美国人；最后，介绍给一个高大、友善、牙齿超级白而且像象牙的年轻人，就是波尔迪—培左里神父，来自阿雅克肖，是伊菲索斯和柏加蒙两地主教的助手，这位主教来这里休假。红衣主教没说一句话，懒洋洋歪在一张躺椅上；他一定至少九十岁了。我们都在吃鸡尾坚果点心，哲马特给我们看故意混乱、搭配错误的栽培器，种满各色百日草、玫瑰、金鱼草、毛茛。“就像个乡村教区的小花园，一个信徒带来一些紫苏，另一个带来一些万寿菊。”

维斯拉瓦·辛波丝卡

生日（1972）

突然真热闹：好多熙攘，好多忙碌！
冰碛石和海鳝和沼泽和贝壳，
那火焰、火鹤、挣扎、羽毛：
要怎么排列它们，要如何来
集合它们？
票券、蟋蟀、爬虫与小溪
单是山毛榉和水蛭就要好几星期。
栗鼠、大猩猩、菝葜，
多谢，但这过度的好意可真要
忙杀我们。
拿什么来装这长得好快的牛蒡，
小河的潺潺之声，
秃鼻鸦的争吵，蛇的弯曲形迹，
这些丰裕和麻烦？
要如何封妥金矿，安住狐狸，
如何处理山猫，食米鸟，链球菌！
二氧化碳故事，重量轻，行为重：
八爪鱼、蜈蚣又怎么安排呢？
我可以瞧瞧价钱，但我没胆量：
这些是我买不起的产品，我也
不配。
日落，对两只（谁知道）可能
看不见日出的眼睛
可不是太奢侈吗？
我只是过客，五分钟的停留。
遥远的，我无福享受：太近的，
我会搞混。
我可以尝试探测这虚空的
内在意义，
但我注定只是路过所有这些
罂粟和三色堇。
何等的损失，想想，经过多少工夫，
这花瓣、这雄蕊、这香气
才完美出现，而且
只一次，
这么矜持精准，这么脆弱又自尊。

班杰明·华尔特·史派尔，
盔甲、版画、绘画、烟斗、瓷器（全裂了）、摇摇欲坠的老桌子和靠背破掉的椅子，
1882，
私人收藏

消防员在雷恩市附近一所医院灭火，
《小日报》插画，
1906

页 348—349：
林肯·塞利格曼，
红衣主教，
2005，
私人收藏

页 350—351：
吉诺·塞维里尼，
塔巴兰舞场的动态象形文字，
1912，
纽约，
现代艺术博物馆

卡洛·埃米利奥·加达

《明智的结合》（1963）

克普洛街的火灾

关于克普洛街 14 号那场火，传闻无奇不有；其实，连菲利坡·托马索·马里内提阁下本人，也没法像那场火那么快，在三分钟内同时交代那个喧嚣的鼠窝里发生的所有事情：火霎时就吐出所有女眷，她们在八月中旬的天气里都衣衫半掩，还有她们数不清的一窝窝孩子，逃出那充满整栋房子的恶臭和恐怖；然后是几个男人，接着是一些可怜的女人（个个看起来腿都不好看，人瘦巴巴，苍白，头发蓬乱），她们身穿蕾丝白内衣，而不是她们通常上教堂穿的端庄黑衣；然后是一些男人，也浑身狼狈，接着是意裔美籍诗人罗杜诺·阿纳卡西；然后是照顾老兵加里波的的女佣，他在六楼，已在垂死阶段；接着是阿奇里斯，带着一个小女孩和一只鹦鹉；然后是穿内衣裤的巴洛西小子，抱着卡皮欧尼太太，哦不对，是马迪法西太太，她没命的尖叫，仿佛撒旦踩在她尾巴上拔她的羽毛。最后，在没完没了的叫、喊、泪、小孩、悲号，以及珍贵物品和包袱从窗口丢到地上的碰撞声中，消防车火速赶到，而有两辆卡车已卸下三十六个白制服警员，绿十字会的救护车也到了；终于，从四楼右边两扇窗，一秒之后从五楼，火放出可怖的星芒，不断拧扭的红色蛇舌突然喷出，到处飞蹿，激起不断翻滚的黑莓般浓暗烟柱，浓黑仿佛来自地狱，阵阵喷涌、蜷曲，仿佛一条黑如煤灰的巨蟒带着阴邪的闪光从地底升起；还有起火的蝴蝶，也许是精细的纸，或布片或烧焦的人造革，在满是灰烬的天空飞舞，蓬头乱发的女人们更害怕了，她们有的站在泥巴街道的尘土里，有的穿拖鞋，在大群孩子的尖叫之中，也顾不得踩在满街马尿和狗屎上。她们伸手摸脑袋，她们虚荣烫过的布帽已经着火。

……

“火灾，”后来人人附和说，“是天下最恐怖的东西。”没错：伟大的消防队无私牺牲，全场混乱，无数饮用水如瀑布般喷洒沾满尿而变色的绿沙发、大大小小的柜子，里面不知有多少乳酪，现在都被火舌舔上，如同一条巨蟒品尝它缩蜷成一团的猎物；不断喷吐的水针，胀大如标枪的消防水带，变成炎热八月天空里的白色柱子和云；局部烧焦的瓷造绝缘体在底下的人行道摔成碎片；融化的电话线在夜空里摇晃，焦黑的厚纸板和焖烧的家具衬垫和冒烟的壁纸像热气球，而底下，救火员脚下、救火梯后面，线圈和水龙立起来，从人山人海的街道的每个角落喷射抛物线般的水柱，破碎的窗格凹凸不平，浸在水和污泥里，搪瓷的铁夜壶装满胡萝卜状的大便，从窗口丢下来（这时候了还丢），撞在救援人员的长筒靴上，撞在工程人员宪兵以及率领部众救火的消防队长的护腿上；女人们穿着老木屐，在那里东奔西跑拣梳子的碎片、镜子的破片，在陷入灾难而溅水、漏水的洗衣店乱局中捞拣圣文森佐·德·里古欧里的画像，木屐喀哩—咔啦，喀哩—喀哩，喀哩—啊—咔啦，大剌剌，没一刻停下来。

Bou-ling
POLKA

MICHE

第十八章

大众媒体里的清单

清单的创作学也遍见于大众文化的许多层面，不过，大众文化里的清单，用意有别于前卫艺术里的清单。我们只要想一想下列作品里的景象，即知其概：电影《齐格飞女郎》（*Ziegfield Follies*）里，身上装饰着鸵鸟羽毛的女郎成群列队走下那摞阶梯；《出水芙蓉》（*Bathing Beauty*）里那场有名的水上芭蕾；《华清春暖》（*Footlight Parade*）一层接一层的女郎排列；《罗贝尔塔》（*Roberta*）里鱼贯而过的模特儿，以及现代设计名家的时装展。

在这些地方，呈现一连串令人目眩神迷的美女，用意纯粹是要暗示丰裕，满足对轰动事物的欲望，不仅呈现充满风华魅力的形象，而且是大量呈现，为使用者提供取之不竭，充满官能吸引力的事物，一如旧日的君主或权势人物以大串大串珠宝装饰自己，或者，就像美国一些餐馆，你进门的时候先付一笔价钱，然后从一个巨大的自助餐台取食，有本事吃多少，就吃多少。因此，大众文化里的清单，目的不是要质疑世界上的哪个秩序，反而是要重申说，丰裕和消费的宇宙，人人得而用之，这个宇宙就代表着有秩序的社会的仅有模型。

提供各种不同的美的清单，这样的提供方式，和那种产生了大众媒体的社会的特征有关系。这又令人想起马克思在《资本论》开头说的话："在资本主义的生产模式当令的社会，其财富是以巨大的商品累积为面貌。"这种全球性的累积，有种种不同的象征场所：其中之一是商店的橱窗。有时候，商店橱窗展示的物件，数量堪称过分，不过，橱窗的实质用意是要我们了解，橱窗里展示的东西，只是店里所售事物的具体而微之例。另外一个象征是贸易博览会，贸易

《华清春暖》，
劳埃德·培根导演，1933

展里展示的东西数量比任何博物馆都要多，而且“贸易展”这个名称就等于宣布说，这里展览的东西只是一部分，背后的事物世界是无限的。第三个象征场所是本雅明（Walter Benjamin）盛道其事的“长廊”（gallery）；根据一本19世纪的巴黎指南所下定义，gallery是那些“整条以玻璃和镶嵌大理石为墙壁的走廊”，沿着这些长廊是一系列“无比雅致的店面，因此，这样的长廊可以说就是一个城市，说实了，就是世界的缩影”。最后再提一个象征，是百货公司，小说家左拉在《妇女乐园》（*Au Bonheur des dames*）里大加赞扬。百货公司是地道的清单。

从另一方面来说，斯皮策讨论巴尔扎克作品中和巴黎第一批百货公司同时代的那些枚举，已经提到“市集精神”（bazaar spirit），例如《素描与奇想》（*Croquis et fantaisies*）里的这段文字：“那是一栋怪异的房子，一种全景画，一个真正的面相学画廊，一种人物、命运和意见市场：富魅力的女人、有教养的女人、纯洁的女人、虔诚敬神的女人、暴发的女人、卖弄风骚的女人、作者、演员、演说家、散文作家、诗人、法官、律师、外交官、学院派、股票经纪、教宗权力有限论者、教宗权力绝对论者、共和派、君主主义者、教宗主义者、波拿巴主义者、宪章主义者、奥尔良主义者、无政府主义者、危言耸听派、短篇小说作家、艺文版作家、宣传小册子作家、政论家、新闻记者、艺术家，全都在这里碰头，摩肩接踵，他们彼此抛弃，彼此虐待……”

大众媒体的清单取代了从前的奇珍百宝箱和宝藏。有个例子是美国特别普遍可见的奇趣博物馆，诸如各个“信不信由你”（Ripley's Believe it or Not）博物馆，馆内展览婆罗洲来的干缩人头，完全用火柴棒做的小提琴，有两个头的小牛，1842年发现的人鱼，用一个19世纪法国坐浴桶做的吉他，一批罕见的墓碑，一个类似纽伦堡的处女（Virgin of Nuremberg）的刑求用具，一个全身披满锁链的托钵僧雕像，有两个虹膜的中国人。这些奇趣事物散置各处，它们之间却有一个连贯之处：这些奇物没有任何一件是真迹原物，因为“信不信由你”博物馆有好几座，全都一个模样。另外一个例子是纪念已故美国总统约翰逊（Lyndon Johnson）的那座博物馆，号称典藏四万个装着约翰逊政治生涯所有文件的红色箱子，五十万张相片，约翰逊学生时代的纪念品，蜜月照片，约翰逊夫妇海外行踪拍摄的一系列影片，连续不断

齐格飞歌舞团：齐格飞女郎登台，
百老汇演出，约1921—1931，
铁山，宾夕法尼亚，贝特曼收藏

《一个美国人在巴黎》，
文森特·明奈利导演，1951

放映给访客观赏，以蜡像展示约翰逊女儿露西（Lucy）和琳达（Linda）的结婚礼服，以实物尺寸复制重现的白宫椭圆形办公室，芭蕾名伶马利亚·托尔契夫（Maria Tallchief）的舞鞋，钢琴家范·克莱本（Van Cliburn）的签名乐谱，卡罗尔·钱宁（Carol Channing）在《我爱红娘》（*Hello Dolly!*）里戴的那顶羽饰帽子（馆中收藏以上纪念品的根据是，这几位艺术家都曾应邀到白宫演出），世界各国代表送给约翰逊的礼物，一顶以羽毛装饰的印度头巾，火柴棒做的肖像，做成牛仔帽形状的纪念卡，绣上美国国旗的小垫子，泰国国王赠送的实剑，以及美国太空人带回地球的一些月球岩石。

最后，我们谈到一切清单之母，也就是WWW（World Wide Web，万维网）。本质上，WWW就是无限的，因为它时时刻刻在演化，它是一张网，兼是一座迷宫，而不是一棵秩序井然的树。在所有令人晕眩的事物里，WWW带给我们最神秘、几乎是完全虚拟的晕眩，实际上是为我们提供一份信息目录，这目录使我们觉得富有而且无所不能，唯一的问题是，我们无法确定它哪些成分指涉来自真实世界的资料，哪些不是，真相和谬误之间再也没有任何分野。

伊利亚·卡巴科夫，
从自己公寓飞入太空的男子，
出自**《十个角色》**系列，
1985，
巴黎，
国家现代艺术博物馆，蓬皮杜中心

ЭТО ДЕЛО НАШЕЙ СОВЕСТИ И ЧЕСТИ!
ГОВОРИТ МОСКВА
С ПРАЗДНИКОМ
СПОРТИН
РЕШЕНИЙ
АПРЕЛЬСКОГО (1984 г.)
ПЛЕНУМА ЦК КПСС —
ДЕЛО ПАРТИИ,
ДЕЛО
И СЛАВА—ПО ТРУДУ!

安迪・沃霍尔，
坎贝尔浓汤罐头，1962
纽约，现代艺术博物馆

Campbell's CONDENSED GREEN PEA SOUP
Campbell's CONDENSED SCOTCH BROTH (A HEARTY SOUP) SOUP
Campbell's CONDENSED VEGETABLE SOUP
Campbell's CONDENSED SPLIT PEA WITH HAM SOUP
Campbell's CONDENSED CREAM OF ASPARAGUS SOUP
Campbell's CONDENSED Old-fashioned TOMATO RICE SOUP
Campbell's CONDENSED CREAM OF CELERY SOUP
Campbell's CONDENSED BLACK BEAN SOUP
Campbell's CONDENSED CHILI BEEF SOUP
Campbell's CONDENSED VEGETABLE BEAN SOUP
Campbell's CONDENSED CREAM OF CHICKEN SOUP
Campbell's CONDENSED CREAM OF MUSHROOM SOUP
Campbell's CONDENSED MINESTRONE (ITALIAN-STYLE VEGETABLE SOUP) SOUP
Campbell's CONDENSED CHICKEN VEGETABLE SOUP
Campbell's CONDENSED VEGETARIAN VEGETABLE SOUP
Campbell's CONDENSED BEEF NOODLE SOUP

雷蒙·德帕顿，
美国纽约，
2006

唐·贾克特，
嘉宝店面，
2001，
纽约，
路易斯·K. 梅塞尔画廊

第十九章

令人晕眩的清单

叙事和哲学都曾提到令人晕眩的清单，但自己并不尝试开列清单：它们只是构思无限清单的容器，或者构思一些设计，说可以用这些设计来产生一份没有止境的无限清单。

文学上有个模型，是博尔赫斯的“巴别塔图书馆”，馆中收藏数目无限的书，摆在无限而且定期扩张的房间里。托马斯·帕维尔（Thomas Pavel）从博尔赫斯这个构想获得灵感，在《虚构的世界》（*Fictional Worlds*）这部著作里，帕维尔邀请我们做一项相当迷人的心理实验：他请我们假设一位全知的生命有能力读一部巨著（Magnum Opus），巨著里包含着关于真实世界和所有可能的世界的一切真实陈述。当然，由于人可能以多样语言谈论宇宙，而各种语言又各自以不同的方式界定宇宙，因此，一部“最大的巨著集”（Maximal Collection of Magnum Opus）是存在的。一位特定的个体所写的日常之书（Daily Book）的总集，必定会在最后审判日显示出来，连同那些评价家庭生活、部落生活和国族的书的总集一块显示。

但是，那个写一本“日常之书”的天使并非只是列出真实的陈述：他是将那些陈述连接起来，评估它们，并且将它们建造成一个系统。而由于每个个体和群体在最后审判日都会有一个为其辩护的天使，辩护者将会为各个个体和群体重新写另一系列天文数字般的“日常之书”，在那个系列里，同样那些陈述之间将会出现与原先不同的关系，这些陈述与一些“巨著”里的陈述相较，也将会有些差异。

“巨著”数目无限，而各部巨著都包含数目无限的另类世界，因此，天使们将会写出数目无限的“日常之书”，这些日常之书里，在

海因利希·约翰·弗格勒，
巴库（煽动布告），
1927，
柏林，
柏林国家博物馆，国家画廊

托雷斯—加西亚，
纽约街景，
1920，
纽黑文，
耶鲁大学艺廊

一个世界里成立，放到另一个世界里却不能成立的陈述彼此混杂。我们如果假设有些天使行事笨拙，将一部“巨著”里相互矛盾的陈述混在一起，那么，到了最后，我们会有一系列概要，一系列杂集，以及一系列杂集片段的概要，这些系列将会把不同来源的各阶层的书合并混同于一，到了那个阶段，将会非常难以分辨哪些书是真的，哪些是虚构，以及它们关系到的原书是哪一本。

我们将会有天文学般数目无限的书，其中每一本书都横跨不同的世界，而且，有些人视为真实的故事，别人将会视为虚构。

帕维尔写出这些事情，目的是要我们了解，我们现在已经生活在这么一种宇宙里，只除一点，那就是那些书并非出自大天使之手，而是我们写的，从荷马到博尔赫斯；他并且提出一个想法：他重述的这个传奇，对我们的情况是一个非常忠实的写照，也就是说，在这个由许多陈述构成的宇宙里，我们习惯将各种陈述视为真理来接受。因此，

马利亚·海伦娜·维艾拉·达·席尔瓦，
图书馆，
1949，
巴黎，
国家现代艺术博物馆，
蓬皮杜中心

我们感觉到虚构与真实之间的范限的时候，我们的悸动不但相当于我们面对天使所写之书时感受到的悸动，也相当于我们面对那些权威地呈现真实世界的系列书时感受到的悸动。

博尔赫斯那座图书馆有个特质是，它展示二十五种拼字符号以及它们所有可能的排列组合，因此，我们无法想象其中有什么组合是这座图书馆未曾预见的。这是犹太教卡巴拉宗信徒的古老梦想，因为，唯有将一个有限系列的字母做成无限的排列组合，我们才能希望有朝一日能够表述上帝的神秘名字。

1622 年，瑞士耶稣会士数学家保罗·古尔丹（Paul Guldin）《算术的组合问题》（*Problema arithmeticum de rerum combinationibus*）中计算当时使用的二十三个字母可以产生多少个字，他的办法是两个两个字母合组、三个三个字母合组，以此类推，最后出现二十三个字母长的字，其间不考虑重复，不顾虑产生出来的字是否有意义，也不管出现的字能不能发音念出来，结果，他得到的字超过七百亿兆个（这么多的字，要用到一兆兆个字母）。我们如果用一千页的册子登录所有这些字，每页一百行、每行六十个字，那么，我们需要二十五万七千兆本这样的册子。我们如果将这些册子摆在一座设有立体结构的图书馆里，每个立体结构边长四百三十二英尺，每个结构可装三千两百万册，那么，我们需要八十亿五千二百一十二万两千三百五十座这样的图书馆。但是，天下有什么地方容得下这些建筑物？我们如果计算整个地球可用的表面积，那么，我们只能盖七十五亿七千五百二十一万三千七百九十九座这样的图书馆！

法国神学家兼数学家梅森（Marin Mersenne）——《和声总论》（*Harmonie universelle*, 1636）——怀着同样的组合热情，思考范围不但及于法语、希腊文、希伯来文、阿拉伯文、中文等一切可能的语言里能够发音的字，还包括可能的音乐序列的数目。梅森显示，要为所有可能产生的旋律记下音符，需要纸张的令数超过从地面连接到天空的令数，而假设每张纸包括七百二十首以二十个音符构成的旋律，以及把每一令纸的厚度压缩到不及一英寸，那么，由于二十二个音符能够产生的旋律超过一百二十亿兆首，再将这个数字除以每令纸能够包含的三十六万两千八百八十首旋律，我们得到的仍然是一个十六位数，而从地球中心到天上星球的英寸数只不过是十四位数。

而我们如果想把所有这些旋律都写下来，每天写一首，那也需要花费将近两百三十亿年。

莱布尼茨（Leibniz）有个简短的文本，叫《人类知识的范围》（*Horizon de la doctrine humaine*），在这个文本里，莱布尼茨探索，运用有限的二十四个字母，能够产生的最大数目陈述可能是多少，包括真实的、虚谬的陈述，甚至不存在的陈述都算在内。由于你可以拼出三十一个字母长的字来（莱布尼茨从希腊文和拉丁文里找到例子），因此，你使用这套字母，可能产生 24^{32} 个三十一个字母长的字。不过，一个陈述可能有多长呢？像一本书那么长的陈述是可以想象的，既然如此，那么，一个人一辈子所能读到的陈述（计算方式：他每天读一百页，每页包含一千个字母），包括真实的和虚谬的陈述在内，总数是三十六亿五千万。再者，即使这个人寿命是一千年，“念得出来的最长句子，或者说，一个人能够读的最大一本书，将会相当

萨尔瓦多·达利，
五十五幅抽象画，从两码开外看，变成三个列宁化妆成中国人，
从六码开外看，又像皇家虎的头，
1962，
菲格拉斯，
达利基金会

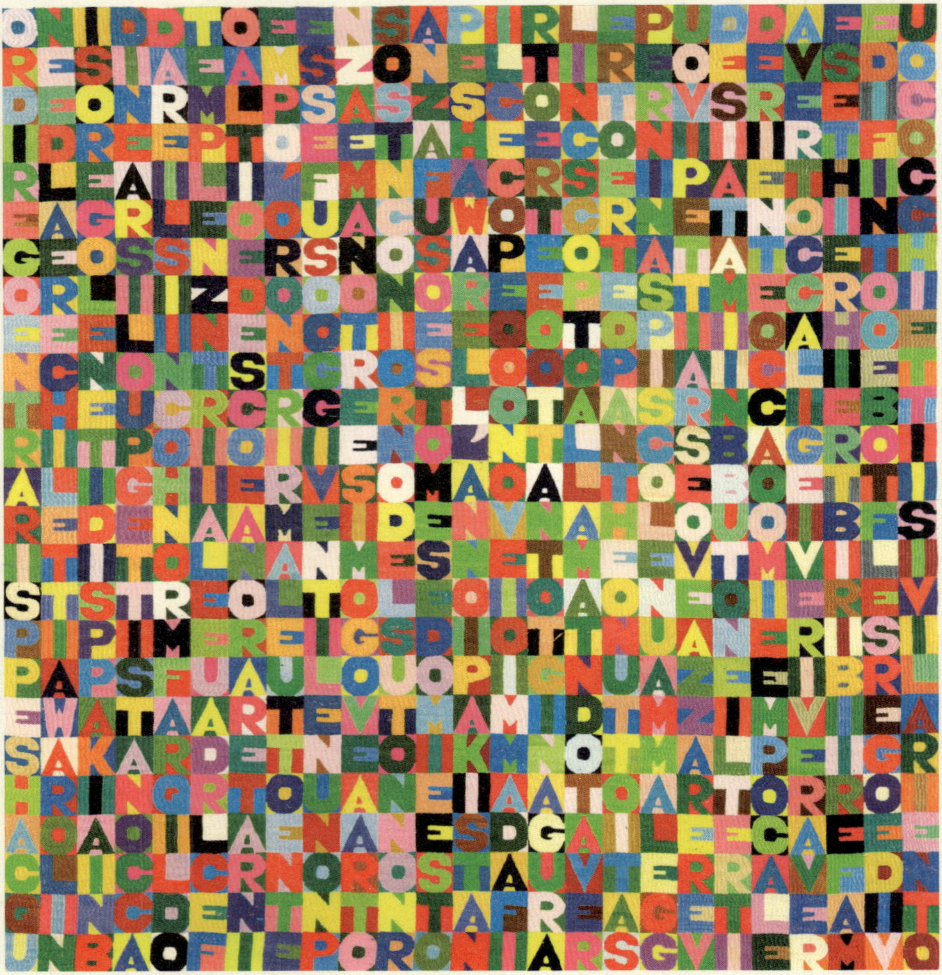

阿里杰罗·波堤，
无题，
1987，
卡塞尔，
埃森卡塞尔博物馆，新画廊

于三兆六千五百亿（个字母）。所有真实的陈述，错误的陈述，念得出来的句子，或者说，能读的句子，能发音的、无法发音的，有意义的，没有意义的，总数是（$24^{3650000000000}$—24）/23 个（字母）”。

以上诸例皆属幻想，在这些幻想里，数学趋近形而上学。不过，基本上，当代文学尝试运用这些组合的可能性，并且拿来开列真实的清单，或者诱导读者开列清单。格诺（Raymond Queneau）的《百万亿首诗》（*Cent mille milliards de poèmes*, Paris, Gallimard, 1961）就是如此。这本书里，每一页都裁成许多诗行横条，我们翻阅的时候，就随机使用这些横条做不同的组合，形成一首十四行诗，如此下来，总共可以组合成百万亿首诗。作者指点我们，以此方式，能够产生的文本是一百兆个（因此，这是个有限数字），但是，你即使有本事一天读二十四小时，也得两亿年才能读完。

第二十章

实用的和诗性的清单

清单内容多多益善、了不知足的特性，经常引得我们将实用清单当做诗性清单来诠释——而实质上，一份诗性清单之所以有别于一份实用清单，往往只在于我们带着什么用意来思考一份清单。

将一份诗性清单当成一份实用清单来解读，并不是不可能的事。我们就以博尔赫斯的动物清单为例好了：在一场拉丁美洲文学的考试里，学生必须熟记（实用的）动物清单，才能正确征引博尔赫斯的作品。同理，将一份实用清单当成一份诗性清单来读，也是可能的：在许多人眼中，这个系列——巴奇加鲁波（Bacigalupo）、巴拉林（Ballarin）、马洛索（Maroso）、格雷萨（Grezar）或马泰里（Martelli）、里加蒙提（Rigamonti）、卡斯提里亚诺（Castigliano）、曼提（Menti）、洛伊克（Loik）、加贝托（Gabetto）、马左拉（Mazzola）、欧沙拉（Ossola）——看起来是拉杂凑在一块的名字，然而对其他人，这却是一份（实用）清单，清单里开列的是1949年那次飞机坠毁惨剧中全员丧生的都灵（Torino）足球队。对许许多多怀旧的球迷，这已经成为一份诗性的清单，一种要带着情感反复诵读的祈祷文。

已经有人指出[1]，下列两份清单似乎非常类似博尔赫斯的动物清单。第一份清单包含一个筹码、一块硬硬的金属或木头、一份音乐节拍一再重复的乐谱、一个防止的举动、一个相当于每平方公分一百万达因（dyne）的压力单位、一个浸没（或局部浸没）在一条河里的山脊、法律职业、一个条纹，以及一块固体。第二份清单是一群紧密聚集的人或物，任何由打绳套、将一条绳（或索）自己打结或和他绳及他物相绑而形成的绑或结，一块坚硬、纹理打横的木头，某种扭曲、

卡尔·施皮茨韦格，
书虫（局部），
1850，
私人收藏

雅克·路易·大卫，
皇帝拿破仑一世接受（教皇）祝福，并为皇后约瑟芬加冕，1808，
巴黎，卢浮宫

很紧、浮涨的东西，一个航海用的长度单位，织线里一个软块或不平均之处，一种在北极繁殖的鹬，以及将一个圆嵌入三维的欧几里得空间里。

我们如果查字典，就会看到，上述第一份清单包含了bar这个字大部分可能有的意思，第二份清单则指涉knot这个字大部分可能有的意思。餐馆的菜单是一份实用的清单。但是，在一本以烹饪之事为主题的书里，如果作者列举几家最出名的馆子，开列那些馆子的菜单，这么一份纷繁多样的清单本身却可能自具一种诗的价值。同理，我们捧读（不是着眼于点菜，而是为审美的理由来捧读）一家中国餐馆的菜单，眼观一页又一页标着号码数目的菜色，我们也会神游悬想这么一席充满异国风味的美食可能何其丰盛。

保罗·维洛尼塞（Paolo Veronese）画《迦南的婚宴》（*Wedding Feast at Cana*）的时候，不大可能有把在场喝喜酒的人一个一个画出来的用意（酒席上的那些人是谁名啥，他无从得知），但是，画拿破仑一世的加冕典礼时，大卫（Jacques-Louis David）的确将他想象曾经出席典礼的所有人物都纳入画面；包罗如此之多，可能仍有未竟，大卫这么知无不画，画中人物的数目（以及其计数之困难），难免使我们油生一丝晕眩之感。

将一份实用清单读成诗性清单，或者将一份诗性清单当做实用清单来读，在文学里也是可能的。看看雨果在《九三年》（*Ninety-Three*）里就法国大革命的国民会议所做的巨大刻画，即知其概。雨果有心透过这场会议人多势众的具体规模，来再现法国大革命的巨大境界（理想层面上和道德层面上的巨大）。如此设想之下，那一页接一页络绎而至的文字可能具备一份实用清单的功能，但是，没有人会看不出这种写法所创造的“人繁不及备载”的效果，以这经过节缩的几百个名字为例，雨果再现的仿佛是那个决定命运的年代里扫过法国的那股滔天巨浪。

不过，最令人佩服的例子，还是要数一些伟大图书馆的书目，诸如法国国家图书馆，或华府的国会图书馆：那些目录的目的当然是实用性的，但是，一个勤读所有那些书名，并且像复诵连祷文那样口中念念有词的爱书人，会发现他置身的情况一如荷马面对他那千军万马的情况。无论怎么说，这正是我们读**第欧根尼·拉尔修**（Diogenes

菲力克斯·瓦洛顿，
图书馆，
1885—1925，
圣日尔曼昂莱，
莫里斯·丹尼斯博物馆，
小修道院

C. PLINIUS
NATURALIS HISTORIÆ L.XXXVII
X
MATHEMATICK

Laertius）所辑提奥富雷斯特斯（Theophrastus）著作目录——《提奥富雷斯特斯传》（*Life of Theophrastus, 42—50*）——会得到的感觉。今天我们看那些书名（那些书绝大多数已经失传），感觉不像一份清单，却像念咒一样。**拉伯雷**杜撰圣维克多修道院收藏的书籍目录的时候，心中所想的或许就是这类没完没了的清单。拉伯雷发明的那份清单明显是一份实用清单，却又是一份道地的诗性清单，因为那些书并不存在，而且，使我们一窥其无限性的，到底是书名的拉杂不协调，还是那清单的规模，也不容易分辨。

历世以来，有许许多多作家雅好书单，从**塞万提斯**（Cervantes）到**于斯曼**和**卡尔维诺**，皆属之。而且大家也都晓得，在古董书店里，爱书人读里面的目录（那些目录，制作的目的当然是实用清单），觉得那些目录简直是中世纪传说里丰饶之地或诸欲得遂之地的迷人写照，他们由此获得的乐趣，和凡尔纳（Jules Verne）的读者获得的乐趣不相上下，你读凡尔纳的作品，探索寂静的海洋深处，邂逅各色各样吓人的海中怪物，快感无穷。

著名的意大利艺术和文学批评家普拉兹（Mario Praz）雅好古书旧书，他为1931年Libreria della Fiera Letteraria的15号目录写过一篇文章，说爱书人捧读古董书店的目录，得到的快感一如别人读惊悚小说。“你可以打包票，”普拉兹说，“没有任何一种阅读像阅读一份令人兴趣盎然的目录这样，动作这么奋迅灵活。”不过，写完这段话之后，他马上告诉我们，就算是读一份无趣乏味的书目，乐趣快感也丝毫不减。

想象中的小普林尼（盖尤斯·普林尼乌斯·凯西利乌斯第二子）肖像，
1684—1692，
克雷姆斯明斯特，
本笃修会，图书馆

页378—379：
圣加伦图书馆，
1761，
圣加伦，
本笃修道院

[1] 包路奇（Claudio Paolucci），私人通信。

第欧根尼·拉尔修（180—240）

《提奥富雷斯特斯》第十三卷

杰出哲学家的生平和见解

三本“第一分析学”；七本“第二分析学”；一本“三段论”；一本“分析学概要”；两本书，“论题”，将事物指涉于第一原则；一本书，“对有关‘讨论’的思辨问题的检视”；一本书，“感觉”；一本关于阿那克萨戈拉的书；一本谈阿那克萨戈拉学说的书；一本谈阿那克西美尼的书；一本谈阿克劳斯学说的书；一本讨论盐、硝石、明矾的书；两本谈石化作用的书；一本谈无形线条的书；两本谈听觉的书；一本谈语言的书；一本谈美德之间的差异的书；一本谈君主权力的书；一本谈君主教育的书；三本谈人生的书；一本谈老年的书；一本谈德谟克利特的天文系统的书；一本谈气象学的书；一本谈影像幻影的书；一本谈汁液、脸色、肉的书；一本谈如何描述世界的书；一本谈男人的书；一本“第欧根尼言论集”；三本“定义”；一本关于爱的专论；另一本爱的专论；一本谈幸福的书；两本谈物种的书；论癫痫症，一本；论热心，一本；论恩培多克勒，一本；十八本谈前提附证明的三段论；三本“异议”；一本谈自由意志的书；两本书，是柏拉图公民政治论的摘要；一本谈相似动物的叫声差异的书；一本谈突然出现的书；一本谈咬人或螫人的动物的书；一本谈据说会嫉妒的动物的书；一本谈干燥陆地动物的书；一本谈变色动物的书；一本谈以洞为家的动物的书；七本谈一般动物的书；一本谈亚里士多德快感论的书；七十四本谈命题的书；一本冷热论；一篇文章，谈头晕和突然眼花；一本谈出汗的书；一本谈肯定和否定的书；柔软体操，或哀悼，一本；论劳动，一本；论运动，三本；论石头，一本；论瘟疫，一本；论晕眩，一本；谈麦加拉哲学家，一本；论忧郁，一本；论矿，一本；论蜂蜜，一本；梅特罗多勒斯教条集，一本；两本讨论谈过气象学的哲学家的书；论醉酒，一本；二十四本谈定律的书，依字母顺序；一本谈定义的书；一本谈气味的书；一本谈葡萄酒和油的书；十八本谈基本命题的书；三本谈立法者的书；六本谈政治专题的书；谈政治，四本；四本谈政治习俗的书；论最好的宪法，一本；问题集，五本；论俗谚，一本；谈凝固和液化，一本；论火，两本；论灵魂，一本；论瘫痪，一本；论窒息，一本；谈思想反常，一本；谈激情，一本；谈征象，一本；两本谈诡辩的书；谈三段论的解决，一本；两本关于论题的书；两本谈惩罚的书；一本谈毛发的书；一本谈暴政的书；三本论水的书；一本谈睡眠和梦的书；三本谈友谊的书；两本谈自由的书；三本谈自然的书；十八本谈自然哲学的书；两本书，都是自然哲学摘要；又八本谈自然哲学的书；一本谈自然哲学家的书；两本谈植物历史的书；八本谈植物起因的书；五本谈汁液的书；一本谈错误的快感的书；关于灵魂命题的研究，一本；谈拙劣的引证，一本；谈简单的怀疑，一本；谈和声学，一本；谈美德，一本；《时机和矛盾》；一本谈否定的书；谈见解，一本；谈可笑，一本；《晚会》，两本；谈分裂，两本；谈差异，一本；论不义的行为，一本；论中伤，一本；谈赞美，一本；谈技术，一本；三本书信；谈自我生产的动物，一本；谈选举，一本；《赞美众神》，一本；谈节日，一本；谈好运，一本；谈省略三段论，一本；谈发明，一本；谈道德学校，一本；谈道德品格，一本；谈混乱，一本；谈历史，一本；谈关于三段论的判断，一本；谈阿谀，一本；谈海洋，一本；致卡珊德，谈君权，一本；谈喜剧，一本；谈陨石，一本；谈风格，一本；《名言集》，一本；谈解决，一本；谈音乐，三本；谈韵律，一本；论定律，一本；谈违反定律，一本；色诺克拉底言论与学说集，一本；一本谈话集；论誓言，一本；论演说规范，一本；论财富，一本；谈诗，一本；一本政治、伦理、物理、爱情问题集；谚语，一本；一般问题集，一本；自然哲学的难题，一本；谈举例，一本；谈命题和解说，一本；另一本诗论；论智者，一本；论忠告，一本；谈文法错误，一本；一本论修辞的艺术，六十一位演说术人物集；谈伪善，一本；评注亚里士多德，六本；自然哲学见解，十六本；自然哲学见解摘要，一本；谈感激，一本；《道德性格》，一本；谈真理和虚妄，一本；神的事物的历史，六本；三本谈神的书；几何学历史，四本；亚里士多德动物论摘要，六本；附证三段论，两本；命题，三本；论君权，两本；论原因，一本；谈德谟克利特，一本；论中伤，一本；论生殖，一本。

拉伯雷

《巨人传》第二部（1532—1534）第七章

庞大固埃如何来到巴黎，以及圣维克多图书馆的珍藏

在他住处，他发现圣维克多
图书馆非常宏伟壮观，
馆中有些书特别可观，
以下就是其著作和目录。
首先是：

上帝的救赎之道。
法学裤裆。
教令拖鞋。
罪恶的石榴。
神学锁要。
传道士的掸子或狐狸尾巴，
杜尔鲁宾著。
勇士晃动的睾丸。
主教的消火草。
马莫特雷特斯《猴论》，道尔贝里斯
笺注。
巴黎大学令：女人梳妆法。
圣哲尔特鲁德向一名
分娩产子的修女显灵。
《光天化日放屁的艺术》，马尔孔
姆·寇维努（欧土伊努）著。
忏悔的芥末瓶。
靴，又名耐心之靴。
魔术集。
《饮食论》，雅各宾党人西维斯
特雷姆·普里欧拉登姆著。
入宫受骗记。
公证人的篓子。
婚姻包裹。
静观的试炼。
法律的繁缛。
酒的刺激。
乳酪的怂恿。
学校除秽法。
塔尔塔雷特斯著，大便术。
罗马的阵仗。
布里柯特著，汤粥集锦。
屁股鞭刑，或
后庭惩戒。
鞋底打人之刑。
虔敬之思三部曲。
宽厚之壶。
告解神父的吹毛求疵。
教区牧师的巧取豪夺。
外省司铎巴瓦尔迪埃，盛德
修士鲁比尼著，食油法
三卷。
马莫来神学博士帕斯奇力著，
斋期内食用教会列禁之
百叶菜焖羊。
六个狡猾教士找十字架游戏
发明记。
罗马朝圣者的眼镜。
马约里斯著，布丁做法。
教会显要的风笛。
贝达著，脑满肠肥。
律师对报酬改革的
抱怨。
肥猫律师和法官。
豌豆和培根，笺注本。
赦罪券和酒钱。
法学博士，越货、搂钱大师
皮洛提著，重校阿克休斯
愚蠢的法学
笺注和解说。
巴尼欧雷著，
刑余求生记。
军事要典。
神学大师科贝谷著，
剥马皮：方法和用途。
乡下管家之怠慢无礼。
罗斯托科斯托著，
餐后芥末，
弗里右尼斯笺注。
捐钱给主教，教士包女人。
康斯坦提恩斯宗教会议
讨论十星期
空中的幻象
能否解决第二思想的
问题。
没有底的律师贪婪。
史考特涂鸦。
红衣主教翅如蝠。
阿尔贝里库姆·德·洛沙塔著，
废止马刺之必要。
安东尼·德·列维
进入巴西领土。
（罗马马尔弗里著），如何变更
红衣主教骡子的颜色。
同前作者，对那些声称
教皇的骡子的确吃东西，
但须定时进食者的辩驳。
成天酣梦的笨蛋大师的
遗著。
波大里尼主教的挤牛奶经，
教皇诏准三年，
期满撤回。
处女的笑靥。
寡妇的光屁股或剥光的后庭。
僧侣的烟囱帽。
天福会托钵僧念经，有口无心。
托钵僧非经许可不得行乞令。
乞儿牙齿捉对儿打战的德性。
神棍的剥骗术。
艺术大师歪嘴吹喇叭。
半桶水的欧坎姆小僧。
舔盘大师著，
教会日课之分析，
四十卷。
教士翻身法。
鸬鹚的肉片，或
自肥的化缘僧。
起源于伊尼高修士的
西班牙狐臭。
狼狈鬼的牢骚。
路里乌斯，王公贵族的游戏。
雅各伯·贺克斯特拉登著，
道貌岸然之伪善。
寇迪克勒著，神学士和神学
博士会饮篇，八卷，
有害风教。
雷吉斯汇编，
教廷掌玺官、办事员、文书官、
秘书、通信官、收发的伎俩。
痛风和梅毒患者使用的
万年历。
艾求姆大师著，烟囱清洁法。
商人的半月形刀。

巴黎多芬广场一座扑克牌制造厂，
约 1680，
巴黎，
卡纳瓦雷博物馆

修道院生活乐趣多。
伪君子的大杂烩。
妖怪的历史。
伤残士兵的衣衫褴褛和
穷愁潦倒。
教会法官的骗人谎言和
伪装把戏。
散置的宝藏。
诡辩家的花招。
医师横说竖说模棱两可颠三倒四
不知所云的道理。
歌谣作者的法螺。
炼金师的鼓风炉。
托钵僧宾法斯塔提斯著，
化缘中饱术。
宗教的桎梏。
赃物保人的暴利。
老年的倚靠。
贵族的口鼻。
猴子念经。
虔心向教的束缚。
隐修士尘埃难拂。
教养所戴风帽。
纨绔人生及其品格。
鲁柏尔都姆大师著，
索邦方帽子的道德。
羁旅遣兴。
主教嗜酒秘辛。
科隆博士们对
洛伊士兰之怒。
贵妇恣欲录。
方“便”的马尔丁格尔裤。

塞万提斯

《堂吉诃德》(1615)第六章

神父和理发师在我们这位多智贵族的书房里做了有趣又重要的检查。

他仍在睡觉；因此神父问我们这位先生的外甥女要那个摆各色伤风败俗书籍和作者的房间的钥匙，她应命，爽快给了他们。大伙进房，管家也一块来，发现一百多本大书，都装帧精到，另外有些篇幅小一点的。管家一看到那些书，转身跑出去，很快回来，端着一碗圣水，外加一个洒水器，说，“来吧，神父，把这房间洒洒水，我们要把这些魔鬼从世上除去，别留下任何一个来害我们中邪。”

管家单纯，神父不禁大笑，他指示理发师将书一本一本交给他，看看都写些什么，以及其中会不会有几本不用处以火刑。

那外甥女说，“不会有的，而且我们没理由对它们慈悲；它们每一本都造过孽，最好把它们全都从窗口丢到院子，堆起来烧光；拿到畜栏放把火也行，烟不会呛到人。”管家也这么说，两人都巴望着屠杀那些无辜者，但神父不同意，说起码也该看看书名。

尼古拉送到他手里的是《高卢的阿马迪斯四书》。“这本书好像是个神秘的玩意，”神父说，“我听说这是在西班牙印尼的头一本骑士小说，是所有骑士小说的起源，我看这是一个邪恶宗派的鼻祖，理当付之一炬。”

“非也，先生，”理发师说，“我也听说这是同类书里写得最好的一本，这么独特的东西应该得到赦免。”

“没错，”神父说，“为此之故，就暂时饶它一命吧。我们看看它隔壁那一本。”

“这是《艾斯普兰迪安的功绩》，他是高卢的阿马迪斯的嫡子，”理发师说。

“父之功不能转到儿子身上。拿去，管家，打开窗户丢到畜栏里，我们要起个火堆呢，就用这本垫底好了。”

管家高高兴兴遵命，了不起的《艾斯普兰迪安》于是飞入畜栏，耐心等火上身。

“继续，”神父说。

“下一本，”理发师说，“是《希腊的阿马迪斯》，我看，这边的书都是阿马迪斯家族的。”

“那就全都去畜栏，”神父说，“什么平提基尼斯特拉女王，牧羊人达里奈尔和他那些牧歌，以及作者的其他邪魔文字，都要烧，就算我的亲爸爸，如果打扮成游侠骑士，我也照烧。”

“我想法一样，”理发师说。

“我也是，”外甥女附和道。

“那么，”管家说，“全扔进畜栏！”

那些书都交给她，由于为数颇多，她懒得走楼梯，径从窗口丢出去。

“那个矮胖子是谁？”神父问。

“这，”理发师答，“是《劳拉的堂欧利凡》。”

“此书作者，”神父说，“就是《花园》的作者，两本书哪个真话比较多，或者，哪个谎话比较少，还真难决定。我只能说，这是个大言不惭的蠢蛋，进畜栏去吧。”

“接下来是《伊尔卡尼亚的弗洛里斯马特》，”理发师说。

“弗洛里斯马特大人？”神父说，“我说他非去畜栏不可，虽然他身世奇特，经历非凡，但他文笔僵硬枯涩，别的地方都不配去；管家，把他和另外那个拿去畜栏。”

“遵命，大人，”她说，欢欢喜喜地去了。

“这本，”理发师说，“是《普拉提尔骑士》。”

“老书，”神父说，“可是我找不到

古斯塔夫·多雷，
《堂吉诃德》插画，
巴黎，1863

理由对它手软，跟那几本书一块去吧，不得上诉。”这本书就去了。

再打开一本书，看书名，是《十字架骑士》。

“这本书使用了圣名，”神父说，“因此它的无知或者可以原谅，不过，有道是‘十字架背后藏着魔鬼’，烧掉。”

理发师取下另一本书，说，“这本是《骑士宝鉴》。”

“我知道这本书，”神父说，“写的是蒙塔尔万的雷纳尔多斯大人和他那些朋友和同志，个个都是比卡克斯还厉害的偷儿，还有法国十二廷臣，以及不知餍足的历史学家杜尔宾；不过，我打算只判他们终身放逐，因为，在出名的马特尔·波伊亚多的发明上，他们也有一份，后来基督教诗人鲁多维科·阿里奥斯托继踵增华，我要是在这里碰到阿里奥斯托，而他说他母语以外的语言，我不会对他丝毫客气，他如果说他自己的语言，我会加倍敬重他。”

“喏，这里有一本他的意大利文作品，”理发师说，“可我看不懂。”

“你看不懂最好，”神父说，“为此之故，我们本来可以原谅那位船长，如果他不曾将他带进西班牙，把他变成西班牙文。他剥夺了很多他本来有的力量，凡是想把诗作化成另一种语言的人，都是如此下场，因为，他们使尽功夫，用尽聪明，也永远达不到原作的水平。总之，我说，这本书，以及其他所有写法国东西的书，都该扔进

TVLIO
NACA

枯井，一直到大家三思决定如何处置它们；不过，那本《卡皮欧的柏纳多》和《隆塞斯瓦里斯》除外，这两本书只要落到我手里，就会马上转到管家手里，再从她手里到火里，绝无宽待。”

理发师连连称是，认为神父所言无比确当，他相信神父坚守信仰，忠于真理，所言绝对不可能有违信仰和真理。他打开另一本书，是《欧利瓦的巴梅林》，再一本是《英格兰的巴梅林》，神父见了，说，“马上把欧利瓦当柴烧，烧到灰烬也不剩，独一无二的英格兰留下来，另做一个盒子保存，就像亚历山大在他打败大流士之后获得的战利品里找到一个盒子，特别用来保存荷马的作品。此书优点有二，其一是写得非常好，二是据说作者是一位明智的葡萄牙国王。米拉瓜达堡探险写得极佳，情节可喜，文字洗练明利。所以，尼古拉师傅，你认为可以的话，我要让这本书和《高卢的阿马迪斯》免于火刑，至于其他的书，全烧了吧，不必再问。”

“慢着，神父，”理发师说，“我手中这本是出名的《堂·贝里亚尼斯》呢。”

“这么说吧，”神父说，“第二、三、四部分都需要一点大黄消消火气，关于法马堡的文字，以及其他造作的玩意，都得拿掉，补上舶来用语，看看能够修改到什么程度，再来决定要不要饶过。同时，你可以把这东西藏在你家里，可是别给人读到。”

“我全心全意赞成，”理发师说；他不想累自己继续看骑士书，于是吩咐管家把所有大本的都拿下来，丢到畜栏里；他吩咐的这个人不笨也不聋，她喜欢烧书甚于织布，不管是织多大多细的布；她这就一次大约搂八本，全都丢出窗外。

搂太多了，有一本掉在理发师脚边，他捺起来，好奇是什么书，发现是《著名骑士提兰特·艾尔·布兰科的历史》。

“老天爷！”神父大叫，“提兰特·艾尔·布兰科在这里！递过来，我想里面有莫大乐趣，无尽的消遣。里面有蒙塔凡的堂·奇里雷森，他是英勇的骑士，还有他的兄弟艺术家塔凡的托马斯，骑士方塞卡，有勇敢的提兰特大战獒犬，嘴尖舌利的少女普拉瑟狄米维妲，寡妇蕾波莎妲的爱情和算计，以及爱上侍从希坡里托的女皇——说真的，老兄，以文笔风格来说，这是天下最好的书。书里，骑士吃饭睡觉，死在床上，死前立遗嘱，还有别的书都没写的各种事情。不过，我说，作者故意捏造许多胡说八道的东西，应该罚去划船一辈子。拿回家去读，你就明白我说的是实话。”

“您说了算，”理发师说，“不过，剩下来的这些小书怎么办？”

“这些一定不是骑士书，而是诗，”神父说，他翻开一本，是蒙特麦尔的《狄安娜》，心想其他的书也是这类东西，就说，“这些不用像其他书那样烧掉，因为它们没有，而且没法像骑士那样败坏世道人心，是不会为害风教的消遣书。”

“哦，大人，”外甥女说，“您最好下令把这些书也烧掉；因为我舅舅的骑士病治好以后，读了这些书，难保不起心变牧羊人，在森林田野里乱跑，唱歌吹笛，更糟糕的是想当诗人，听说当诗人是无可救药的病，而且会传染。”

“小妮子说得没错，”神父说，“我们最好别教我们这位朋友碰到这碍事的东西和诱惑。就从蒙特麦尔的‘狄安娜’开始吧。依我看，此书不必烧，但所有关于仙姑菲莉西亚和神水的文字必须拿掉，所有比较长的诗也要拿掉，散文部分可以留着，此

贝奈德托和朱利亚诺·达·迈亚诺（作坊），
费达蒙特·费尔特罗公爵的书房：木作镶嵌描述一间书房的内部，书柜半开，书本之间可以看见一具沙漏和烛台，
15 世纪，
乌尔比诺，
总督府

作可说是这类作品的精华。”

“其次这本，”理发师说，“是《狄安娜》，写着‘第二部分，萨拉曼卡人著’，另一本题目一样，作者是吉尔·波罗。”

“哦，萨拉曼卡人那本，”神父说，“也贬到畜栏去好了，吉尔·波罗那本留下来，就当是阿波罗自己写的。不过，老兄，动作快点，时候不早了。”

“这本，”理发师说，“是《爱情运气》十书，萨丁尼亚诗人安东尼奥·德·洛夫拉索写的。”

“我以我的圣职发誓，自有阿波罗、缪思和诗人以来，还不曾有这么滑稽又荒谬的书，这是这类书中最好最独特的一本，还没有读过的人可以确定自己没读过任何有趣的书。此书就给我吧，这比给我一件佛罗伦萨料子的教士服还宝贵。”

他十分满足收起此书，理发师继续，“接下来是《伊比利亚牧人》、《埃纳里斯的山林女神》和《妒忌的开蒙》。”

“我们唯一的办法，”神父说，“是把它们交给管家，你就别问我原因了，不然我们永远没完没了。”

“其次是《菲里达的牧师》。”

“才不是什么牧师，”神父说，“而是个老练的廷臣；当宝贝留下来好了。”

“这个挺大本，”理发师说，“叫《诗林宝库》。”

“要是不收这么多诗，念起来会比较有味道，”神父说，“这本书有必要除繁去芜，删掉和好诗混在一块的粗俗之作；这本书留下来吧，作者是我一个朋友，同时也算是尊重他写过的一些比较崇高的作品。”

“这，”理发师说，“是洛培兹·德·马多纳多诗集。”

“这本书的作者，”神父说，“也是我一个好朋友，他的诗从他自己嘴中念来，听者无不佩服，他声音甜美，诵诗极其迷人。田园诗有点太多，但好东西永不嫌多。和另外那几本一块收起来吧。接下来那本是什么？”

“米盖尔·德·塞万提斯的《加拉提亚》。”

“这个塞万提斯是我多年好友，以我所知，他最多的经历不在诗，而在横逆。他的作品颇有些不错的创新之处，呈现一些东西，却不下定论。此书说有第二部，我们必须等着瞧。也许，经过修改之后，现在不喜欢的人会充分欣赏。这本书，你就带回你家锁起来好了。”

“好极了，”理发师说，“接下来是三本书，堂·阿隆索·德·厄西拉的《阿拉乌卡纳》、科多瓦法官胡安·鲁弗的《奥斯特里亚达》和瓦伦西亚诗人克利斯托巴·德·维鲁伊斯的《蒙瑟拉特》。”

“这三本，”神父说，“是西班牙文里最好的英雄诗，足与意大利最有名的同类作品媲美，留下来吧，这些是西班牙最丰富的诗中宝藏。”

神父也累了，不想再审书，决定其余所有的书都视同“内容未核准”，全烧掉，但这时理发师又打开一本，叫《安吉莉卡的眼泪》。

“我要是说这本书该烧，”神父听了书名，这么说道，“该掉泪的就是我自己了，因为此书作者是世界上，更别说西班牙，最有名的诗人之一，而且他翻译过奥维德一些神话，译笔非常好。”

于斯曼

《逆理而行》（1884）第三章

第5世纪下半叶已降临，那是大地恐怖抽搐的可怕时代。蛮族劫掠高卢。罗马被西哥德人烧杀掳掠，为之瘫痪，有生命薄弱，山穷水尽之感，在血泊中翻滚，一天比一天精疲力竭。在这全面瓦解之中，在皇帝连续被暗杀之中，在传遍欧洲的屠杀动荡之中，却回响着一声可怖的胜利呼叫，压倒一切嘈杂，所有声音为之寒噤。在多瑙河岸边，数以千计男子骑着小马，一身鼠皮大衣，作风剽悍，大大的头，扁扁的鼻子，下巴满是刀疤，黄脸无毛，全速驱驰，疾如旋风，包围东罗马帝国的领土。

他们马蹄扬尘之处，到处纵火的浓烟之中，一切消失。黑暗降临，惊愕的人民耳闻滚雷般摧枯拉朽而过的恐怖龙卷风，心惧胆战。匈奴大军夷平了欧洲，冲向高卢，驰过罗马将军艾提乌斯掳掠过的夏隆平原。那些平原血流遍地，有如紫色的海。二十万具尸体堵塞道路，挡住这场雪崩的去向，这雪崩转弯，如巨大雷霆般攻向意大利，意大利城镇被歼灭，走火如燃烧的砖块。

西罗马帝国震动而土崩瓦解；它本来就已奄奄一息，沦于愚蠢污秽，这时更无生机。基于另一原因，宇宙的末日似乎近了；阿提拉忘掉的那些城市，在饥荒和瘟疫中毁灭。拉丁文呢，也似乎沦亡于世界的废墟底下。蛮族的语言开始有抑扬顿挫，离开它的脉石，形成真实的语言。拉丁文在溃败中获得修道院拯救，用途限于女修院和男修院。偶尔也有诗人发光，但既闷又冷：非洲人德拉坎修斯的《创世六日》，克劳丢斯·梅末休斯的连祷诗；维埃纳的亚维特；然后，有安诺页 390—391：
让 - 查尔斯 · 察津，
X 博士书房内部，
19 世纪，
阿拉斯，
艺术博物馆

底乌斯之类传记作家，他叙述睿智且受人尊崇的外交官、正直且勤敏的教士圣埃皮法尼乌斯的种种奇行；或者尤吉普斯，他叙述圣塞韦林的生平，圣塞韦林是神秘的隐士、谦卑的苦行僧，他像天使般造访苦恼、受苦、恐惧若狂的人，带来恩典；又有热沃当的维拉尼乌斯之类作家，他有一篇谈克己的小小专论；奥雷里亚努斯和菲里欧勒斯，他们编纂教会正典；历史学家洛提里尤斯，以一部如今已失传的匈奴史驰名。

德圣埃的书房里，那之后数世纪的作品不算多。不过，尽管有此缺陷，第 6 世纪却有普瓦捷主教福图那图为代表，他那些赞美诗和《王旗飘扬》以拉丁文的旧尸雕成，糅合了基督教的香气，有好些时日令德圣埃魂牵梦系；还有波修斯、杜尔的格列戈里，以及约南德兹。在之后的第 7 和第 8 世纪，除了那些纪年作者、弗雷德格尔和保罗 · 狄亚克的中古拉丁文，以及班格尔轮唱歌集里的诗（他有时候朗诵，成为纪念圣康姆吉尔的字母顺序和单韵赞美诗）之外，文学几乎完全自我局限于圣徒传记，例如僧侣约拿斯写的圣科伦班传奇，以及圣古斯贝尔特传奇，是贝德尊师根据林狄斯法恩那位无名僧侣的札记写成的，他在无聊的时刻略览这些圣徒传作者的作品，另外阅读圣拉斯提古拉和圣拉德冈达的传记，前者是德芬索里乌斯写的，后者是普瓦捷那位谦虚而有才气的修女包多尼维亚写的。但是，那些拉丁和盎格鲁撒克逊文学的独特作品仍然进一步吸引他。那些作品包括艾德赫姆、塔特维尼、尤斯比乌斯的一系列谜语（他们是辛姆弗休斯的后裔），尤其是圣邦尼法斯做的谜语，它们是离合体的诗，谜底可以在每行的起首字母里找到。他的兴趣随那两个世纪结束而渐减，他不喜欢卡洛琳王朝拉丁学者、阿尔昆和艾京哈德之辈繁冗累赘的作品，于是属意圣加尔、弗雷库尔夫、雷吉农的纪年之作，视之为 9 世纪语言的样本：他属意圣勒科尔柏写的巴黎围城记；本笃修士瓦拉弗利德 · 史特拉伯那本说教的花园，其中有一章称颂葫芦科植物是果实丰硕的象征，令他颇得乐趣；还有那篇诗，黑人厄尔莫德称颂温雅的路易，以规律的六音步写的，风格严厉，几乎令人望之生畏，使用的拉丁文像铁，沾了修道院的水，刚硬的金属里时而加上一丝温情；马瑟尔 · 弗洛里德斯的诗《药草的力量》，他读来特别高兴，因为作者用诗写药方，又在那些植物和花里看到非常奇异的药性；例如马兜铃和乳牛肉混合，置于孕妇腹部下方，必生男丁；又如琉璃苣，在餐厅煮而熬之，能使来客娱心；牡丹，将其根磨粉，可治癫痫；又有茴香，置于妇人胸乳之上，可清经水，以及调顺经期。

有好几本书特别而未经分类，有的是现代之作，有的未著年代，有些书的主题是卡巴拉、医学和植物学，有些怪异的书里包含了难以发现的基督教诗，以及维恩朵夫堡几个次要拉丁诗人的集子，又有弗尔柏格的古典色情学手册《女子学校》，以及告解神父用书，他极难得才拿下来拂拭灰尘：除了以上那些书，他的藏书止于 10 世纪初。

其实，基督教语言的好奇之处，其复杂的天真也没落了。哲学家和学者的胡言乱语、中世纪的那些文字游戏，从此绝对主导一切。那些纪年之作和历史书籍乌黑一团，契据登记叠床架屋，以结结巴巴为优雅，僧侣之作往往纤细而局促，将古人之诗的残余弄成一团糊，都已僵死。那些动词的杜撰和精炼的本质，呼吸着香气的名词，那些古怪的形容词，用黄金雕琢而成，带着哥特珠宝的野蛮和迷人品味，也毁坏无存。那些古老的版本，为德圣埃所爱的，都结束了：经过可观的一跃，跃过好几世纪，他架上的书直奔当前世纪的法文。

伊塔洛·卡尔维诺

《如果在冬夜，一个旅人》(1979) 第一章

于是，你在一份报纸上留意到《如果在冬夜，一个旅人》已经问世，那是伊塔洛·卡尔维诺的新书，他已经好几年没有作品出版。你到书店去买了一本。干得好。

在书店的橱窗里，你很快就认出你寻找的封面标题。你依循这视觉线索，挤过那堵“你没读过的书”的厚厚拒马，那些书从桌子上和架子上朝你皱眉头，想吓倒你。可是你晓得千万不能让自己被吓倒，因为那里延绵一英亩又一英亩，尽是“你不必读的书”、“为阅读之外的用途产生的书”、“你翻开来以前就已读过的书，因为它们属于尚未写出来就被读过的那类书”。你通过城墙的外围，却遭受一支步兵攻击，是“你如果有一个以上人生，就一定也会读，但可惜你岁数有限而读不到的书”。你快速移动，绕过它们，进入几个方阵，是“你有心一读的书，但还有其他你必须先读的书”、“现在价钱太贵，你要等削价出售才买的书”、“你可以向别人借的书”、“人人都读过，于是你仿佛也读过的书”。你躲过这些攻击，你来到城堡的塔楼底下，这里也有部队驻守：

你好久好久以来一直打算读的书，

你搜寻了好多年而遍求不获的书，

内容是你目前正在研究的问题的书，

你想要拥有，以便需要时能顺手取读的书，

你可以暂搁一边，或许今年夏天读到的书，

你需要在架子上和别的书摆在一起的书，

使你突然生出没来由、难以解释的好奇心的书。

好，你已将这无数严阵以待的大军缩小到当然还是为数可观，但数目有限而数得出来的规模；但才松一口气，又受到伏击，是“很久以前读过，如今必须重读的书”、“你向来假装读过，现在该坐下来真正读的书”。

你蛇行前冲，一跃而入内堡，这里是“作者或题材吸引你的新书”。就是在这大本营里，你也能够在守兵的阵脚里找到突破之处，将它们区分成“作者或题材并不新（对你或一般人不新）的新书”、“作者或题材完全前所未知（至少你不知）的新书”，而你界定它们对你的吸引力，根据的是你对新和不新的欲望和需求（你在不新之中寻求新，在新之中寻求不新）。

凡此种种，意思很简单，就是，很快瞥过书店展示的那些书的名字后，你转向一摞刚离开印刷机的《如果在冬夜，一个旅人》，你抓了一本，带到付款柜台，确定你对它的所有权。

包柏·雷斯科，
书写，
1999，
私人收藏

第二十一章

非正常的清单

克劳底欧·帕米吉亚尼，
记忆的上升，
1977，
布雷西亚，
康皮亚尼收藏

我们不妨仔细把博尔赫斯的动物清单再读一遍。清单里的动物如下："属于皇帝的、填充的、经过训练的、乳猪、人鱼、传说中的、流浪狗、包括于本分类中的、像发疯般发抖的、不可胜数的、以非常细的骆驼毛笔画的、等等等等、刚打破花瓶的、远看像苍蝇的。"据福柯的观察，博尔赫斯的枚举，其奇特之处"在于这个事实：清单中所列物事并非不可能有其相近性，但这相近性出现之处不可能是这个场所"[1]。从事实上来说，这份清单挑战一切合理的集合论标准，因为属于皇帝而打破花瓶的人鱼、传奇流浪狗和乳猪可能不计其数，最重要的是，我们无法理解，等等等等不是摆在最后来代表其他物事，而是摆在清单所举物事之间。这还不是仅有的难题。这份清单真正令人烦心之处是，它还包含已经分类过的物事。

在这里，就是心思精巧的读者，也会感到困惑。学有专门而熟悉集合逻辑的读者，将会懂得弗雷格（Frege）面对青年罗素（Russell）所提异议时那种头晕目眩之感。让我们先确定一点：一个集合不包含它自己本身时，就是正规的集合。所有猫的集合并不是一只猫，而是一个观念，我们可以用图示 1 来代表这情况，图示中的 G 是将所有个别的猫集合在一起的"猫"这个观念，g 是实际存在、不曾存在或将会存在的真实的猫。但有些非正常集合却是它们自己本身的成分。例如，所有观念的集合是一个观念，所有无限集合的集合是一个无限集合。因此，以 X 为集合，而 x 为其成分，我们应该以图示 2 来代表这情况：

（图示 1）

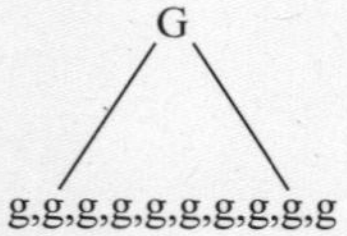

（图示 2）

x,x,x,x,X,x,x,x

这里要就所有正规集合的集合做一个提示：如果是一个正规集合，而看起来像图示 1，则它是一个不完整集合，因为它并不将自己列入分类。如果是一个非正规集合，而看起来像图示 2，则它是一个没有逻辑的集合，因为这样的集合是将一个非正规集合归为正集合，而且结果是一个悖论。

博尔赫斯掉弄的就是这个悖论。动物的清单如果是一个正规集合，它就不能包含它自己，博尔赫斯这份清单偏偏就包含它自己。从另一方面说，这份清单如果是一个非正规集合，那么这清单是不协调的，因为有个并不是动物的东西会出现在动物之间。

经过博尔赫斯如此分类，清单诗学达到异端的极顶，横眉冷对前此一切逻辑秩序，而且令我们想起阿波利奈尔（Apollinaire）在《美丽的红发女》（*La jolie rousse*）里的祈祷和挑战：

你的嘴巴是按照上帝的形象做的
你的嘴巴是秩序的化身
请宽容大量一点，当你拿我们
同那些是完美秩序的化身的人比较
我们到处寻找冒险
我们不是你的敌人
我们希望给你广大且神奇的国度

萨尔瓦多·达利，
脑袋被小麦粒轰炸（微粒头俯临卡德卡斯村），
1954，
私人收藏

在那里，神秘绽放如花，任愿者采撷
带着新的火，和见所未见的色彩
带着千百难以估量
等着实现的幻象
……

可怜永远在
无限和未来的前线奋战的我们

[1] 福柯，《词与物》（*Les mots et les choses*, London, Routledge, 20

附录

作者与出处索引

艺术家索引

佚名作者插图（按出现页码顺序）

剧照（按出现页码顺序）

参考书目

Arbasino, Alberto 阿尔巴西诺
Fratelli d'Italia, Milano, Adelphi, 2000.

Aristotle 亚里士多德
Racconti meravigliosi, trad. Gabriella Canotti, Milano, Bompiani, 2007.

Ausonius, Decimus Magnus 奥索尼乌斯
La Mosella, trad. di Luca Canali, Torino, Tallone, 1998.

Borges, Jorge Luis 博尔赫斯
L'Aleph, trad. di Francesco Tentori Montalto, Milano, Feltrinelli, 1959.

Breton, André 布勒东
L'union libre, trad. di Giordano Falzoni, in Id., Poesie, Torino, Einaudi, 1967.

Calvino, Italo 卡尔维诺
Le città invisibili, Torino, Einaudi, 1972.
La memoria del mondo e alter cosmicomiche, Torino, Einaudi, 1975.
Se una notte d'inverno un viaggiatore, Torino, Einaudi, 1979.

Cantico dei cantici 雅歌
edizione della Bibbia di Gerusalemme.

Cena di Cipriano 塞普利亚诺斯的晚餐
trad. di Albertina Fontana, Troina, Servitium, 1999.

Cendrars, Blaise 桑德拉尔
"Prosa della Transiberiana e della piccolo Jeanne de France", trad. di Rino Cortiana, in Id. Dal mondo intero, Milano, Guanda, 1980.

Cervantes, Miguel de 塞万提斯
Don Chisciotte della Mancia, trad. di Alfredo Giannini, Milano, BUR, 1981.

Dario, Rubén 达里奥
Canto all'Argentina, trad. inedita di Pier Luigi Crovetto.

Descrizione del Tesoro della chiesa di Conques 孔克修道院的宝藏
trad. inedita di Anna Maria Lorusso, in M. Aubert, L' église *de Conques,* Paris, Laurens, 1939.

Alcuni oggetti del Tesoro imperiale di Vienna 维也纳帝国宝藏藏品举要
trad. inedita di Anna Maria Lorusso, in Aa. Vv., *Wiener Schatzkammer - Tresor sacre et profane,* Wien, Kunsthistorisches Museum, 1963.

Dickens, Charles 狄更斯
Casa desolata, trad. di Angela Negro, Torino, Einaudi, 1995.

Döblin, Alfred 多布林
Berlin Alexanderplatz, trad. di Alberto Spaini, Milano, BUR, 1995.

Eco, Umberto 艾柯
Il nome della rosa, Milano, Bompiani, 1980.
Baudolino, Milano, Bompiani, 2000.

Eluard, Paul 艾吕雅
"Libertà", trad. di Franco Fortini, in Id., *Poesie,* Milano, Mondadori, 1969.

Esiodo 赫西奥德
Teogonia, trad. di Graziano Arrighetti, Milano, BUR, 2007.

Ezekiel 以西结
edizione della Bibbia di Gerusalemme.

Gadda, Carlo Emilio 加达
L'Adalgisa: disegni milanesi, Milano, Garzanti, 1985. *Accoppiamenti giudiziosi,* Milano, Garzanti, 1990.

Goethe, Wolfgang 歌德
Il primo Faust, trad. di Liliana Scalero, Milano, BUR, 1949.

Grimmelshausen, Hans von 格里美尔豪森
L'avventuroso Simplicissimus, trad. di. Camilla Conigliani, Torino, Utet, 1945.

Homer 荷马
Iliade, trad. di Vincenzo Monti.

Hugo, Victor 雨果
Novantatré, trad. di Francesco Saba Sardi, Milano, Mondadori, 1984.

Huysmans, Joris-Karl 于斯曼
Contro corrente, trad. di Camillo Sbarbaro, Milano, Ed. Gentile, 1944.

Isidore of Seville 塞维尔的伊西多尔
Etimologie, trad. di Angelo Valastro Canale, Torino, Utet, 2004.

Joyce, James 乔伊斯
Finnegans Wake, trad. di Luigi Schenoni, Milano, Mondadori, 2001.

Kipling, Rudyard 吉卜林
Lettera al figlio, in Id., Poesie, trad. di Tommaso Pisanti, Roma, Newton & Compton, 1995.

Mann, Thomas 托马斯・曼
Doctor Faustus, trad. di Ervino Pocar, Milano, Mondadori, 1956.

Marbodo di Rennes 马波杜斯，伦尼斯主教
Lapidari, trad. di Bruno Basile, Roma, Carocci, 2006.

Masters, Edgar Lee 埃德加・李・马斯特斯
"La collina", in Id., *Antologia di Spoon River,* trad. di Fernanda Pivano, Torino, Einaudi, 1951.

Milton, John 弥尔顿
Paradiso perduto, trad. di Roberto Sanesi, Milano, Mondadori, 1990.

Montale, Eugenio 蒙塔莱
"Keepsake", in Id., *Occasioni,* Milano, Mondadori, 1970.

Neruda, Pablo 聂鲁达
"Ode a Federico García Lorca", traduttore non citato, in Id., *Poesie d'amore e di vita,* Milano, Guanda, 2001.

Perec, Georges 佩雷克
Tentativo di esaurimento di un luogo parigino, trad. di Michele Zaffarano, edizioni on line HGH, 2008.
Mi ricordo
trad. di Dianella Selvatico Estense, Torino, Bollati Boringhieri, 1988.

Pernety, Dom Antoine-Joseph 柏内提
Dictionnaire mytho-hérmetique, trad. di Michela Pereira, in M. Pereira (a cura di) *Alchimia: i testi della tradizione occidentale,* Milano, Mondadori, 2006.

Pynchon, Thomas 品钦
L'arcobaleno della gravità, trad. di Giuseppe Natale, Milano, Rizzoli, 1999.

Poe, Edgar Allan 爱伦・坡
"L'uomo della folla", trad. di Maria Gallone, in Id., *Racconti,* Milano, BUR, 2007.

Prevert, Jacques 普雷维尔
"Tentativo di descrizione d'un banchetto in maschera a Parigi - Francia", "Corteo, "La battitrice", in Id., *Parole,* trad. di Rino Cortiana, Maurizio Cucchi e Giovanni Raboni, Milano, Guanda, 1989.

Proust, Marcel 普鲁斯特
Dalle parte di Swann, trad. di Giovanni Bugliolo, Milano, BUR, 2006.

Rabelais, François 拉伯雷
Gargantua e Pantagruele, trad. di Mario Bonfantini, Torino, Einaudi, 2005.

Rimbaud, Arthur 兰波
"Il battello ebbro", trad. di Gian Piero Bona, in Id., *Opere,* Torino, Einaudi, 1990.

Rostand, Edmond 侯斯坦
Cyrano di Bergerac, trad. di Mario Giobbe, Milano, BUR, 2002.

Shakespeare, William 莎士比亚
Macbeth, trad. di Ugo Dettore, Milano, BUR, 1951.
Riccardo II, trad. di Gabriele Baldini, Milano, BUR, 2002.

Sidonius Apollinare 西多纽斯・阿波利奈尔
Carmina, trad. di Carlo Carena, Milano, Guanda, 1957.

Süskind, Patrick 徐四金
Il profumo, trad. di Giovanna Agabio, Milano, Longanesi, 1985.

Szymborska, Wislawa 辛波丝卡
Discorso all'ufficio di oggetti smarriti, trad. di Pietro Marchesani, Milano, Adelphi, 2004.
"Compleanno", trad. di Pietro Marchesani, in Ead., *Opere,* Milano, Adelphi, 2009.

Twain, Mark 马克・吐温
Le avventure di Tom Sawyer, trad. di Gianni Celati, Milano, BUR, 1995.

Villon, François 维庸
Ballata delle dame del tempo che fu, trad. di Diego Valeri, in Aa.Vv., *Lirici francesi,* Milano, Mondadori, 1960.

Virgil 维吉尔
Eneide, trad. di Annibal Caro.

Whitman, Walt 惠特曼
"Partendo da Paumanok", trad. di Ariodante Marianni, in Id., *Foglie d'erba,* Milano, BUR, 1988.

Wilde, Oscar 王尔德
Il ritratto di Dorian Gray, trad. di Ugo Dettore, Milano, BUR, 2006.

Zola, Emile 左拉
Il fallo dell'abate Mouret, trad. inedita di Anna Maria Lorusso.

图片来源

© 2009 The Saul Steinberg Foundation
© ADAGP © Collection Centre Pompidou, Dist. RMN/Droits réservés Réunion des Musées Nationaux/distr. Alinari; © ADAGP © Collection Centre Pompidou, Dist. RMN/Jacqueline Hyde Réunion des Musées Nationaux/distr. Alinari; © ADAGP © Photo CNAC/MNAM, Dist. RMN/Philippe Migeat Réunion des Musées Nationaux/distr. Alinari
© Alexandre Brun © RMN/Gérard Blot-Réunion des Musées Nationaux/distr. Alinari Archives Charmet/The Bridgeman Art Library
© Artothek/Archivi Alinari, Firenze
© Barry Lewis/CORBIS
© British Library Board. All Rights Reserved/The Bridgeman Art Library
© Colección Gasca/AISA/Archivi Alinari, Firenze
© DACS/The Bridgeman Art Library
© De Agostini Editore Picture Library/G. Dagli Orti
© Dominique Bollinger © ADAGP © Collection Centre Pompidou, Dist. RMN/Philippe Migeat Réunion des Musées Nationaux/distr. Alinari
© GettyImages: Smari; Cary Wolinsky; Peter Macdiarmid; Uriel Sinai
© Mark Dion & Robert Williams /Photo Roger Lee
© MuCEM, Dist RMN/Virginie Louis/Anne Maigret Réunion des Musées Nationaux/distr. Alinari
© Musée du Louvre/C. Décamps
© NTPL/Geoffrey Frosh
© Photoservice Electa/Leemage
© Pietro Cenini/Marka
© Raymond Depardon/MAGNUMPHOTO/Contrasto, Milano
© RMN/Agence Bulloz Réunion des Musées Nationaux/distr. Alinari;© RMN/Christian Jean-Réunion des Musées Nationaux/distr.Alinari;© RMN/Daniel Arnaudet-Réunion des Musées Nationaux/distr. Alinari; © RMN/Droits réservés-Réunion des Musées Nationaux/distr. Alinari; © RMN/Franck Raux-Réunion des Musées Nationaux/distr. Alinari; © RMN/Gérard Blot-Réunion des Musées Nationaux/distr. Alinari; © RMN/Hervé Lewandowski-Réunion des Musées Nationaux/distr. Alinari; © RMN（Institut de France）/Gérard Blot Réunion des Musées Nationaux/distr. Alinari; © RMN/Jean Schormans-Réunion des Musées Nationaux/distr. Alinari; © RMN/Jean-Gilles Berizzi-Réunion des Musées Nationaux/distr. Alinari; © RMN/Martine Beck-Coppola-Réunion des Musées Nationaux/distr. Alinari; © RMN/Peter Willi-Réunion des Musées Nationaux/distr. Alinari; © RMN/René-Gabriel Ojéda-Réunion des Musées Nationaux/distr. Alinari ; © RMN/Thierry Ollivier-Réunion des Musées Nationaux/distr. Alinari
© Scala Group, Firenze: BI, ADAGP, Paris/Scala, Firenze; Digital Image, The Museum of Modern Art, New York/Scala, Firenze; Foto Scala, Firenze; Foto Scala, Firenze/Fotografica Foglia-su concessione Ministero Beni e Attività Culturali; Foto Scala, Firenze-su concessione Ministero Beni e Attività Culturali; Foto Austrian Archive/Scala, Firenze; Foto Scala, Firenze/BPK, Bildagentur fuer Kunst, Kultur und Geschichte, Berlin; White Images/Scala, Firenze; Foto Smithsonian American Art Museum/Art Resource/Scala, Firenze; image copyright The Metropolitan Museum of Art/Art Resource/Scala, Firenze; Yale University Art Gallery/Art Resource, NY/Scala, Firenze
© SPL/Grazia Neri
© Tate, London
© The Metropolitan Museum of Art, New York
© The Museum of Modern Art, New York
© Tommaso Bonaventura/Contrasto, Milano
© Yale University Art Gallery Alinari/The Bridgeman Art Library
Ancient Art and Architecture Collection Ltd./The Bridgeman Art Library
Ann Ronan Picture Library/HIP/Top Foto/Archivi Alinari, Firenze
Archivi Alinari, Firenze
Archivi Alinari Per concessione del Ministero per i Beni e le Attività Culturali
Archives Charmet/The Bridgeman Art Library
Archivio Seat/Archivi Alinari, Firenze
Bibliothèque des Arts Decoratifs, Paris, France/The Bridgeman Art Library/Archivi Alinari, Firenze
Bibliothèque Municipale de Reims, Reims
Bibliothèque Nationale de France（BnF）, Paris
Erich Lessing/Contrasto, Milano
G. Dagli Orti/De Agostini Picture Library concesso in licenza ad Alinari
Galleria d'Arte Moderna（GAM）, Archivio Fotografico del Comune di Genova
Giraudon/The Bridgeman Art Library
Kunstmuseum, Basel, Switzerland/Giraudon/The Bridgeman Art Library/Archivi Alinari, Firenze
Lauros/Giraudon/The Bridgeman Art Library/Archivi Alinari, Firenze
Musée des BeauxArts, Arras, France/Giraudon/The Bridgeman Art Library/Archivi Alinari, Firenze
Museo Ettore Guatelli/Foto Mauro Davoli
Museum Boymans van Beuningen, Rotterdam, The Netherlands/© DACS/The Bridgeman Art Library/Archivi Alinari, Firenze
Neue Galerie, Kassel, Germany/© DACS/© Museumslandschaft Hessen Kassel Ute Brunzel/The Bridgeman Art Library/Archivi Alinari, Firenze
Peter Willi/The Bridgeman Art Library
Private Collection/The Bridgeman Art Library; Private Collection/Alinari/The Bridgeman Art Library; Private Collection/Photo©Christie's Images/The Bridgeman Art Library; Private Collection/©Crane Kalman, London/The Bridgeman Art Library; Private Collection/Photo©Rafael Valls Gallery, London, UK/ The Bridgeman Art Library RogerViollet/Archivi Alinari, Firenze
The Granger Collection/Top Foto/Archivi Alinari, Firenze
TopFoto/Fortean/Archivi Alinari, Firenze
Tullio Pericoli, Milano